华章经管

HZBOOKS | Economics Finance Business & Management

小业资中企融

案例与实务指引

吴瑕　千玉锦　编著

机械工业出版社
China Machine Press

图书在版编目（CIP）数据

中小企业融资：案例与实务指引 / 吴瑕，千玉锦编著 . -- 北京：机械工业出版社，2021.5（2022.3 重印）

ISBN 978-7-111-68080-2

I. ①中… II. ①吴… ②千… III. ①中小企业 – 融资 – 研究 IV. ①F276.3

中国版本图书馆CIP数据核字（2021）第 073742 号

本书旨在从实务层面，帮助中小企业解决融资难、融资贵问题。作者吴瑕长期从事企业投融资研究，深入基层调研，了解企业融资困境和管理状态。她针对普遍存在的融资理念误区，以及融资渠道狭窄、方式单一和管理失控等问题，在本书中提出了多种解决策略。

本书不仅全面阐述了银行贷款、供应链金融、融资租赁、互联网金融、债券融资、股权融资、项目融资、贸易融资、上市融资（包括新三板挂牌）等融资方式，还详细介绍了商业计划书的作用与撰写方法、融资路演的运作模式与技巧，并对如何防范融资风险做了系统介绍，还在每章提供了相关案例。本书不仅通俗易懂，而且非常实用。相信本书将会成为解决中小企业融资难问题的金钥匙。

中小企业融资：案例与实务指引

出版发行：机械工业出版社（北京市西城区百万庄大街 22 号　邮政编码：100037）	
责任编辑：杨振英	责任校对：殷　虹
印　　刷：三河市宏达印刷有限公司	版　　次：2022 年 3 月第 1 版第 3 次印刷
开　　本：170mm×230mm　1/16	印　　张：20.25
书　　号：ISBN 978-7-111-68080-2	定　　价：79.00 元
客服电话：（010）88361066　88379833　68326294	投稿热线：（010）88379007
华章网站：www.hzbook.com	读者信箱：hzjg@hzbook.com

版权所有·侵权必究
封底无防伪标均为盗版
本书法律顾问：北京大成律师事务所　韩光 / 邹晓东

推荐序一
FOREWORD

拓宽融资渠道　解决融资难题

企业从小做到大，从弱做到强，除了需要企业家个人的能力、努力和高效的经营团队以外，还需要多方面外部条件的配合。在这些外部条件中，影响最大的非资金莫属。任何企业的发展壮大都要解决原始积累的问题，民间也流传着"做买卖必须有本钱"的说法。可以说资金对企业经营发展的意义，如同血液对于人体。

既然资金对企业经营如此重要，那么企业应当如何获取必要的资金呢？自我积累无疑是最主要的，但这还远远不够，特别是处于高速发展中的企业，其自我积累远不能满足需求，因此，就需要借助外力，进行融资。近年来，为满足企业快速发展对融资的需求，国家积极创造条件，扩大融资渠道，打通融资瓶颈，优化融资服务。然而，对于五花八门的融资工具和各种工具中的新型产品与服务等，企业与企业家都了解吗，会用吗？大多数是不了解、不会用的。因此，这里存在巨大的市场需求。

本书作者之一吴瑕女士是一位优秀的企业投融资专家。她在多年前就出版了"融资有道"系列图书，对多种融资工具进行了系统的介绍。后来她又对若干融资工具的操作进行总结，从而形成了这本《中小企业融资：案例与实务指引》。

本书是一本帮助中小企业解决融资问题的书。作者在长期的企业投融资研究中，深入基层调研，了解融资困境和管理状态，针对普遍存在的理念误区，以及渠道狭窄、方式单一和管理失控等问题，为读者提出了多种消解之策，不仅通俗易懂，而且非常实用。

本书不仅全面阐述了银行贷款、供应链金融、融资租赁、互联网金融、债券融资、股权融资、项目融资、贸易融资、上市融资（包括新三板挂牌）等融资方式，还详细介绍了商业计划书的作用与撰写方法、融资路演的运作模式与技巧，并对防范融资风险做了系统介绍，且提供了相关案例。相信本书会成为解决中小企业融资难问题的金钥匙。

中小企业融资难的问题中，民营企业融资难更为突出。对此，中共中央总书记习近平在民营企业座谈会上，专门听取民营企业家意见，直面民营企业发展困难和问题，并就支持民营企业发展壮大发表重要讲话，重申"两个毫不动摇"的基本方针，释放正本清源、提振信心的强烈信号。

根据监管部门的要求，各金融机构针对中小企业（包括民营企业）金融服务中存在的难点和焦点问题，陆续实施了"稳""改""拓""腾""降"的组合措施，以实际行动解决民营企业发展中融资难的问题，助其持续健康稳定发展。

"稳"，即稳定融资、稳定信心、稳定预期。人民银行、银保监会联合相关部门发文，提出多方面措施，各银行业金融机构积极采取措施加以落实。

"改"，即改革完善金融机构监管考核和激励约束机制，把业绩考核与支持民营经济挂钩，优化尽职免责和容错纠错机制。

"拓"，即拓宽民营企业融资渠道，综合运用直接融资和间接融资工具，充分调动信贷、债券、股权、理财、信托、保险等各类金融资源，服务这一目标。

"腾"，即加大不良资产处置，盘活信贷存量，推进市场化、法治化债转股，建立联合授信机制，腾出更多资金支持民营企业。

"降",即多措并举降低民营企业融资成本,督促金融机构减免服务收费,优化服务流程,差异化制定贷款利率下降目标。

本书站在帮助中小企业解决融资难题的角度,对监管部门提出的"打好'组合拳',纾解民营企业融资困境"指导精神也是一种积极呼应。中小企业可以根据自己的实际情况,选择适合自己的融资方式。

朱少平

著名立法专家与经济学家

2021 年 4 月

推荐序二
FOREWORD

融资指引与研究有道

如果把企业比作一个生命体，资金就是这个生命体的血液，它要纯净、要流动，还要能再生。

资金作为一滴滴宝贵的"血液"，在中小企业的生命体里再生的太少、注入的太少，以至于中小企业的平均寿命仅有两年半！原因何在？

在中国的一个特大城市里，每天都有500多家小微企业"注册"成立，又有500多家小微企业"注销"关张，每年还有近一万家小微企业因不敢参加年检而被"销号"、被列入"黑名单"，沦为非正常死亡。原因何在？

一个很著名的科技园区的领导曾经无奈地说："我们园区已有30年的历史，政府很重视，海内外很关注，但不知道为什么，入驻企业总数就是上不去，老是在15 000家上下徘徊。"原因何在？

在我们深入基层企业调查研究时，厂长、经理们异口同声地说：资金缺、贷款贵、担保难是制约中小企业、民营企业长久生存、快速发展的第一大障碍。

现实的课题就摆在面前，这一大串问号谁来重视？谁来研究？谁来破解？

面对中小企业融资难这个世界性难题，我国学术界有不同的声音和"应对"之道。有的说，这是政府的事。有的说，这是银行的事。还有的干脆躲着走，不屑一顾，只管"跟踪报道"全球500强、中国500富。今天有一位"高人"再一次站出来，认准这个课题，迎难而上，努力破解这些问号。

吴瑕女士，一门心思，下大功夫把解决中小企业融资难题当作一件大事来研究、来探索、来实践。她把研究成果《中小企业融资：案例与实务指引》带到中小企业投融资研讨会上，带到小微企业"银河培训"学习班上，带到中小企业、民营企业的第一线，跟大家一起交流、一起思考，在实践中接受检验、不断提高，得到企业界、金融界、高校、政府的尊重和欢迎。

《中小企业融资：案例与实务指引》的主角是中小企业、民营企业、双创企业，专门指引厂长、经理们，对照大量真实案例，明确自己企业有效融资的思路、方略和技巧。这是一本理论联系实际、理论指导实际的教科书，是一本解析实战案例、浓缩实战经验的工具书，也是一本创新金融产品、营造金融生态的策划书。阅读本书，企业家、银行家都会有所收获，政府官员、教授学者也会有所启迪，将闯进双创大潮的创业者、创新者更需要补上这堂融资课。

大家透过贯穿全书的理念、案例和方法，可以看到作者知识的丰富、文笔的细腻、内容的实在，可以感悟到作者倾注其中的心血和精力，还可以领会到真正深入中小企业之中体会到的无尽快乐、价值和意义。

如同企业在融资中要讲实话、讲信用、讲方法，研究问题也要讲战略、讲战术、讲道理，特别还要讲一点革命激情，讲一点奉献精神，讲一点社会责任，讲一点不断创新的"研究之道"。吴瑕正是这样的学者、师长和朋友。

张一平

北京市中小企业服务中心原主任

中央电视台财经频道特约评论员

中共北京市委专家宣讲团讲师

2021年4月于北京

前言
PREFACE

2011年,《中小企业融资：案例与实务指引》一书问世,而后,该书成为企业融资管理类图书中的畅销书。优秀的企业家和经理人反复阅读本书并将其用于实践,也有企业邀请我为其讲课、做咨询、做顾问等,以帮助解决融资难题。有的企业不但融资成功,而且实现了迅速发展,取得了巨大成功。每当接到读者热情洋溢的感谢电话或收到感谢信,我都感到很欣慰,总算用我微薄的力量帮助中小民营企业走向了成功。虽然我没有能力直接为人类生产出卓越的产品,但是我仍愿通过我的服务,为企业家提供融资培训、融资咨询和融资图书,希望企业家能从中受益、少走弯路,尽早实现梦想！我将继续努力,用我的理念和方法帮助更多的企业家和经理人,为他们拨开企业融资路上的迷雾,并指引方向。

大家都熟悉一句古训,"君子爱财,取之有道",通常解释为君子要通过正当的渠道获得财物,不要敛不义之财。我的理解又多了一层含义,即君子喜欢用智慧赚取财富,我把"取之有道"中的"道"字理解为"智慧"或"方法"。同理,企业融资也是有智慧、有方法的,只要找对了方法,摸到了规律,融资问题就变得简单了。我很欣赏我国著名的企业战略规划专家高建华先生的一个观点：成功之路必有捷径,鱼与熊掌可以兼得,换个方向就是第一。

融资问题的实质是方法论问题,融资活动不是孤立存在的财务管理工作,它与企业管理息息相关。融资不能脱离企业经营中的各个环节,要紧紧围绕企业的发展目标，精心谋划企业的股权结构，合理安排资本，预警和规避各类投融资风险，开拓出一条越走越宽的融资渠道，用资本的力量助推企业稳健发展。

如何用正确的方法去融资，如何控制融资风险，如何在融资过程中赢得主动权，在后续的经营中赢得主导权，在公司的发展中赢得控制权，什么样的项目可以受到投资者的青睐，什么样的团队可以赢得投资人的信任，什么样的管理可以实现融资畅通，这些都是本书要探讨的核心话题。

一家企业能否顺利融资主要取决于四个层面：融资理念、战略规划、融资渠道、融资策略。这是一个有逻辑关系的系统。企业家的融资理念是前提条件，企业家的思维决定行为。马云在创业初期，如果不具备一定的胸怀和眼光，可能就不会进入需要培育三年的电商市场，更不可能拿出企业30%的股份去换取投资人的3000万美元。如果企业没有战略规划，那么这种方式下企业的成长发展缓慢，方向不明确，从而企业的路也走不长，由此可见企业的战略规划何等重要。

波澜壮阔的改革开放已走过40多年的风雨历程，它深刻地改变了中国，也影响着世界。中国企业创造了无数经济奇迹，中国成为世界工厂和制造中心。目前，全球经济仍处于国际金融危机后的深度调整期，不稳定因素较多，进入新常态的中国企业正面临着很多新问题和新挑战。

在市场经济环境下，经济往往会周期性地经历复苏、繁荣、衰退和萧条的阶段，即经济周期。周期性的波动与循环是经济总体发展过程中不可避免的现象。中小企业如果能够把握这种经济周期规律，合理运用，就可以获得良好的效果。比如，在繁荣阶段，应避免大幅增加固定资产投资、股权投资，扩大经营规模等；在萧条阶段，固定资产及股权的价格均大幅下跌，此时可以逆势增加固定资产投资、购入股权、扩大经营规模等，这就是"逆周期"发展战略。我们坚信，随着"中国制造2025"战略的实施，中国经济将迎来新一轮的稳健增长，中小企业也将迎来更大的机遇与挑战。因为，当前我国制造业规模世界第一，上下游产业链比较完整，在某些局部领域如航空航天、高铁、核电、高压电输送等，已经达到世界领先水平。期待广大中小企业的经营管理者及时调整企业的经营战略，寻求资本合作，为下一个经济繁荣期的到来做好充分准备。

本书的特色：①建立了完整的、系统的融资理论体系和操作方法体系，通俗易懂，操作简单；②定位于培养企业高级管理人才，包括财务总监、发展战略总监、投融资监管干部、董事长和总经理等；③突出实操性，从融资渠道与融资管理、融资策略与风险防范的角度介绍相关知识。本书中的大部分观点都是作者在长期从事教学与研究的过程中形成的，作者站在企业经营与管理者的角度将这些内容融会贯通。

本书必将成为企业高管的工具书和助推企业发展的引擎。本书将帮助千万家中小企业严格遵守政策与法规，深度理解资本运作原理，拓宽企业管理视角，熟练掌握融资渠道与方法等，为企业实现低风险高效率融资提供新思维、新观点。我相信，企业界的朋友一旦掌握了融资方法，就能在资本市场上掀起一轮又一轮新浪潮，让企业在新的经济环境中迅猛发展！

本书在编写过程中得到了中国社会科学院中小企业研究中心陈乃醒主任，全国政协原副秘书长保育钧先生，工信部中小企业司狄娜司长，北京市中小企业服务中心原主任、中共北京市委专家宣讲团讲师张一平等领导同志的大力支持与指导；本书的编写工作还获得了王凤、李伟娜、李伟特、吕洪霞等同人的鼎力相助，同时得到了机械工业出版社石美华等编辑人员的大力支持。在此一并表示诚挚的感谢！本书引用了一些前辈同人的学术观点及有关资料，在此深表衷心的感谢！

由于本人水平有限，本书不足之处敬请广大读者批评指正。衷心祝愿中小民营企业能够顺利融资，转型升级，步入中国 500 强乃至世界 500 强的行列！

吴瑕

2021 年 4 月于北京

目录
CONTENTS

推荐序一　拓宽融资渠道　解决融资难题
推荐序二　融资指引与研究有道
前言

第一章　银行贷款　/1

基础知识　/1

第一节　工银信贷巧组合，助力企业大发展　/7

一、业务信贷，聚焦运营　/7

二、小微金融，激发经络　/13

第二节　特色金融普惠大众，北京银行独领风骚　/15

一、差异与普惠共生，科技与文化交融　/16

二、加码小微金融，服务小微企业　/17

三、聚焦创融，及时纾困，助力腾飞　/17

第三节　民生银行慎终如始，普惠金融服务民生　/19

一、根植民企，与民共生　/19

二、促贸易，保供应，重小微　/20

第二章 供应链金融 /26

基础知识 /26

第一节 供应链金融运营模式 /28
一、全流程保驾护航,多层次广泛覆盖 /28
二、"互联网+"催生全产业链,供应链金融成竞争核心 /34

第二节 超市成供应链核心,永辉助供应商融资 /41
一、人货精准匹配,永辉高效运营 /41
二、账期支撑供应,融资弥合缺口 /43
三、依托供应链精准授信,广发金融创造多赢 /45
四、案例分析 /47

第三节 "五阿哥"倾心钢铁电商,"赊销宝"铸就钢贸供应链 /47
一、"五阿哥"纾困解难,钢贸商蜂拥而至 /48
二、"赊销宝"一手托两家,增信融资两相宜 /48
三、依托供应链,赊销保安全 /49
四、"赊销宝"模式力促钢贸,供应链金融大有可为 /50

第三章 融资租赁 /51

基础知识 /51

第一节 融资租赁业发展历程与现状 /54
一、以租代买,融资有道 /54
二、我国融资租赁业发展现状 /55

第二节 融资租赁的九个路径 /56
一、直接融资租赁 /56
二、销售式融资租赁 /57
三、售后回租融资租赁 /57

四、杠杆融资租赁 / 60

五、委托融资租赁 / 61

六、项目融资租赁 / 63

七、风险租赁 / 64

八、捆绑式融资租赁 / 65

九、融资性经营租赁 / 66

第三节 租赁项目运作程序与评估内容 / 67

一、项目评估的基本原则 / 67

二、租赁项目运作程序 / 68

三、租赁项目评估的主要内容 / 70

第四章 互联网金融 / 73

基础知识 / 73

第一节 我国互联网金融发展历程 / 76

一、2007 年之前，混沌初开 / 76

二、2007～2012 年，方兴未艾 / 76

三、2013 年～2015 年 6 月，百花齐放 / 77

四、2015 年 7 月～2016 年，弊病丛生 / 78

五、2017 年至今，正本清源 / 80

第二节 第三方支付与小额贷款 / 82

一、打造信用基石，成就第三方支付 / 83

二、阿里小贷，大显神威 / 83

第三节 大数据金融 / 87

一、大数据金融的发展趋势 / 87

二、大数据金融的七大特征 / 88

三、大数据金融的运营模式 / 89

第四节　众筹融资模式及案例分析　/ 90
一、群策群力曰众筹，化繁就简是商道　/ 91

二、人从众，火炎焱，众筹井喷　/ 92

三、商业类众筹项目运作要点　/ 93

四、如何成功实现众筹　/ 93

第五章　债券融资　/ 96

基础知识　/ 96

第一节　债券融资概述　/ 98
一、债券的种类　/ 99

二、发行公司债券的条件　/ 104

三、债券的发行价格　/ 104

四、债券融资的优缺点　/ 105

五、发行公司债券的程序　/ 105

六、债券等级评定　/ 107

七、债券与股票的区别　/ 108

第二节　恒大上市如鱼得水，成功发债强力续航　/ 109
一、恒大强势崛起，地产航母入水　/ 110

二、创业维艰，不断超越　/ 110

三、突破重围，风骚独具　/ 112

四、争相持股，唯恐不及　/ 113

五、成功发债，强力续航　/ 113

六、案例分析　/ 114

第六章　股权融资　/ 116

基础知识　/ 116

第一节　中小企业股权融资运作模式与方法　/ 119
一、产权交易融资　/ 120

二、增资扩股融资 / 121

三、引进风投基金融资 / 122

四、引进战略投资者融资 / 123

第二节 了解风投机构的运营模式 / 123

一、风险投资者的分类 / 123

二、风投机构运营的四个阶段 / 124

三、投资者的投资决策原则 / 126

四、投资者眼中的好项目 / 129

五、投资者的权利要求 / 130

六、投资者的退出方式 / 132

第三节 小米创新不断，融资势头不停 / 135

一、从"小米工作室"到"小米科技" / 136

二、初创业数轮融资，市值价值相得益彰 / 138

三、3年暴涨39倍，投资者坚信小米价值 / 140

四、成功源自世界对勤奋厚道人的默默奖赏 / 140

五、案例分析 / 140

第四节 京东前途可期，资本争先恐后 / 142

一、非典转型，变道电商 / 144

二、模式创新叠加快速扩张，盈利可期赢得资本青睐 / 145

三、巨额融资力促发展，驾驭资本不失控制 / 146

四、志存高远，经略未来 / 147

五、持续融资不减公司控制权，不断创新终成国内前三名 / 148

六、案例分析 / 149

第七章 项目融资 / 152

基础知识 / 152

第一节 PPP融资模式 / 154

一、PPP模式运营的基本原理 / 154

二、我国推广运用 PPP 模式的意义 / 155

三、PPP 模式运作的基本流程 / 156

第二节　京投 PPP 建地铁，公共融资开先河 / 159

一、公私合营各显所能，PPP 融资互惠双赢 / 159

二、建设融资举步维艰，PPP 设想显露雏形 / 160

三、探究 PPP 理念精髓，实践中国本土模式 / 161

四、理论付诸实践，PPP 喜结硕果 / 162

五、PPP 模式开创先河，创新融资缔造价值 / 163

六、案例分析 / 164

第三节　BOT 融资模式 / 165

一、BOT 模式的发展历程 / 165

二、BOT 项目的参与人 / 166

三、BOT 项目实施过程 / 166

四、如何防范 BOT 融资风险 / 167

第四节　资产证券化融资模式 / 169

一、资产证券化运作原理 / 170

二、当事人作用 / 171

三、发起意义 / 172

四、操作流程 / 173

五、融资优势 / 174

第八章　贸易融资 / 176

基础知识 / 177

第一节　外向型企业特有的融资渠道 / 179

一、出口贸易类 / 179

二、进口贸易类 / 182

三、进出口单证类 / 184

第二节 信用证融资 / 184

一、信用证融资概述 / 184

二、备用信用证 / 185

三、备用信用证的适用领域 / 187

四、备用信用证的法律性质及运作原理 / 189

第三节 国际保理融资 / 190

一、保理的产生 / 191

二、我国商业银行保理业务的相关规定 / 192

三、国际保理服务内容 / 194

四、国际保理融资优势 / 196

第九章 上市融资 / 199

基础知识 / 200

第一节 股票发行与上市概述 / 202

一、发行方式 / 203

二、发行价格 / 205

三、发行时机 / 206

四、上市原则 / 207

五、发行程序 / 207

六、上市条件 / 209

第二节 企业上市准备 / 212

一、组织准备 / 212

二、业绩准备 / 213

三、财务会计准备 / 214

四、制度建设准备 / 214

第三节 企业股改及辅导阶段的主要工作内容 / 216

一、股改阶段工作内容 / 216

二、辅导阶段工作内容 / 218

第四节 国内外主要证券交易所简介 / 219
一、上海证券交易所 / 219

二、深圳证券交易所 / 220

三、香港证券交易所 / 221

四、纽约证券交易所 / 222

五、纳斯达克证券交易所 / 224

六、伦敦证券交易所 / 227

第五节 阿里巴巴创业—上市—退市—再上市融资全景案例解析 / 229
一、网商巨擘，阿里巴巴 / 229

二、初创业，天使垂青 / 230

三、再融资，挺立寒冬 / 231

四、谋上市，风投相随 / 231

五、慧眼识珠，矢志不移 / 232

六、各行其道，各司其职 / 233

七、阿里退市，众说纷纭 / 233

八、重新上市，震撼全球 / 234

九、案例分析 / 235

第十章 商业计划书 / 239
基础知识 / 239

第一节 简述商业计划书 / 240
一、商业计划书的含义 / 241

二、商业计划书的作用 / 241

三、巧用融资工具 / 243

第二节 商业计划书的撰写方法 / 244
一、商业计划书的主要内容 / 245

二、站在投资人的角度审阅你的商业计划书 / 250

　　三、商业计划书的写作技巧 / 251

　　四、撰写商业计划书应注意的问题 / 252

　第三节　商业计划书纲要 / 253

第十一章　融资路演 / 259

　基础知识 / 259

　第一节　路演目的及其技巧 / 260

　　一、路演目的 / 260

　　二、融资路演方法与技巧 / 262

　第二节　路演类型 / 268

　　一、参观型路演 / 269

　　二、活动型路演 / 269

　　三、现场展示型路演 / 270

　第三节　路演活动中的常见问题 / 271

　　一、选择什么人上台演讲 / 271

　　二、路演应做哪些准备工作 / 271

　　三、选择什么样的投资人 / 272

　　四、怎样接触投资人 / 272

　　五、投资人经常会问哪些问题 / 273

　　六、如何减少投融资对接中的阻力 / 273

　　七、路演的禁忌 / 274

第十二章　融资风险控制 / 275

　基础知识 / 275

　第一节　融资风险管控概述 / 277

　　一、融资风险分类 / 277

二、融资风险识别方法　/ 278

三、识别融资骗子　/ 279

四、融资风险控制方法　/ 284

第二节　机关算尽摩根逐利，对赌失败永乐谢幕　/ 286

一、家电连锁探花，上海永乐电器　/ 286

二、对赌永乐，胜负皆赢　/ 287

三、背水一战赢对赌，全力以赴为增长　/ 288

四、摩根机关算尽，永乐黯然谢幕　/ 290

五、案例分析　/ 293

第三节　世行集团阴魂不散　巨骗易名卷土重来　/ 294

一、融资不成，反入陷阱　/ 295

二、神秘公司，疑点重重　/ 296

三、移花接木，败露马脚　/ 298

四、谎言识破，真相大白　/ 298

五、融资骗局，有迹可循　/ 299

六、案例分析　/ 300

参考文献　/ 303

第一章

银行贷款

银行贷款是指商业银行将资金借给需求者,并约定利率和归还期限的一种经济行为。在很多国家,银行贷款在企业融资总额中所占比重都是最高的。如果需要一种风险小、成本低的资金,银行贷款是比较合适的。建立良好的银企关系,合理利用银行贷款,是中小企业解决资金困难、取得经营成功的重要手段。

本章主要根据《贷款通则》的相关规定,介绍一些银行贷款的基础知识,并以中国工商银行、北京银行和中国民生银行为例,重点介绍公司业务信贷产品和小微金融信贷产品,以便大家了解我国现阶段商业银行的金融产品结构。本章内容是中小企业融资的入门篇,内容简单明了,没有深奥的理论知识,属于认知和操作方法等基础层面的内容。希望大家能由浅入深、循序渐进地掌握金融知识。

基础知识

(一) 借款人

借款人,系指从有经营贷款业务资质的中资金融机构取得贷款的法人、其他经济组织、个体工商户和自然人。

借款人应当是经工商行政管理机关(或主管机关)核准登记的企(事)业法人、其他经济组织、个体工商户或具有中华人民共和国国籍的具有完全民事行为能力的自然人。

1. 借款人申请贷款的条件

借款人申请贷款的条件包括:有按期还本付息的能力,原应付贷款利息和到期贷款已清偿，没有清偿的，已经做了贷款人认可的偿还计划；除自然人和不需要经工商部门核准登记的事业法人外，应当经过工商部门办理年检手续；已开立基本账户或一般存款账户；除国务院规定外，有限责任公司和股份有限公司对外股本权益性投资累计额未超过其净资产总额的50%；借款人的资产负债率符合贷款人的要求；申请中期、长期贷款的，新建项目的企业法人所有者权益占项目所需总投资的比例不低于国家规定的投资项目的资本金比例。

2. 借款人的权利

借款人的权利包括：可以自主向主办银行或者其他银行的经办机构申请贷款并依条件取得贷款；有权按合同约定提取和使用全部贷款；有权拒绝借款合同以外的附加条件；有权向贷款人的上级和中国人民银行反映、举报有关情况；在征得贷款人同意后，有权向第三人转让债务。

3. 借款人的义务

借款人的义务包括：应当如实提供贷款人要求的资料（法律规定不能提供者除外），应当向贷款人如实提供所有开户行、账号及存贷款余额情况，配合贷款人的调查、审查和检查；应当接受贷款人对其使用信贷资金情况和有关生产经营、财务活动的监督；应当按借款合同约定用途使用贷款；应当按借款合同约定及时清偿贷款本息；将债务全部或部分转让给第三人的，应当取得贷款人的同意；有危及贷款人债权安全情况时，应当及时通知贷款人，同时采取保全措施。

4. 对借款人的限制

对借款人的限制包括：不得在一个贷款人同一辖区内的两个或两个以上同级分支机构取得贷款；不得向贷款人提供虚假的或者隐瞒重要事实的资产负债表、利润表等；不得用贷款从事股本权益性投资，国家另有规定的除外；不得用贷款在有价证券、期货等方面从事投机经营；除依法取得经营房地产资格的借款人以外，不得用贷款经营房地产业务；依法取得经营房地产资格的借款人，不得用贷款从事房地产投机；不得套取贷款用于借贷牟取非法收入；不得违反国家外汇管理规定使用外币贷款；不得采取欺诈手段骗取贷款。

（二）贷款人

贷款人必须经中国人民银行批准经营贷款业务，持有中国人民银行颁发的金融机构法人许可证或金融机构营业许可证，并经工商行政管理部门核准登记。

1. 贷款人的权利

贷款人根据贷款条件和贷款程序自主审查和决定贷款，除国务院批准的特定贷款外，有权拒绝任何单位和个人强令其发放贷款或者提供担保。

贷款人有权要求借款人提供与借款有关的资料；根据借款人的条件，决定贷与不贷、贷款金额、期限和利率等；了解借款人的生产经营活动和财务活动；依合同约定从借款人账户上划收贷款本金和利息；借款人未能履行借款合同规定义务的，有权依合同约定要求借款人提前归还贷款或停止支付借款人尚未使用的贷款；在贷款将受或已受损失时，可依据合同规定，采取使贷款免受损失的措施。

2. 贷款人的义务

贷款人应当公布所经营的贷款的种类、期限和利率，并向借款人提供咨询；公开贷款审查的资信内容和发放贷款的条件；应当审议借款人的借款申请，并及时答复贷与不贷，短期贷款答复时间不得超过一个月，中期、长期贷款答复时间不得超过六个月，国家另有规定者除外；应当对借款人的债务、财务、生产、经营情况保密，但对依法查询者除外。

3. 对贷款人的限制

贷款的发放必须严格执行《中华人民共和国商业银行法》第三十九条关于资产负债比例管理的有关规定，第四十条关于不得向关系人发放信用贷款，向关系人发放担保贷款的条件不得优于其他借款人同类贷款条件的规定。

借款人有下列情形之一者，不得对其发放贷款：不具备《贷款通则》第四章第十七条所规定的资格和条件的；生产、经营或投资国家明文禁止的产品、项目的；违反国家外汇管理规定的；建设项目按国家规定应当报有关部门批准而未取得批准文件的；生产经营或投资项目未取得环境保护部门许可的；在实行承包、租赁、联营、合并（兼并）、合作、分立、产权有偿转让、股份制改造等体制变更过程中，未清偿原有贷款债务、落实原有贷款债务或提供相应担保的；有其他严重违法经营行为的。

自营贷款和特定贷款，除按中国人民银行规定计收利息之外，不得收取其他任何费用；委托贷款，除按中国人民银行规定计收手续费之外，不得收取其他任何费用。不得给委托人垫付资金，国家另有规定的除外。

（三）贷款种类

1. 自营贷款、委托贷款和特定贷款

自营贷款，系指贷款人以合法方式筹集的资金自主发放的贷款，其风险由贷款人承担，并由贷款人收回本金和利息。

委托贷款，系指由政府部门、企事业单位及个人等委托人提供资金，由贷款人（即受托人）根据委托人确定的贷款对象、用途、金额期限、利率等代为发放、监督使用并协助收回的贷款。贷款人（受托人）只收取手续费，不承担贷款风险。

特定贷款，系指经国务院批准并对贷款可能造成的损失采取相应补救措施后责成国有独资商业银行发放的贷款。

2. 短期贷款、中期贷款和长期贷款

短期贷款，系指贷款期限在 1 年以内（含 1 年）的贷款。

中期贷款，系指贷款期限在 1 年以上（不含 1 年）5 年以下（含 5 年）的贷款。

长期贷款，系指贷款期限在 5 年（不含 5 年）以上的贷款。

3. 信用贷款、担保贷款和票据贴现

信用贷款，系指以借款人的信誉发放的贷款。

担保贷款，系指保证贷款、抵押贷款、质押贷款。

保证贷款，系指按《中华人民共和国担保法》规定的保证方式以第三人承诺在借款人不能偿还贷款时，按约定承担一般保证责任或者连带责任而发放的贷款。

抵押贷款，系指按《中华人民共和国担保法》规定的抵押方式以借款人或第三人的财产作为抵押物发放的贷款。

质押贷款，系指按《中华人民共和国担保法》规定的质押方式以借款人或第三人的动产或权利作为质物发放的贷款。

票据贴现，系指贷款人以购买借款人未到期商业票据的方式发放的贷款。

除委托贷款以外，贷款人发放贷款，借款人应当提供担保。贷款人应当对保证人的偿还能力，抵押物、质物的权属和价值，以及实现抵押权、质权的可行性进行严格审查。

经贷款审查、评估，确认借款人资信良好，确能偿还贷款的，可以不提供担保。

（四）贷款期限

贷款期限根据借款人的生产经营周期、还款能力和贷款人的资金供给能力由借贷双方共同商议后确定，并在借款合同中载明。自营贷款期限最长一般不得超过 10 年，超过 10 年应当报中国人民银行备案。票据贴现的贴现期限最长不得超过 6 个月，贴现期限为从贴现之日起到票据到期日止。

不能按期归还贷款的，借款人应当在贷款到期日之前，向贷款人申请贷款展期。是否展期由贷款人决定。申请保证贷款、抵押贷款、质押贷款展期的，还应当由保证人、抵押人、出质人出具同意的书面证明。已有约定的，按照约定执行。

短期贷款展期期限累计不得超过原贷款期限，中期贷款展期期限累计不得超过原贷款期限的一半，长期贷款展期期限累计不得超过 3 年，国家另有规定者除外。借款人未申请展期或申请展期未得到批准，其贷款从到期日次日起，转入逾期贷款账户。

（五）贷款利息

贷款人应当按照中国人民银行规定的贷款利率的上下限，确定每笔贷款的利率，并在借款合同中载明。贷款人和借款人应当按借款合同和中国人民银行有关计息规定按期计收或交付利息。

贷款的展期期限加上原期限达到新的利率期限档次时，从展期之日起，贷款利息按新的期限档次利率计收。逾期贷款按规定计收罚息。

根据国家政策，为了促进某些产业和地区经济的发展，有关部门可以对贷款补贴利息。对有关部门贴息的贷款，承办银行应当自主审查发放，并根据《贷款通则》有关规定严格管理。除国务院决定外，任何单位和个人无权决定停息、减息、缓息和免息。贷款人应当依据国务院决定，按照职责权限范围具体办理停息、减息、缓息和免息。

（六）贷款程序

1. 贷款申请

借款人需要贷款，应当向主办银行或者其他银行的经办机构直接申请。

借款人应当填写包括借款金额、借款用途、偿还能力及还款方式等主要内容的《借款申请书》，并提供以下资料：借款人及保证人基本情况；财政部门或会计

（审计）事务所核准的上年度财务报告，以及申请借款前一期的财务报告；原有不合理占用的贷款的纠正情况；抵押物、质物清单和有处分权人的同意抵押、质押的证明及保证人拟同意保证的有关证明文件；项目建议书和可行性报告；贷款人认为需要提供的其他有关资料。

2. 对借款人的信用等级评估

应当根据借款人的领导者素质、经济实力、资金结构、履约情况、经营效益和发展前景等因素，评定借款人的信用等级。评级可由贷款人独立进行，内部掌握，也可由有权部门批准的评估机构进行。

3. 贷款调查

贷款人受理借款人申请后，应当对借款人的信用等级以及借款的合法性、安全性、盈利性等情况进行调查，核实抵押物、质物、保证人情况，测定贷款的风险度。

4. 贷款审批

贷款人应当建立审贷分离、分级审批的贷款管理制度。审查人员应当对调查人员提供的资料进行核实、评定，复测贷款风险度，提出意见，按规定权限报批。

5. 签订借款合同

所有贷款应当由贷款人与借款人签订借款合同。借款合同应当约定借款种类，借款用途、金额、利率，借款期限，还款方式，借、贷双方的权利、义务，违约责任和双方认为需要约定的其他事项。

保证贷款应当由保证人与贷款人签订保证合同，或保证人在借款合同上载明与贷款人协商一致的保证条款，加盖保证人的法人公章，并由保证人的法定代表人或其授权代理人签署姓名。抵押贷款、质押贷款应当由抵押人、出质人与贷款人签订抵押合同、质押合同，需要办理登记的，应依法办理登记。

6. 贷款发放

贷款人要按借款合同约定按期发放贷款。贷款人不按合同约定按期发放贷款的，应偿付违约金。借款人不按合同约定用款的，应偿付违约金。

7. 贷后检查

贷款发放后，贷款人应当对借款人执行借款合同情况及借款人的经营情况进行追踪调查和检查。

8. 贷款归还

借款人应当按照借款合同规定按时足额归还贷款本息。借款人如果想提前归还贷款，应当与贷款人协商。

贷款人在短期贷款到期 1 个星期之前、中长期贷款到期 1 个月之前，应当向借款人发送还本付息通知单；借款人应当及时筹备资金，按时还本付息。贷款人对逾期的贷款要及时发出催收通知单，做好逾期贷款本息的催收工作。贷款人对不能按借款合同约定期限归还的贷款，应当按规定加罚利息；对不能归还或者不能落实还本付息事宜的，应当督促归还或者依法起诉。

第一节 工银信贷巧组合，助力企业大发展

中国工商银行（以下简称"工商银行"）成立于 1984 年 1 月 1 日，2006 年 10 月 27 日，成功在上海证券交易所和香港联合交易所同日挂牌上市。经过持续努力和稳健发展，工商银行已经迈入世界领先大银行之列，拥有优质的客户基础、多元的业务结构、强劲的创新能力和市场竞争力。它将服务作为立行之本，坚持以服务创造价值，向全球 810 万公司客户和 6.5 亿多个人客户提供全面的金融产品和服务。它自觉将社会责任融入发展战略和经营管理活动，在发展普惠金融、支持精准扶贫、保护环境资源、支持公益事业等方面受到广泛赞誉。它始终聚焦主业，坚持服务实体经济本源，与实体经济共荣共存、共担风雨、共同成长；始终坚持风险为本，牢牢守住底线，不断提高控制和化解风险的能力；始终坚持对商业银行经营规律的把握与遵循，致力于打造"百年老店"；始终坚持稳中求进、创新求进，持续深化大零售、大资管、大投行以及国际化和综合化战略，积极拥抱互联网；始终坚持专业专注，开拓专业化经营模式，锻造"大行工匠"。工商银行连续七年蝉联英国《银行家》全球银行 1000 强、美国《福布斯》全球企业 2000 强及美国《财富》500 强商业银行子榜单榜首，连续四年位列英国 Brand Finance 全球银行品牌价值 500 强榜单榜首。

一、业务信贷，聚焦运营

（一）流动资金贷款

流动资金贷款是为满足借款人在生产经营过程中临时性、季节性的资金需求，

保证生产经营活动的正常进行而发放的贷款。流动资金贷款的特点是期限灵活，能够满足借款人临时性、短期和中期流动资金需求，按期限可分为临时流动资金贷款、短期流动资金贷款和中期流动资金贷款。

临时流动资金贷款是指期限在3个月（含3个月）以内的流动资金贷款，主要用于企业一次性进货的临时需要和弥补其他季节性支付资金不足；短期流动资金贷款是指期限为3个月至1年（不含3个月，含1年）的流动资金贷款，主要用于企业正常生产经营周转的资金需求；中期流动资金贷款是指期限为1年至3年（不含1年，含3年）的流动资金贷款，主要用于企业正常生产经营中经常性的周转占用和铺底流动资金。

流动资金贷款流动性强，适用于有中、短期资金需求的工商企业借款人。工商银行的流动资金贷款产品主要包括营运资金贷款、周转限额贷款、临时贷款、法人账户透支和备用贷款。

1. 营运资金贷款

营运资金贷款是工商银行为满足优质借款人日常经营中合理的资金连续使用需求，以其未来综合收益和其他合法收入等作为还款来源而向客户发放的贷款，业务办理方式多样，允许采用循环方式办理，即与借款人一次性签订循环借款合同，在合同规定的期限和额度内，允许借款人多次提款、逐笔归还、循环使用。营运资金贷款适用于生产经营正常，存在合理的资金连续使用需求，且未来预期收入有保障的优质借款人。营运资金贷款申办条件：符合国家产业政策和工商银行信贷政策；借款人属工商银行优质客户，主业突出，经营稳定，财务状况良好，流动性及盈利能力较强；在银行融资无不良信用记录；符合工商银行要求的其他条件。

2. 周转限额贷款

周转限额贷款是工商银行为满足借款人日常经营中确定用途项下的资金短缺需求，以约定的、可预见的经营收入作为还款来源而发放的贷款，适用于资金需求与日常经营直接相关的借款人。

3. 临时贷款

临时贷款是工商银行为满足借款人季节性或临时性的物资采购资金需求，以对应的产品（商品）销售收入和其他合法收入等作为还款来源而发放的短期贷款。

4. 法人账户透支

公司客户法人账户透支是工商银行根据公司客户申请，核定其账户透支额度，允许其在结算账户存款不足以支付时，在核定的透支额度内直接透支取得信贷资金的一种短期融资方式。

5. 备用贷款

备用贷款是指工商银行为满足借款人未来一定时期内或有融资需求，向其出具的具有法律约束力、允许其在需要时按照合同约定条件提取贷款的信贷承诺。备用贷款可采用循环提款方式，即一次性签订备用贷款合同，在合同规定的期限和额度内，借款人可循环使用贷款。备用贷款的借款人原则上应为工商银行的大型优质客户。

(二) 国内贸易融资

贸易融资是在商品或服务贸易中，运用结构性短期融资工具，基于贸易中的存货、应（预）付账款、应收账款等资产的融资。工商银行的贸易融资产品根据贸易发生的地域可分为国际贸易融资产品和国内贸易融资产品两大类，国内贸易融资产品适用于客户与交易对手均在国内的情况，国际贸易融资产品适用于客户的交易对手在国外的情况。贸易融资适用于在贸易中拥有能够用于质押或转让的债项的客户。特别是对于缺少合格的房地产、机器设备等传统抵质押品，但依托于大型核心企业供应链具有优质债项的中小企业客户，贸易融资相比其他融资业务品种更能满足客户的融资需求。

工商银行的国内贸易融资产品主要包括国内信用证、国内信用证议付、国内信用证项下买方融资、国内保理融资、国内订单融资、国内采购融资和国内信用证福费廷。

1. 国内信用证

国内信用证，是指工商银行应买方申请，向其出具的付款承诺，承诺在单据符合信用证所规定的各项条款时，向卖方履行付款责任。它适用于买方流动资金不充裕或有其他投资机会，希望借助银行信用完成商品交易并控制交易风险的情况。该产品的优势是：买方能够依托银行信用，提升信用等级，改善谈判地位，促成贸易往来；减少买方资金占用，加速资金周转，优化财务报表；依托单据和信用证条款，控制货权、装期（装运日期）和质量，降低交易风险。

2. 国内信用证议付

国内信用证议付，是指工商银行被指定为国内信用证议付行或信用证指定任意银行为议付行，在开证行或保兑行已确认到期付款的情况下，在收到开证行或保兑行付款前购买单据，取得信用证项下索款权利，向借款人（即国内信用证受益人）预付资金的行为。国内信用证议付适合卖方在发货后，收款前遇到临时资金周转困难或遇到新的投资机会，且预期收益率高于融资利率的企业。它无须担保，办理手续便捷，及时融通资金。该产品的主要特点如下：卖方可以提前回笼资金，加快资金周转，优化财务报表，提升竞争力；无须担保，融资手续简便，办理效率高；灵活分担融资成本，既可以由卖方承担，也可以由买方承担；异地客户也可办理，不受地域限制；适用于解决卖方在以信用证结算方式下因赊销造成的临时资金短缺困难。

3. 国内信用证项下买方融资

国内信用证项下买方融资是指工商银行应开证申请人要求，与其达成国内信用证项下单据及货物所有权归工商银行所有的协议后，工商银行以信托收据的方式向其释放单据并先行对外付款，待开证申请人销售货物、回笼资金后偿还融资。该产品适合买方遇到资金周转困难，无法按时付款赎单或者买方在付款前遇到新的投资机会，且预期收益率高于融资利率的企业。对买方来说，国内信用证项下买方融资通过将付款方式由延期付款改为即期付款，相应缩短了付款的期限，可以帮助买方提高议价能力。

4. 国内保理融资

境内卖方在非信用证结算方式下赊销商品或服务后，将其合法拥有的应收账款债权转让给工商银行，工商银行向其提供集应收账款催收、管理、坏账担保及融资于一体的综合型金融服务，即工商银行的国内保理融资。该产品的主要功能如下：工商银行以预支方式提供融资便利，缓解卖方流动资金被应收账款占压的问题，改善企业的现金流；通过买断形式，帮助企业将"应收"变为"收入"，从而优化财务报表；基于遍及全国的网络，工商银行可对买方进行信用评估并承担其信用风险，承诺在买方无力付款时（不包括贸易纠纷、商务纠纷等情形）承担付款责任，有力地起到了风险保障的作用；相比流动资金贷款，保理期限更具灵活性，有效降低了客户的财务成本，并通过资信调查、账务管理和账款催收等服务有效降低客户的管理成本；基于保理服务，卖方能够借助赊销方式，扩大下游客户群体，拓展市场，增加营业额，提高利润率。

国内保理融资适用对象：国内贸易卖方企业。

5. 国内订单融资

国内订单融资，是指买卖双方采用非信用证方式结算并已签署订单后，工商银行以订单项下的预期销售货款作为主要还款来源，为满足卖方在货物发运前因支付原材料采购款、组织生产、货物运输等资金需求而向其提供的短期融资。国内订单融资适用于与买方签订采用非信用证方式的订单的卖方。

6. 国内采购融资

国内采购融资是工商银行为国内贸易中的买方（借款人）提供的用于向卖方支付购销合同项下应付款项的短期融资业务。它适合贸易项下因向卖方采购商品而产生流动资金缺口的买方。

7. 国内信用证福费廷

国内信用证福费廷，是指可议付远期付款国内信用证项下，包买商无追索权地购买已被承诺付款行（开证行）有效承诺付款的应收账款的贸易融资业务。

该产品可以帮助卖方提前回笼资金，加快资金周转，优化财务报表，提升竞争力；无须担保，融资手续简便，办理效率高；异地客户也可办理，不受地域限制。它适用于解决卖方在以信用证结算方式下因赊销造成的临时资金短缺困难。

（三）项目贷款

项目贷款是指工商银行发放给借款人用于新建、扩建、改造、开发、购置固定资产投资项目的贷款。

工商银行项目贷款一般是中长期贷款，也有短期项目贷款。根据客户需求，可在项目贷款项下开立非融资类保函、办理国内贸易融资和国际贸易融资等业务。

申办项目贷款应具备以下条件：项目符合国家法律法规、产业政策和工商银行信贷政策；借款人信用状况良好，偿债能力强，管理制度完善等。

（四）并购贷款

并购贷款是工商银行向并购方或其专门子公司发放的，用于支付并购交易价款的贷款。

申请并购贷款的并购方应满足以下条件：依法合规经营，信用状况良好，属于工商银行优质客户；符合国家产业政策和工商银行信贷政策；并购交易依法合规；并购方与目标企业之间具有较高的产业相关度或战略相关性等。

按照银保监会要求，并购贷款不得用于并购方或其专门子公司在并购协议下所支付的其他款项，也不得用于并购之外的其他用途。

（五）固定资产支持融资

固定资产支持融资是指工商银行以借款人自有的、已建成并投入运营的优质经营性资产未来经营所产生的持续稳定现金流（如收费收入、租金收入、运营收入等）作为第一还款来源，为满足借款人在生产经营中多样化用途的融资需求而发放的贷款。固定资产支持融资业务适用于在生产经营中存在合理资金需求的公司客户。申请固定资产支持融资业务的借款人信用等级及所有者权益应符合工商银行规定；借款人经营及财务状况较好，在银行融资无不良信用记录；经营特定资产符合国家有关规定及工商银行要求。

（六）房地产开发贷

1. 住房开发贷款

住房开发贷款是工商银行向借款人发放的用于住房及其配套设施建设的贷款。它适合产权清晰，法人治理结构健全，经营管理规范，财务状况良好，信用良好，具有按期偿还贷款本息能力的企业，并要求贷款项目已纳入国家或地方建设开发计划，其立项或备案文件合法、完整，具备建设工程施工许可证等条件。

2. 商用房开发贷款

商用房开发贷款是工商银行向房地产开发企业发放的用于宾馆（酒店）、写字楼、商场等商用项目及其配套设施建设的贷款。

借款人应具备以下条件：产权清晰，法人治理结构健全，经营管理规范，财务状况良好；在工商银行开立基本存款账户或一般存款账户；信用良好，具有按期偿还贷款本息的能力；实收资本、房地产开发资质等符合工商银行有关规定；贷款项目已纳入国家或地方建设开发计划，其立项或备案文件合法、完整、真实、有效；具备国有土地使用证、建设用地规划许可证、建设工程规划许可证、建设工程施工许可证；项目资本金等符合工商银行有关规定。

(七) 专项融资产品

专项融资部是工商银行全球投融资领域的专业化经营机构，也是工商银行服务"走出去"战略的重要平台。它以海外投融资和跨境资本运作为核心，在全球电力、全球交通与基建、全球制造与租赁、全球资源、国际银团与资产交易等领域，"一站式"解决企业"走出去"的各类金融需求。它牵头完成一批在国际资本市场颇具影响力的重大项目，业务覆盖全球六大洲50多个国家和地区，成为中国企业"走出去"的重要合作伙伴。随着"一带一路"倡议逐渐落地实施，中国企业"走出去"进入新的发展阶段，也给全球投融资业务带来战略性的历史机遇。专项融资部将依托"ONEICBC"集团优势，支持和引领企业"走出去"，为推动国际产能合作和装备出口贡献力量。

工商银行的专项融资产品主要包括出口信贷、全球电力融资、全球资源融资、跨境并购融资、国际银团贷款、基础设施项目融资（含境外工程承包）、全球制造与租赁融资、飞机融资和航运与海工融资9大类产品，适合具有长期稳定收入的大型项目企业。

二、小微金融，激发经络

(一) 小额化产品

1. 小额担保贷款

小额担保贷款是工商银行为满足小微客户生产经营过程中短期资金周转需要发放的小额担保类贷款。

小额担保贷款额度为500万～1000万元，贷款额度可循环使用，随借随还，手续简便；循环额度使用期限为5年，单笔最长期限为1年；担保方式主要是房地产抵押、金融资产质押、经银行准入的担保公司保证等。小额担保贷款非常适合小微企业主和个体工商户。

2. 小额信用贷款

小额信用贷款是工商银行向生产经营状况稳定、经济效益良好、还款来源充足的小微客户发放的短期、小额、信用方式贷款。

小额信用贷款额度最高为 500 万元，贷款期限最长不超过 1 年；无须担保、纯信用贷款；适合小微企业、小微企业主、个体工商户。

3. 小额纳税信用贷款

小额纳税信用贷款是工商银行为经营稳定、发展前景良好的小微客户，基于其纳税行为发放的小额、信用方式贷款。

小额纳税信用贷款根据客户纳税额的一定倍数确定贷款额度，最高为 500 万元，期限最长为 1 年；可循环使用；无须担保，纯信用；适合小微企业、小微企业主、个体工商户。

（二）周转类产品

1. 小企业周转贷款

小企业周转贷款是工商银行向生产经营稳定、还款来源充足、能够提供有效担保的小企业发放的，用于满足其生产经营周转需要的流动资金贷款。

小企业周转贷款额度最高为 3000 万元，期限最长为 3 年；采用抵押、质押、保证等多种担保方式；适合小型企业。

2. 小企业银政通

小企业银政通是工商银行向小微企业及个体工商户发放的，以政府设立的风险补偿基金作为增信手段，用于支持借款人日常经营周转等资金需求的融资业务。

小企业银政通额度最高为 3000 万元，期限最长为 3 年；以信用方式为主，风险补偿基金作为增信；适合小微企业、小微企业主、个体工商户。

3. 小企业网贷通

小企业网贷通是工商银行向小微客户提供的网络自助循环贷款。只需一次性签订循环合同，在有效期内通过网上银行自助进行提款和还款申请，资金实时到账。小企业网贷通额度最高为 3000 万元，期限最长为 2 年；担保采用抵押、质押方式，对符合信用条件的，还可以信用方式提款；适合小微企业、小微企业主、个体工商户。

4. 小企业金融扶贫贷款

小企业金融扶贫贷款是工商银行向生产经营稳定、还款来源充足、能够提供有效担保的小企业发放的，用于满足其生产经营周转需要的流动资金贷款。

小企业金融扶贫贷款额度为 10 万～200 万元，期限最长 3 年，可循环使用，其担保方式采用抵押、质押、保证等，适合城镇登记失业人员、就业困难人员、复员转业退役军人、刑满释放人员、高校毕业生、返乡创业农民工、网络商户、建档立卡贫困人口。

（三）固定资产类产品

1. 小企业固定资产购建贷款

小企业固定资产购建贷款是工商银行向小微企业发放的，用于满足其购厂房、建商业用房、购置机器设备等，或置换由此形成的负债性资金。小企业固定资产购建贷款额度最高为 3000 万元，期限为 5～10 年，担保采用抵押或限期抵押方式。

2. 小企业经营型物业贷款

小企业经营型物业贷款是工商银行向小企业发放的，用于对物业改扩建、装修及日常维护，或者置换由此形成的他行融资的贷款。

适用对象：主营业务为运营或出租物业的小微企业。

额度和期限：额度最高为 3000 万元，期限最长为 10 年。

产品特色：期限长，用途明确，还款方式灵活。

3. 小企业商用车贷款

小企业商用车贷款是工商银行向个人借款人发放的、用于购买以营利为目的的汽车的贷款。

该产品适合购买城市出租车、城市公交线路车、客运车、货运车及工程机械的自然人，额度最高为 200 万元，期限为 2～3 年，担保方式采用房产抵押、"车辆抵押＋营运权质押""车辆抵押＋符合条件的经销商（厂商）保险"。

工商银行的信贷产品可谓大而全，各类企业可以根据自身实际情况选择比较适合的产品。

第二节　特色金融普惠大众，北京银行独领风骚

北京银行成立于 1996 年，是一家中外资本融合的新型股份制银行。成立以

来，北京银行依托中国经济腾飞崛起的大好形势，先后实现引资、上市、跨区域等战略突破。北京银行凭借优异的经营业绩和优质的金融服务，赢得了社会各界的高度赞誉，先后荣获"亚洲十大最佳上市银行""中国最佳城市商业零售银行""最佳区域性银行""最佳支持中小企业贡献奖""最佳便民服务银行""中国上市公司百强企业""中国社会责任优秀企业""最具持续投资价值上市公司""中国最受尊敬企业""最佳互联网金融银行奖"等荣誉。2020年，北京银行按一级资本在英国《银行家》全球银行1000强中排名第62位，连续7年跻身全球百强银行。

北京银行始终将服务小微企业作为立行之本、发展之源，以打造"小巨人"品牌为核心，持续突出"科技金融""文化金融""绿色金融"特色品牌，积极落实国务院缓解企业融资成本高的十项措施及中国银保监会完善和创新小微企业贷款服务的精神与要求，走出了一条独具特色的金融服务小微企业创新发展之路，深受广大中小企业的爱戴。

一、差异与普惠共生，科技与文化交融

北京银行立足城市发展建设，结合自身优势特点在普惠金融、科技金融、文化金融和绿色金融等特色金融业务方面走出了一条差异化竞争道路。

（一）构建普惠金融

北京银行从2003年开始在北京郊区陆续设立综合服务网点，有序构建组织基础。

从持续推进农村金融建设，到落地北京市首单农村承包土地经营权抵押贷款，从发布"农权贷""农旅贷"等特色产品，到全面升级"富民直通车"服务体系，再到在京津冀区域设立300家金融服务站，北京银行累计发放涉农贷款150亿元，惠及4万余农户。经过多年的发展，北京银行已经形成了10个郊区全覆盖的金融服务网络体系，在责任与担当中打造"普惠金融"的亮丽品牌。

（二）布局科技金融

2018年6月，北京银行成立科技金融创新中心，发布支持前沿技术企业的专属产品"前沿科技贷"，全力支持首都科技创新中心建设，在科技金融领域再度发力。北京银行已探索出了"批量化营销、标准化审贷、差异化贷后、特色化激励"的信贷工厂模式。

（三）打造文化金融

北京银行作为北京首家将文化金融提升至战略定位的银行，专属产品"创意贷"和普惠文创产品"文创普惠贷"让更多创意梦想成真。北京银行近年对《红海行动》《战狼Ⅱ》等多部优秀影片给予了金融支持，以金融力量激活首都文化资源的巨大潜力，为全国文化中心建设贡献更大的力量。

（四）启动节能环保金融

北京银行信贷的投放重点支持节能环保领域，并严格控制对高耗能、高排放行业和产能过剩行业的贷款投放，支持了大量合同能源管理（EMCO）项目和中小节能服务公司，推出了专业性的"节能贷"产品体系，携手国际金融公司（IFC）启动了中国节能减排融资项目，引入节能减排项目损失分担机制。

二、加码小微金融，服务小微企业

伴随着中国经济和市场的发展，北京银行进一步发展文化金融、科技金融等特色金融业务，开启全面"服务地方经济、服务中小企业、服务市民百姓"的发展新征程。

近两年来，小微、民企融资困境突出。对北京银行来说，服务小微企业既是响应监管的号召，也是自身发展内在的要求。北京银行在不断探索金融服务小微企业发展路径和方式的同时，持续加大对小微企业的金融支持力度。北京银行坚持特色经营，发挥品牌优势，科技金融与文化金融两翼齐飞，持续探索专营特色模式建设。北京银行现有科技特色支行23家，文创特色支行21家。在科技金融方面，北京银行积极服务首都科技创新中心建设，升级知识产权质押贷款产品，延伸知识产权质押融资服务范围。在文化金融方面，北京银行强化银政合作，与北京市文资中心签署"投贷奖"风险补偿金意向合作协议，首批参与风险补偿机制。截至2020年6月末，北京银行科技金融贷款余额1648.9亿元，累计为2.8万家科技型中小微企业提供信贷资金超6000亿元；文化金融贷款余额668.2亿元，累计为8700余家文化企业提供信贷资金超3100亿元。

三、聚焦创融，及时纾困，助力腾飞

北京银行的金融产品分类特别，企业客户容易"对号入座"。

(一)"创融通"系列

"创融通"系列是面向创业初期中小企业发放的,提供贷款、保函、银行承兑汇票等多种融资产品,以绿色通道方式提高审批效率,以多种担保方式适应企业现状,引入政府政策支持,全力助推中小企业成长。该系列主要融资产品包括小额担保贷款产品(助业贷、富业贷、创业贷、转业贷、小额担保贷款)、一般抵押贷款、一般质押贷款。

(二)"及时予"系列

"及时予"系列是面向处于成长成熟阶段,具有良好发展前景的中小型企业而推出的,提供包括担保公司保证、房产抵押、知识产权质押、信用等多样化担保方式,解决中小企业经营过程中资金短缺状况的系列融资产品。该系列主要融资产品包括如下三种。

(1)快捷融资产品:银行承兑汇票拆分、循环贷款、商业承兑汇票贴现、订单贷款。

(2)综合担保产品:中小企业联保贷款、知识产权质押贷款、商圈贷款、无担保信用贷款、一般法人保证贷款、担保公司担保贷款。

(3)供应链融资产品:厂商银(储)、商银储贷款、信保保理、国内保理。

(三)"腾飞宝"系列

"腾飞宝"系列产品是为快速成长的中小型企业提供的升级专属性产品服务。该系列主要融资产品包括股权质押贷款、中小企业短期融资券、并购贷款、中小企业集合票据、财务融资顾问、上市财务顾问、企业债务重组顾问。

另外,北京银行还推出了行业特色产品,为相关企业提供了便利服务。

(1)高科技类行业特色产品:集成电路设计贷款、瞪羚计划贷款、留学人员创业贷款、软件外包贷款、"融信宝"中小企业信用贷款。

(2)文化创意类行业特色产品:"创意贷"文化创意贷款、设计创意贷款、影视制作贷款、出版发行贷款、文艺演出贷款、广告会展贷款、艺术品交易贷款、动漫网游贷款、文化体育休闲贷款、文化旅游贷款、文化创意产业集聚区建设贷款。

(3)节能减排类行业特色产品:合同能源项目贷款、中国节能减排融资项目贷款。

第三节　民生银行慎终如始，普惠金融服务民生

中国民生银行（以下简称"民生银行"）于1996年1月12日在北京正式成立，是中国第一家主要由民营企业发起设立的全国性股份制商业银行。2000年12月19日，民生银行A股股票（代码：600016）在上海证券交易所挂牌上市。2009年11月26日，民生银行H股股票（代码：01988）在香港证券交易所挂牌上市。2020年，民生银行在英国《银行家》全球银行1000强排名中居第23位，在美国《财富》世界500强企业排名中居第239位。

民生银行在经济金融转型变革的大潮中把脉方向、聚合资源、创新求变、探路前行，实现了规模和效益持续增长。

一、根植民企，与民共生

2018年4月，民生银行董事会审议通过《改革转型暨三年发展规划方案》，围绕"民营企业的银行、科技金融的银行、综合服务的银行"三大战略定位，全面推进改革转型落地实施，开启高质量发展新征程。

1. 民营企业的银行

民生银行坚持民企战略不动摇，根植民企、与民共生，聚焦优质大中型民企、核心企业供应链上下游、小微企业，通过为民企客户及企业高管提供一体化、个性化、综合化金融服务，做民营企业及其企业家的金融管家；不断创新体制机制和商业模式，持续提升民企服务专业化能力，成为民企客户的主办银行、民企客户心中的首选银行。

2. 科技金融的银行

民生银行坚持"数据＋技术"双轮驱动，大力发展直销银行、小微线上微贷、信用卡线上获客等业务，做强科技金融，打造在行业中领先地位；组建民生科技公司，以金融云为纽带，为客户提供"科技＋金融"综合生态服务；加强科技能力建设，自主研发国内领先的分布式核心系统，助推科技赋能业务，提高金融服务智能化水平，打造中国具有最佳客户体验的互联网银行。

3. 综合服务的银行

民生银行加快业务多元化布局，覆盖信托、租赁、基金、资管等领域，实现

集团一体化综合服务；建立"一个民生"的交叉销售和业务协同体系，推动各业务板块间、各经营机构间、总行和附属公司之间的交叉销售与协同，为客户提供"商行＋投行＋交易银行""融资＋融智＋融商"综合化金融服务；以客户为中心，前中后台协同一致，为客户提供一体化、综合化服务。

民生银行全面落实战略定位，全面实施改革转型，全面聚焦重点业务，主要有公司银行、零售银行、金融市场、网络金融、海外业务和综合化经营六大业务板块，积极推动了业务模式从粗放型向资本节约型转变，持续做大做强各个板块业务。

截至2019年年末，民生银行中小企业客户达到19.4万户，民营企业贷款余额达1.5万亿元，较年初新增超700亿元，占全行企业贷款余额近七成。与此同时，民生银行还通过债券投资、同业投资等创新手段，满足民营企业多层次、低成本资金需求。截至2019年12月末，该行非贷款类融资支持民营企业超1600亿元，比年初增加约270亿元，进一步拓宽了民营企业的融资渠道。

二、促贸易，保供应，重小微

（一）贸易融资

民生银行的贸易融资产品分类如下。

（1）国内信用证类：国内信用证、国内信用证福费廷、国内信用证买方押汇、国内信用证打包贷款、国内信用证议付、远期付款国内信用证买方付息（费）方案和国内信用证代理融资。

（2）国内保函类：国内融资性保函、国内投标保函、国内履约保函、国内预付款保函、国内付款保函、电子保函、农民工工资支付保函、诉讼保函、仓单保函、风险处置备用金保函、预付卡履约保函。

（3）保理类：无追索权国内卖方保理、有追索权国内卖方保理、出口保理、进口保理、国内买方保理、保理池融资、网上保理、租赁保理、N+1保理、工程保理、医药保理、应收账款质押融资（含池融资）、延期付款融资。

（二）供应链金融产品

民生银行的供应链金融产品是按产品板块、传统行业板块和现代科技板块进行详细分类的。

1. 产品板块

（1）赊销 E。

赊销 E 是围绕核心企业及其上游交易环节，基于核心企业的付款责任，为供应链上游供应商提供的应收账款类融资业务。它适用于采用赊销结算方式，上游供应商分散的行业。它的操作模式为系统直连。

主要功能：降低供应商融资成本，提高资金使用效率，实现应收账款的快速变现；适度延长核心企业的账期，降低财务及采购成本，优化上游供应链管理。

（2）应收 E。

应收 E 是围绕核心企业及其下游交易环节，基于下游优质买方的付款责任，为核心企业解决供应链上下游账期错配、资金紧张的应收类融资业务。它适合供应链核心企业。它的操作模式为系统直连。

主要功能：银行企业系统直连，稳定应收池化融资；入池出池自动筛选，应收账款智能核销；无须买方转让确认，回款资金自动归集。

（3）采购 E。

采购 E 是围绕核心企业及其下游交易环节，基于核心企业增信，为下游经销商预付采购进行的融资业务。它适用于购销渠道稳定，且季节性融资需求旺盛、采用预付款形式采购的经销商。

主要功能：为经销商快速获取融资，节约财务成本，加速库存流转，提升经营效率；为核心企业增加销售额，降低销售回款风险；增加企业现金流，提升渠道管理效率，在线数据清晰。

（4）信融 E。

信融 E 是围绕 N 家核心企业与其 N 级供应商的交易环节，基于核心企业在应付账款多级拆分流转场景下的付款责任，为供应链上游供应商提供的应收账款类融资业务。它适用于在应收账款债权流转支付平台场景下，已注册的大量优质核心企业和供应商。

主要功能：为供应商降低融资门槛，提高融资效率，实现应收账款的快速变现；为核心企业适度延长账期，解决三角债，发挥闲置额度的市场价值，优化财务报表。

2. 传统行业板块

（1）医药通。

医药通是围绕医药流通场景下上游采购、下游销售结算特点，借助发票验真、大数据、多维风险模型、线上账务管理等科技手段，为核心企业、上游供应商提供的全面、透明、便捷的线上应收账款管理与融资服务。同时，民生银行深入拓展医疗设备融资租赁、医保应收账款融资等产品，形成医药行业整套金融服务方案。

主要功能：为供应商降低融资成本，提高资金使用效率，实现应收账款的快速变现；为核心企业盘活自身应收账款，延长应付账期，提高回款管理效率，全链条协同管理；为采购商提高管理效率，实现资金闭环管理。

（2）车销通。

车销通将银行融资流程嵌入国内主流整车制造企业的产销过程，有效满足经销商在预付款采购中形成的资金缺口，通过与核心企业、监管企业的系统直连对接，并借助互联网及电子签名技术，为汽车经销商提供在线融资申请、在线出质确认、在线库存管理、在线还款赎车等快捷高效的在线金融服务。它适合国内主流整车制造核心企业及其下游经销商，便于它们积极拓展上游供应商。

主要功能：为汽车产业链上的核心企业增加销售额，缩短销售周期，降低销售回款风险，提升数据及渠道管理效率；为经销商把握季节机会，快速获取融资，加速库存流转，节约财务成本，提升经营效率；为监管商降低操作成本，缩短对账时间，加快提货流程。

（3）家电通。

家电通将银行融资流程嵌入家电核心厂商产销过程，借助核心企业信用捆绑及监管商监管责任，有效满足经销商在预付款采购时形成的资金缺口，同时借助互联网技术，实现融资申请、发放、在线还款、信息查询等环节的无纸化、智能化操作，为家电经销商提供网络化融资解决方案。它适合大型家电制造企业及其下游经销商，其中经销商包括品牌的线上经销商，如天猫、京东等。

主要功能：为家电产业链上的核心企业增加销售额，缩短销售周期，降低销售回款风险，提升数据及渠道管理效率；为经销商把握季节机会，快速获取融资，加速库存流转，节约财务成本，提升经营效率；为监管商降低操作成本，缩短对账时间，加快提货流程。

（4）佳酿通。

佳酿通是为白酒产业链提供的金融服务，它将核心厂商产销过程与银行融资、结算功能互为嵌入，有效满足核心厂商经销商管理、订单管理、智能分账需求；同时，面向白酒经销商在预付款采购时形成的资金缺口，借助互联网渠道，实现融资申请、在线还款、信息查询等环节的无纸化、自动化、智能化操作，为白酒经销商提供网络化融资解决方案。它适合白酒核心厂商、经销商、批发商、零售商、监管商。

主要功能：为白酒产业链上的核心企业增加销售额，缩短销售周期，降低销售回款风险，提升数据及渠道管理效率；为经销商把握季节机会，快速获取融资，加速库存流转，节约财务成本，提升经营效率；为监管商降低操作成本，缩短对账时间，加快提货流程。

（5）建工通。

建工通依托大型建筑施工核心企业信用，借助发票验真、大数据、多维风险模型、线上账务管理等科技手段，为供应链上游供应商企业提供全面、透明、便捷的线上应收账款管理与融资服务，满足企业在赊销模式下的资金流动性需求。它适合大型建筑施工类核心企业及其上游供应商（含原材料及分包施工等的供应商）。

主要功能：为建筑工程产业链上的核心企业适度延长账期，降低财务及采购成本，优化上游供应链管理；为供应商盘活应收资产，优化账款管理，降低融资成本，提高资金使用效率。

3. 现代科技板块

（1）民生银行供应链金融科技理念。

民生银行供应链金融旨在以科技驱动，金融赋能，打造供应链生态圈，运用金融科技，打造开放式、特色化、智能化供应链金融服务平台，为供应链核心企业、核心企业上下游客户、资金方、监管商、物流公司、信息服务公司等主体提供融资、结算、增值等综合产品服务，实现互利共赢。

特点：① 一站式全方位金融科技服务。汇集内外部优质金融产品和服务，以企业为视角，围绕企业管理、生产、销售环节提供包括账户结算、产业融资、资金管理、理财增值等一系列综合服务。② 标准化与特色化相结合。提供标准化申请、接入和使用流程，多渠道快速对接客户数据，为不同行业不同客户提供特色化操作体验。③ 线上线下相结合。客户开放式接入，线上线下服务对接，减少客户网点交付环节,实现自动化数据交互和业务协同。④ 数据增信与风险决策相结合。基于大数据实现多维度客户画像,全面透析客户经营风险,通过多方数据监测,实现智能化风险预警。

(2)民生银行供应链金融科技亮点。

专业的供应链金融科技团队,创新运用金融科技,为供应链金融产品提供强力的科技保障,有效提升业务效率及客户体验,驱动金融创新。

亮点:①经营数据智能透析,为企业增信。通过企业贸易数据透析、发票验真、交易资金定向管理等系统工具,为企业提供贸易数据信用背书,解决企业无抵押无担保融资难问题。②创新运用金融科技,提升业务效率。将大数据、物联网、远程视频、电子围栏、智能跟踪等技术引入供应链金融业务流程;通过银企直连等线上化、数字化手段打通银行与企业数据传输通道,减少客户线下作业,实现客户云账户线上开立、合同电子签章、线上放款申请等,大幅提升业务效率。③专业池化模型管理,盘活企业流动资产。实现应收账款、票据、现金专业池化模型管理,为企业提供便捷的融资支持及丰富的支付手段。④充分运用区块链技术,实现债权便利流转。构建以区块链为底层的企业信用服务平台,利用区块链不可篡改、多方共享的特性,支持企业应收账款、票据等债权多级流转和快速变现。

(三)小微金融产品

1. 微贷

微贷即经营性微贷业务,是民生银行为符合条件的小微商户发放的最高不超过50万元的人民币授信业务。微贷无须抵押,无须担保。贷款额度最高为50万元,授信期限最长为3年。微贷条件如下。

(1)具备完全民事行为能力的中国大陆公民,年满18周岁,授信期限届满时不超过60周岁。

(2)有经营体且成立并持续稳定经营2年以上,拥有3年以上行业经验。

(3)征信记录良好,符合民生银行准入要求。

(4)借款人及名下企业无不良社会记录,无司法、工商行政执法等违法违规记录。

(5)具备相应的资产实力及还款能力。

（6）在民生银行开立结算账户，愿意将民生银行作为主要结算行。

（7）民生银行要求的其他条件。

2. 商链通

商链通即民生银行的小微供应链金融，是民生银行依托核心企业，针对其上游供应商、下游经销商中的小微客户群体，设计个性化或标准化的金融服务产品，提供综合金融解决方案，利用信息流、资金流、物流等交易数据构建授信体系、防范授信业务风险的一种服务模式。商链通具有担保种类丰富、办理高效快捷和综合效益高等特点。

第二章
CHAPTER2

供应链金融

供应链金融正在成为企业拓展融资渠道的重要途径之一。在"互联网+"时代，供应链金融借助互联网、大数据征信、普惠金融等创新技术，为核心企业及其上下游企业提供交易平台和融资解决方案，明显提高了供应链金融服务效率。本章结合案例重点介绍供应链金融运作模式，希望供应链上的企业能够运用好这一融资工具。

基础知识

(一)供应链

供应链是指围绕核心企业，通过对信息流、物流和资金流的控制，从采购原材料开始，制成中间产品以及最终产品，最后由销售网络把产品送到消费者手中。它是将供应商、制造商、分销商、零售商，直到最终用户连成一个整体的功能网链模式。所以，一条完整的供应链应包括供应商（原材料供应商或零配件供应商）、制造商（加工厂或装配厂）、分销商（代理商或批发商）、零售商（卖场、百货商店、超市、专卖店、便利店和杂货店）以及消费者。

供应链不仅是一条链接供应商到用户的物料链、信息链和资金链，同时更为重要的是它也是一条增值链，因为物料在供应链上进行了加工、包装、运输等过程而增加了其价值，从而给这条链上的相关企业带来了收益。增值链是供应链赖以存在的基础，如果没有创造额外的价值，即增值，相关企业没有得到应有的回报，这条链就不能持续运转。

（二）供应链融资

供应链融资是把供应链上的核心企业及相关的上下游配套企业作为一个整体，根据供应链中企业的交易关系和行业特点制定基于货权及现金流控制的整体金融解决方案。供应链融资解决了上下游企业融资难、担保难的问题，而且通过打通上下游融资瓶颈，还可以降低供应链融资成本，提高核心企业及配套企业的竞争力，从资金供给的角度推动供应链系统的生态平衡与发展。

供应链融资最大的特点是在供应链中找出一个大的核心企业，以核心企业为出发点，为供应链提供金融支持：一方面，将资金有效注入处于相对弱势的上下游配套企业，解决中小企业融资难和供应链失衡的问题；另一方面，将银行信用融入上下游企业的购销行为，增强其商业信用，促进中小企业与核心企业建立长期战略协同关系，提升供应链的竞争能力。供应链金融的特点还具体表现在以下几个方面。

1. 参与主体多元化

参与供应链金融的主体不仅包括金融机构、融资企业，还包括核心企业和物流企业。传统的金融借贷主体一般包括金融机构和借款企业，而供应链金融中新增的两个主体在借贷活动中发挥着重要作用。在这四个主体中，核心企业为供应链金融提供信用支持，其运营状况直接决定了整个供应链的运行情况。物流企业扮演着中介角色，起到了汇集相关信息，监管各个主体规范化运营的作用。一方面，物流企业为中小企业提供专业化、个性化的物流服务，利用质押物为中小企业提供担保；另一方面，物流企业为银行提供仓储监管、质押、价格评估以及拍卖等中间服务，发挥其在物流管理、资产设备以及人才上的优势，弥补了银行在监管方面的缺失。

2. 完善了风控系统

供应链金融所具有的自偿性、封闭性和连续性进一步完善了金融机构的风控系统。自偿性是指还款来源为贸易自身产生的现金流；封闭性是指银行通过设置封闭性贷款操作流程来保证专款专用，借款人无法将其挪作他用；连续性是指同类贸易行为在上下游企业之间会持续发生。因此，以此为基础的授信行为可以反复进行。供应链金融风险控制更加注重贸易的真实性、交易风险以及第一还款源的风险控制。

3. 突破了传统授信视角

供应链金融的授信是针对供应链整体，实现的是 $M+1+N$ 的授信方式，改变了金融机构以往的营销方式，不再寻找单一客户，而是围绕核心企业的供应链满足上下游客户的资金需求，大大降低了金融机构的客户开发成本。

4. 降低了中小企业融资门槛

供应链金融改变了对中小企业授信的方式，主要考察的是供应链金融的交易背景，还款现金流的自偿性，而不是中小企业静态的资产负债状况。

（三）应收账款

应收账款是指企业在正常的经营过程中因销售商品、产品、提供劳务等业务，应向购买单位收取的款项，包括应由买方负担的税金、代购买方垫付的包装费、各种运杂费等。此外，在有销售折扣的情况下，还应考虑商业折扣和现金折扣等因素。

应收账款是伴随企业的销售行为发生而形成的一项债权。因此，应收账款的确认与收入的确认密切相关。通常在确认收入的同时，确认应收账款。

（四）预收账款

预收账款是指销售企业按照合同规定向买方预收的完全或部分货款。预收账款是卖方按照合同或协议规定，在发出商品之前向买方预先收取部分或全部货款的信用行为。预收账款通常是买方在购买紧缺商品时愿意或主动预付货款的行为，通过先付款的方式，以便取得对货物的要求权。除此之外，卖方对于生产周期长、售价高的商品，经常要向买方预收货款，以缓和公司资金占用过多的矛盾。

同一笔业务，在卖方的会计科目上体现为"预收账款"，而在买方的会计科目上则体现为"预付账款"。

第一节 供应链金融运营模式

一、全流程保驾护航，多层次广泛覆盖

如果把企业比作一个生命体，那么资金流就是这个生命体的血液，需要净化、

流动和再生。企业资金流的状况将会决定企业的命运，而中小企业的资金流缺口经常会出现在采购、经营和销售三个环节，各类银行根据不同环节上的企业对资金的需求，设计了不同的供应链金融模式，基本可以分为应收账款、预付账款和动产质押三种融资模式。

（一）应收账款融资模式

众所周知，有价值的产品只有卖出去才能为企业创造收入。在激烈的市场竞争中，很多企业会采用赊销方式来提高市场占有率。但有些企业应收账款周期长、回款慢，随着销售额的增长，企业应收账款的压力也越来越大，造成资金流紧张甚至出现财务危机，因为企业在销售产品的同时，需要有足够的营运资金，否则将可能出现拖欠供应商货款、欠发工资、不能按期归还银行贷款等信用问题。

应收账款融资模式是指卖方企业将赊销项下的未到期应收账款转让给金融机构，由金融机构为卖方提供融资的业务模式。基于供应链的应收账款融资，一般是为供应链上游的中小企业提供融资。中小企业（上游债权企业）、核心企业（下游债务企业）和金融机构都参与此融资过程，核心企业在整个运作过程中起着反担保作用，一旦融资企业出现问题，核心企业将承担弥补金融机构损失的责任。金融机构在同意向融资企业提供贷款前，仍然要对其进行风险评估，只是把关注重点放在下游企业的还款能力、交易风险以及整个供应链的运作状况上，而不仅仅是对中小企业本身的资信进行评估。

在应收账款融资模式中，作为债务方的核心企业，由于具有较好的资信实力，并且与银行之间存在长期稳定的信贷关系，因而在上游中小企业融资的过程中起着反担保的作用，一旦中小企业无法偿还贷款，它要承担相应的偿还责任，从而降低了银行的贷款风险。在这种约束机制的作用下，产业链上游的中小企业一方面得到了银行贷款支持，资金迅速周转起来，推动了企业稳健发展；另一方面为了树立良好的信用形象，维系与大企业之间的长期贸易合作关系，更加注重企业管理，特别是在资金管理方面，会更加谨慎地按期偿还银行贷款，形成良性循环。供应链金融的应收账款融资模式，帮助上游中小企业克服了其资产规模和盈利水平难以达到银行贷款标准、财务状况和资信水平达不到银行授信级别的弊端，利用核心大企业的资信实力帮助中小企业获得了银行融资，并在一定程度上降低了银行的贷款风险。

国内供应链融资平台的应收账款项下融资，又分为贸易项下、信贷项下和经营物业项下三类，本质上都是基于未来可预测的、稳定的、权属清晰的现金流进行融资。这种融资方式快速盘活了中小企业的主体资产——应收账款，使得中小企业能够快速获得维持和扩大经营所必需的现金流，很好地解决了这些中小企业回款慢而且融资难的问题。

某保理公司为江苏工业园区内的一家光电公司提供了应收账款质押贷款业务。该光电公司主要从事生产和销售薄膜晶体管液晶显示器成品及相关部件业务，其上下游企业均是强大的垄断企业。该公司在赊销过程中产生了大量的应收账款，货款回收期较长（应收账款确认后过4个月客户才支付）。随着该公司的市场份额迅速增长和生产规模急速扩大，应收账款已占公司总资产的45%，公司面临着极大的资金短缺风险，严重制约了公司的进一步发展。保理公司详细了解了该光电公司的处境后，果断为其提供了应收账款质押贷款服务，由第三方物流企业为该项贷款提供信用担保，帮助该光电公司解决了流动资金短缺问题。

上述案例成功的关键在于应收账款的安全性。该光电公司的下游企业是强大的垄断企业，应收账款能否收回的关键是下游核心企业的资信，如果核心企业的资信高，保理公司的风险就小，同时第三方物流企业的担保也是光电公司获得资金的重要条件。随着供应链融资的发展，该类应收账款的融资也可以使用核心企业的授信，无须提供第三方担保，当然这需要征得核心企业的授权。

（二）预付账款融资模式

在夹缝中生存的中小企业经常需要提前预付账款购买某种原材料，否则将不能维持企业正常的生产经营，因而产生了资金占用大、周转速度慢、产品成本高等影响企业竞争能力的一系列问题。

预付账款融资模式（又称保兑仓）是银行为处于供应链下游，经常需要向上游的核心企业预付账款才能获得企业持续生产经营所需原材料的中小企业所设计的一种融资模式。

在具体运作中，商业银行需要在核心企业（供应商）承诺回购（若融资企业未能足额提取货物，核心企业须负责回购剩余货物）的前提下才能为下游中小企业提供贷款。也就是说由银行、核心企业、融资企业、第三方物流企业四方共同签订"保兑仓协议书",允许融资企业(购货方)在向银行缴纳一定数额的保证金后,以供应商在银行指定仓库的既定仓单为质押,向银行申请贷款,并由银行控制其提货权。其中,第三方物流企业承担了既定仓单的评估和监管责任,确保银行对提货权的控制,从而大大降低了金融机构的信贷风险。

预付账款融资模式实现了中小企业的金融杠杆采购,降低了采购价格和相关费用,同时核心企业也实现了批量销售,提前锁定客户。中小企业通过预付账款融资业务获得的是分批支付货款并分批提货的权利,不必一次性支付全额货款,有效缓解了全额购货带来的短期资金压力。

重庆某钢铁(集团)有限公司(以下简称"重庆某钢")是一家从事钢铁加工和贸易的民营企业,由于地域关系,重庆某钢与四川某钢铁集团(以下简称"四川某钢")一直有着良好的购销合作关系。重庆某钢2020年销售收入超过5亿元,但与上游企业四川某钢相比,在供应链中仍处于弱势地位。重庆某钢与四川某钢的结算主要采用现款现货的方式。重庆某钢由于自身扩张的原因,流动资金紧张,无法向四川某钢汇入预付款,给企业日常运营造成很大影响。重庆某钢开始与商业保理公司(以下简称"保理公司")接触。保理公司在了解了重庆某钢的具体经营情况后,与当地物流企业展开合作,很快设计出一套融资方案:由物流企业提供担保,并对所运货物进行监管,保理公司给予重庆某钢4500万元的授信额度,并对其陆续开展了现货质押和预付款融资等业务,为重庆某钢的扩大经营注入了新鲜血液。在取得保理公司的授信以后,当重庆某钢需要向四川某钢预付货款时,保理公司会替重庆某钢向四川某钢付款。与保理公司合作以来,重庆某钢的资金状况得到了极大改善,销售额稳步增长,竞争地位更加牢固。

上述案例成功的关键,首先在于融资的预付账款用途是向四川某钢进口原料,保理公司提供的融资是直接支付给四川某钢的,就是在供应链上借助核心企业的资信(承诺回购质押物)为下游企业提供融资;其次在于当地物流企业同意为重庆某钢提供担保,并对所运货物进行监管,使保理公司可以降低信贷风险,在融资时通过第三方获得了货物的控制权。简单地说,中小企业获得预付账款融资的前提条件是：①卖家承诺回购质押物；②物流企业愿意担保和监管。否则，金融机构不会提供该项贷款。

（三）动产质押融资模式

供应链中的动产质押融资模式是指银行等金融机构接受动产做质押，并借助核心企业的担保和物流企业的监管，向中小企业发放贷款的融资业务模式。在这种模式下，金融机构与核心企业签订担保合同或质押物回购协议，约定在中小企业违反约定时，由核心企业负责偿还或回购质押动产。动产质押具体运作模式如下。

（1）中小企业向金融机构申请动产质押贷款。

（2）金融机构委托物流企业对中小企业提供的动产进行价值评估。

（3）物流企业进行价值评估，并向金融机构出具评估证明。

（4）动产状况符合质押条件的，金融机构核定贷款额度，与中小企业签订动产质押合同，与核心企业签订回购协议，并与物流企业签订仓储监管协议。

（5）中小企业将动产移交物流企业；物流企业对中小企业移交的动产进行验收，并通知金融机构发放贷款；金融机构向中小企业发放贷款。

深圳市某实业发展有限公司（以下简称"深实业"）是一家从事国内商业批发、零售业务的贸易公司，成立于1998年，注册资金1000万元，是上市公司伊利股份在深圳地区的总代理。深实业作为一家成立时间较晚、资产规模和资本金规模都不算大的民营企业，其自有资金根本满足不了与伊利股份的合作要求。同时，它也没有其他可用作贷款抵押的资产进行外部融资，资金问题成为公司发展的瓶颈。此时深实业向当地保理公司提出以牛奶作为质押物申请融资的业务需求。在了解了深实业的实际需求和经营情况，以及其上游供货商伊利股份的信用状况后，该保理公司经过分析，大胆设想与提供牛奶运输服务的物流企业合作，推出以牛奶作为质押物的仓单质押业务。由物流企业对质押物提供监管服务，并根据指令，对质押物进行提取、变卖等操作。该保理公司为深实业提供综合授信额度3000万元，以深实业购买的牛奶做质押，并由生产商伊利股份承担回购责任。该业务自开展以来，深实业的销售额比原来增加了近两倍。这充分说明了供应链金融服务能够很好地扶持中小企业，解决企业流动资金不足的问题，同时也有效控制了保理公司的风险。

上述案例成功的关键在于保理公司的业务创新，同意用牛奶作为质押物对企业进行授信。牛奶属于容易变质的食品，因此在操作过程中物流企业的积极配合也是不可或缺的，在保理公司、物流企业、融资企业的共同努力下，才有可能顺利进行供应链融资。

动产质押供应链金融在国内已经实践了近20年。早在2001年下半年，原深圳发展银行在广州和佛山两家分行开始试点存货融资业务，即"动产及货权质押授信业务"，利用动产质押分次赎货模式。之后，从试点到全系统推广，从自偿性贸易融资、"1+N"供应链融资到系统提炼供应链金融服务，原深圳发展银行于2006年在国内银行业率先推出"供应链金融"系列产品。供应链金融巨大的市场潜力和良好的风险控制效果，吸引了许多银行介入。原深圳发展银行、招商银行最早开始这方面的信贷制度、风险管理及产品创新。随后，围绕供应链上的中小企业迫切的融资需求，国内多家商业银行开始提供"供应链融资""贸易融资""物流融资"等类似的金融服务。自2006年以来，我国四大国有商业银行和一些规模较大的股份制商业银行陆续在全国各地推出了各具特色的供应链金融服务。从2008年下半年开始，因为严峻的经济形势导致企业经营环境及业绩不断恶化，无论是西方国家还是我国，商业银行都在实行信贷紧缩，但供应链融资在这一背景下却呈逆势而上的态势，充分显示出中小企业对供应链融资的青睐以及商业银行对供应链结算和融资问题的重视。同时，随着外资银行在我国业务的不断开展，渣打、汇丰等以传统贸易融资见长的商业银行，也纷纷加入国内供应链金融市场的竞争行列。

2016年2月，供应链金融迎来政策契机。中国人民银行等部委印发《关于金融支持工业稳增长调结构增效益的若干意见》（以下简称《若干意见》）。在《若干意见》中，提到了两点与供应链金融有关的内容。第一，大力发展应收账款融资。推动更多供应链加入应收账款质押融资服务平台，支持商业银行进一步扩大应收账款质押融资规模。第二，探索推进产融对接融合。探索开展企业集团财务公司延伸产业链金融服务试点。支持大企业设立产业创投基金，为产业链上下游创业者提供资金支持。

在国家政策支持和"互联网+"浪潮的推动下，包括商业银行、核心企业、物流企业、供应链协作企业、电商平台和 P2P 平台等在内的各方参与主体，将利用自身的优势在供应链金融领域展开充分的合作和竞争。

未来，我国的供应链金融领域必将出现多样化的发展模式和创新服务类型，从而成为我国产业结构调整和国民经济发展转型的重要抓手，我国的供应链金融有望迎来发展的黄金时期，发展前景十分广阔。企业界的朋友们也应与时俱进，不断学习，跟上快速发展的时代脉搏，做强做大企业。

二、"互联网+"催生全产业链，供应链金融成竞争核心

随着"互联网+"的普及和社会化生产方式的不断深入，市场竞争已经从单一企业之间的竞争转变为供应链与供应链之间的竞争，同一供应链内部各方相互依存，一荣俱荣，一损俱损。与此同时，赊销已成为交易的主流方式，处于供应链中上游的供应商大多数是中小企业，由于资产规模小或缺少抵质押物品等，较难通过传统的信贷方式获得银行的资金支持，而资金短缺又会直接导致后续环节的停滞，甚至因供应链断裂导致所在供应链无法正常运作。提高供应链资金的使用效率，降低供应链整体的管理成本，已经成为供应链上各方企业积极探索的一个重要课题。另外，随着全球经济一体化的程度越来越高，我国逐渐加大了金融、保险、基金等行业的开放力度，加上商业银行、第三方支付机构、电商巨头、物流企业等公司纷纷布局供应链金融，供应链金融的发展迎来了新的春天。因此，"互联网+"供应链金融产品应运而生，并且越来越完善。

"互联网+"供应链金融主要有以下 8 种模式。

（一）B2B 电商平台的供应链金融

以 B2B 电商交易平台为代表的供应链金融模式，通过 B2B 电子商务平台，发挥核心企业的基础资源优势，满足上下游中小企业在贸易中不同环节的融资需求，提高生产和流通效率。因为 B2B 平台公司构建的系统中具有平台上企业的交易数据、物流信息和资金数据等，更容易控制风险，也便于对供应链上下游企业进行增信。国内电商门户网站如焦点科技、网盛生意宝、找钢网、慧聪网、敦煌网等都在瞄准供应链金融，往金融化方向挺进。

找钢网在 2015 年上线推出了胖猫物流以及"胖猫白条"等金融服务。"胖猫

白条"是针对优质采购商提供的"先提货，后付款"的信用赊销服务，垂直的数据风控能力是找钢网做供应链金融的优势。

找钢网采用的是"互联网+"供应链金融模式，胖猫金融是找钢网旗下的金融公司，操盘整个供应链金融的业务。在这里需要解读一下胖猫金融里的几个名词。

胖猫白条：是针对采购商的，可以申请以打白条的方式来支付采购订单。

票据业务：商业银行针对采购商、供应商开具的承兑汇票，用来进行支付或者融资。

胖猫支付：针对线上的采购商，可以申请使用胖猫的在线支付功能。

胖猫理财：面向公众的理财产品，主要在胖猫宝的微信公众号上发布。

找钢网的供应链金融模式运作流程如下。

（1）当采购商在找钢网进行采购时，可以申请用胖猫金融的"白条"来支付，或者使用通过"票据融资"获得的资金来支付，当交易完成后，就在B2B网站上形成了真实的交易记录。

（2）胖猫金融在出售白条或者开展票据融资业务时，产生了应收账款，并汇集成了"应收账款池"。这时，胖猫金融选择和保理公司合作，将"应收账款"按项目分批次卖给保理公司，实现债权转移和资金回笼。

至此，对于胖猫金融，一边是通过"白条""票据融资"给采购商、供应商发放贷款，另一边再把债权卖给保理公司回笼资金，从而有效地实现了资金的闭环流动，满足了资金的流动性需求。

（3）保理公司再把接收到的保理资产，进行资产证券化，变成公众可以购买的理财产品。

（4）公众购买理财产品，资金经由托管银行再次回流到保理公司，这样，保理公司也有效地实现了资金的闭环流动。

胖猫金融通过以上几个步骤的运作，有效实现了资金的闭环流动，这就是基于B2B电商平台的供应链金融。

（二）B2C 电商平台的供应链金融

B2C 电商平台，如淘宝、天猫、京东、苏宁、唯品会、一号店等都沉淀了商家的基本信息和历史信息等优质精准数据，B2C 电商可以依据这些大数据向信用良好的商家提供供应链金融服务。

近年来，京东频频加码互联网金融，供应链金融是其金融业务的根基。京东通过差异化定位及自建物流体系等战略，经过多年积累和沉淀，已形成一套由大数据驱动的京东供应链体系，其中涉及从销量预测、产品预测、库存健康、供应商罗盘到智慧选品、智慧定价等各个环节。

京东供应链金融可以分为 6 种类型：采购订单融资、入库环节的入库单融资、结算前的应收账款融资、委托贷款模式、"京保贝"模式、"京小贷"模式。京东有非常优质的上游供应商、下游个人消费者和精准的大数据，开展供应链金融业务水到渠成。这种模式主要利用企业在平台上的交易记录进行风险评估，贷款金额也根据企业的信用级别来发放。京东供应链金融的业务流程如下。

（1）核定额度。当供应商确认办理供应链金融业务后，供应链金融业务专员将发送邮件给供应商，告知最高融资额度，融资总金额须小于或等于最高融资额度。

（2）银行开户。供应商在获得最高融资额度后，到京东指定业务受理银行开立融资专户。

（3）提交融资申请。供应商完成开户后，即可申请办理融资业务。

（4）核对结算金额。供应商选定采购订单后，应与采销方同时核对结算金额。

（5）提交结算申请单。采销负责人在京东系统中提交结算申请单，先勾选供应链金融结算，再选择付款结算申请。

（6）结算单审批。融资资料提交以结算单在系统完成审批为前提，审批进度会影响放款进度。

（7）融资资料准备。提交结算单后，供应链金融业务专员准备融资资料，融资内容以结算单信息为主。

（8）审核通过，提交资料。结算单审核通过后，供应链金融业务专员向银行提交准备好的融资资料，跟进放款进度。

（9）银行放款，京东还款。银行审核融资资料无误后，放款给供应商。到期日，京东替供应商还款给银行。

"京保贝""京小贷"和动产融资是京东金融的核心产品。其中,"京保贝"无须抵押和担保,通过线上即可完成自动放贷,更适用于多种供应链模式。"京保贝"是京东首个互联网供应链金融产品,也是业内首个通过线上完成风控的产品。京东拥有供应商在其平台上采购、销售等的大量财务数据,以及之前与银行合作开展应收账款融资的数据,通过大数据、云计算等技术,对数据池内数据进行整合分析,这样就建成了平台最初的授信和风控系统。

"京小贷"主要采用的是订单融资模式和信用贷款融资模式。京东根据商家在平台的经营情况进行信用评级,提供授信额度。

动产融资主要采用的是融通仓融资模式下的动产质押融资模式。京东通过平台数据库中积累的产品历史及价格数据和模型化的方式自动评估商品价值,同时与仓储公司合作,全面整合了质押商品从生产、运输、存储到销售的全链条数据交叉验证,并对质押物实时监测和调整质押物数量,提高了质押商品的流动性,实现动态质押。

(三) 支付平台的供应链金融

支付宝、财付通、快钱、易宝支付、东方支付等均通过支付切入供应链金融领域。不同于支付宝和财付通的 C 端账户战略,快钱等支付公司深耕 B 端市场。

2009 年快钱开始探索供应链金融,2011 年快钱正式采取"支付+金融"的业务扩展模式,全面推广供应链金融服务。如快钱与联想签署合作协议,帮助联想整合其上万家经销商的电子收付款、应收应付账款等相应信息,将供应链上下游真实的贸易背景作为融资的基本条件,形成一套流动资金管理解决方案,打包销售给银行,然后银行根据应收账款等信息批量为上下游的中小企业提供授信。

(四) ERP 系统的供应链金融

ERP 系统自 20 世纪 90 年代引入我国以来,已成为企业信息化的重要组成部分。供应链的管理也非常需要 ERP 系统。ERP 系统可以节约企业的管理成本,整合供应链中多个企业的数据共同管理,也能为金融机构设计融资产品创造新的突破口。传统的 ERP 管理软件等数据 IT 服务商，如用友、畅捷通平台、金蝶、鼎捷软件、久恒星资金管理平台、南北软件、富通天下、管家婆等，通过多年的积累沉淀了大量商家信息、商品信息、会员信息、交易信息等数据，它们基于这些数据构建起一个供应链生态圈，从而促使软件公司转型供应链金融。

用友有数千家使用其 ERP 系统的中小微企业，都是其供应链金融业务平台上的成员。用友于 2016 年开始布局供应链金融，2016 年 10 月用友网络成立了供应链金融事业部，并于 2017 年 3 月上线了供应链金融、大数据风控和融资咨询服务三大平台。

用友供应链金融是为产业链上的核心企业及其上下游企业提供综合性金融服务的云平台。在操作过程中，用友供应链金融云平台前端对接核心企业的 ERP 系统、财务系统、采购平台、销售平台等，通过系统对接，获取真实交易数据；后端对接资金方，包括商业银行、信托、基金、保理公司等，对企业存货、财务、贸易等数据进行多维度分析，为企业授信、融资、贷后监控提供支撑，实现资产端和资金端深度穿透融合，为供应链上下游中小企业提供融资服务。

其中，核心企业主要针对的是信息化程度较高，做供应链金融的意愿较强烈，并对上下游客户有一定的准入、退出标准以及相应的激励和约束管理机制的大中型企业。当核心企业正式与资方开展供应链金融方面的接触后，再从其上下游客户中选择一批较为优质的中小企业提供融资服务。

（五）综合平台的供应链金融

一些综合性第三方平台，集合了商务、物流、结算、资金的一站式供应链管理，如深圳的怡亚通、苏州的 1 号链、南京的汇通达、外贸综合服务平台——阿里巴巴一达通等，这些平台对供应链全过程的信息有充分的掌握，包括物流、资金流、存货控制等，已集成为强大的数据平台。

深圳市怡亚通供应链股份有限公司（以下简称"怡亚通"）创立于 1997 年，是一家一站式供应链管理服务平台，专注于行业供应链服务，以供应链为基础，以互联网为手段，进行"连接+整合+控制"，打造线上线下相融合的新型供应链业态。怡亚通供应链金融服务平台以上下游客户的综合需求为中心，以物流为基础，以供应链服务平台为载体，以互联网为共享手段，集"整合＋金融""整合＋各类增值服务"等于一体，打造B2B2C、O2O商业生态。深圳怡亚通供应链金融在2017北京国际服务贸易交易会上被评为模式创新服务示范案例，怡亚通已连续两年获此殊荣。

怡亚通以供应链企业经营数字化为基础，通过贸易数据共享，引入银行与保险等金融机构直接与供应链上的企业进行对接，促进银行与企业合作，使供应链金融真正服务于实体企业。怡亚通供应链金融的创新之处在于，它在传统贸易融资的基础上，结合现代化的信息技术手段，提供了一种全新的金融服务，这种服务具有订单微小、频率高、连续性交易与分散回款等特点。通过联网信息化工具联合金融机构、供应商、核心企业、物流服务提供商，多方合作，打造合作共赢的创新型供应链金融业务模式，以满足企业在国内高频购销贸易中与真实贸易背景相匹配的资金需求。

经过20多年的发展，怡亚通的供应链服务已经不再局限于流通领域中的某个细分行业与具体产品。怡亚通已经发展成为供应链平台型企业，通过"供应链＋互联网"模式，怡亚通联合供应链各环节参与者，努力构建一个跨界融合、平台共享、共融共生的供应链商业生态圈。

（六）基于SaaS模式的行业解决方案的供应链金融

细分行业的信息管理系统服务提供商，通过SaaS平台的数据信息来开展供应链金融业务，如国内零售行业的富基标商、合力中税，进销存管理领域的金蝶智慧记、平安银行橙e网生意管家，物流行业的宁波大掌柜、深圳易流e-TMS等。

以平安银行橙e网生意管家为例，生意管家是国内首个免费的SaaS模式供应链协同云平台，是平安银行橙e网的核心产品。橙e网平台将平安银行供应链金融传统优势推向更纵深的全链条、在线融资服务。"更纵深的全链条"是指把主要服务于大型核心企业的上下游紧密合作层的供应链融资，纵深贯通到上游供应商的上游、下游分销商的下游。"在线融资"是指橙e网平台为供应链融资的各相关方提供一个电子化作业平台，使客户的融资、保险、物流监管等作业全程在线。

（七）产业集聚区的供应链金融

产业集聚区是指政府统一规划，企业相对比较集中，实现资源集约利用，提高整体效益的区域，或者说产业集聚区是指相互关联的产业或企业根据自身发展要求，结合区位选择集聚在城市空间特定区位的产业组织实体。产业集聚区包括经济技术开发区、高新技术产业开发区、工业园区、现代服务业园区、科技创新园区、加工贸易园区、高效农业园区等各类开发区和园区。

在我国有很多产业集聚区，比较大型的有关中重点产业集聚区、武汉重点产业集聚区、北部湾重点产业集聚区、中原重点产业集聚区、海峡西岸重点产业集聚区、长吉平重点产业集聚区、哈大齐重点产业集聚区等10个。我国还有许多大型商贸园区，如深圳华强北电子交易市场、义乌小商品交易城、临沂商贸物流城、海宁皮革城、杭州四季青服装城、常熟招商服饰城等。在上述区域内集聚了大量有融资需求的企业，非常适合供应链金融业务的开展。

杭州银货通是一家基于产业链金融的智能风控服务商，致力于"帮中小企业融到资金，帮金融机构管住风险，帮产业链核心企业打造金融科技专属平台"。银货通针对"永康五金之都""海宁皮革城""绍兴纺织品市场""嘉善木材市场"等产业聚集区做过一番调研，了解到这些产业集聚区的特征是其上下游中小企业普遍缺乏抵押物，但却具有完整的上下游供应链。在这样的背景下，银货通自主研发的征信评审系统、"融易管"智能监管和风险管理系统、互联网仓单系统、物联网保理单系统等，通过数据和信用之间的转换来评价产业价值和风险，真正实现金融科技服务实体经济。银货通相继推出了"货易融""银债通"服务系统，并提供仓单质押、浮动抵押、动产质押、代采购、应收账款、预付账款、债券保理等供应链金融产品。

（八）大型物流企业的供应链金融

物流占据了整个商品交易过程中重要的交付环节，连接了供应链的上下游企业，通过物流服务环节及物流生产环节在供应链上进行金融服务。国内大型快递公司（如顺丰、申通、圆通、中通、百世汇通等）及物流公司（如德邦、华宇、安能等），均通过海量客户收发物流信息进行供应链金融服务。顺丰、德邦已经开始通过物流数据渗透货主采购、仓储物流费用等方面进入供应链金融。

2015年3月底，顺丰全面开放全国上百个仓库为电商商家提供分仓备货，同时推出顺丰仓储融资服务。优质电商商家如果提前备货至顺丰仓库，不仅可以实现就近发货，还可凭入库的货品拿到贷款。顺丰具备庞大的物流配送网络、密集的仓储服务网点及新兴的金融贷款业务，三点连接形成完整的物流服务闭环。除仓储融资外，顺丰供应链金融产品还有基于应收账款的保理融资、基于客户经营条件与合约的订单融资和基于客户信用的"顺小贷"等。"互联网+"供应链金融不仅涉及金融创新，也涉及产业重构。截至2019年12月31日，顺丰控股在全国拥有175个不同类型的仓库（包含新夏晖冷链物流中心），面积近228万平方米，业务覆盖全国100多个重点城市。

第二节　超市成供应链核心，永辉助供应商融资

永辉超市是中国500强企业之一，是国家级"流通"及"农业产业化"双龙头企业，荣获"中国驰名商标"，被国务院授予"全国就业先进企业"，获"全国五一劳动奖状"等荣誉。上海主板上市（股票代码：601933）。截至2020年3月4日，永辉超市全国已开业超市门店926家，筹建储备门店216家。

广发银行通过了解永辉超市的商业模式及其与上游供应商之间的供应链关系，根据永辉超市的强大实力、行业领先地位和品牌优势，将永辉超市定位为供应链中的核心企业，对其上游供应商开展批量授信。广发银行借助永辉超市对其上游企业的控制力，以及上游企业对永辉超市的高度依赖，加强风险控制，弱化担保条件，批量开展授信业务，取得了非常好的效果。

一、人货精准匹配，永辉高效运营

（一）供应商服务系统

"供应商服务系统"是永辉超市为其数量庞大的供应商群体提供的，主要用于实现订单发布、网上对账、退换货管理、结算管理等一系列功能的互联网系统。通过该系统，供应商可实时接收永辉超市发布的订单，根据订单要求进行配货，

同时每月对永辉超市提供的交易信息进行网上对账，办理结算。同时，该系统对供应商交易信息进行汇总，供应商可根据汇总信息进行经营分析总结。进入系统后，打开"报表管理""订货到库状况明细查询"，输入需要查询的区间，可查询到"到库总额"，即此时间段内永辉超市实际收到的货物含税价款，该数据可真实地反映供应商与永辉超市的交易情况。

（二）采购模式

永辉超市对商品的采购实行统一采购与直接采购相结合的方式。

1. 统一采购

永辉超市对食品用品通常使用统一采购方式，以发挥规模优势，降低采购成本。福建省内的部分门店由永辉的全资子公司福建闽侯永辉商业有限公司负责统一采购，福建省内其他地区则根据集团统一配送与当地采购成本孰低原则决定采购模式。

2. 直接采购

生鲜及农产品等周转速度快、保鲜要求高的产品由各门店在当地直接采购，不通过物流中心。

（三）配送模式

永辉超市的商品配送采用集中配送和供应商直送两种方式。

1. 集中配送

永辉超市已在福州鳌峰洲和闽侯上街镇建成两个物流中心，物流中心按计算机联网的配送单进行配送，物流中心一般备有一周左右的库存。超市中除生鲜及农产品外的其他商品大部分采用集中配送模式。集中配送的优势在于：由于物流中心有一定的库存，门店需要补充商品时无须向供应商下订单，因此送货较为及时；当配送的门店数量增加，配送商品数量较大时，即可发挥规模优势，统一配送节省人力物力，降低配送成本。

2. 供应商直送

即供应商将商品直接送到门店。永辉超市在全国各地建立了10个农产品采购基地，大部分生鲜及农产品采用该种送货方式。供应商直送的优势在于可保持生鲜及农产品的新鲜度，避免商品流转过程中的损耗。

二、账期支撑供应，融资弥合缺口

永辉超市的产品基本分为四大类型：生鲜及农产品、食品用品、服装、加工产品。由于生鲜及农产品、加工产品类供应商具有不稳定性，服装为公司新增业务品种，且不具有品牌优势，应优先发展食品用品类供应商，因此，以下内容均以食品用品类供应商作为分析对象。

（一）供应商运营模式

1. 多品牌经营

除直供、直采类产品外，永辉超市供应商一般同时经营多种品牌，例如，某奶粉经销商代理的品牌包括美赞臣、惠氏、亨氏、施恩、太子乐、新西兰卡洛塔妮，某饮料经销商代理的品牌包括娃哈哈、银鹭、中绿、快步，某啤酒经销商代理的品牌包括青岛、雪花、喜力、百威，某调味品经销商代理的品牌包括乌江、古龙、厨邦、广中皇、坛坛乡、川香美等。永辉超市供应商代理的产品多为一线品牌，为普通民众熟知，市场认可度较高。快消品经销要求有一定的存货保证销售，因此超市供应商通常拥有自有仓库及大量存货、仓储人员、货车、促销人员，以及较为完善的货物运送管理机制，单一品牌及较小的营业额不足以支撑运营成本，因此，多品牌经营能使供应商实现资源利用最大化，并创造高效运转机制，实现快速周转及盈利。

2. 多渠道销售

永辉超市供应商主要为省市级经销商、区域代理商、渠道经销商、生产厂家，所经销的产品除供应永辉超市以外还供应沃尔玛、新华都、家乐福、麦德龙、兴福兴等大中型商场超市、百货商场、二级批发商、零售便利店、酒楼餐饮等，下游客群较为分散。在福建省，永辉超市为本土企业，门店数以及营业规模占据绝对优势。

3. 薄利多销的盈利模式

超市经营产品主要以快消品为主，"厂商—经销（供应）商—超市"在整个商业链条中呈现"夹心饼干"模式，即厂商与超市处于强势地位，厂商要求款到发货或提前打款提货（计划外），而超市有一定账期，经销商无法快速回笼资金，再加上经销商需要备 1～1.5 个月的基础库存，因此需要垫付大量资金以保证货物运转，经销商行业毛利为 20%～25%，净利润为 3%～5%。除货物购入成本外，供应商主要支出如表 2-1 所示。

表 2-1　供应商主要支出

返利	配送费	基金费	人员费用	仓储运营	缴税	其他支出
3.8%	2.5%	1.5%	1.5%	2%	3%	2%

（二）供应商与永辉结算方式

永辉超市与供应商定期签订本年度《供零合作协议》以及《永辉超市与供应商年度补充协议》，永辉超市通过"供应商服务系统"向各供应商发出订单需求，供应商发货至永辉物流，由物流统一向各门店进行货物分配，永辉物流向供应商收取 1%～5% 的配送费。供应商向永辉超市供货后，需经过"对账、开发票、付款"流程收到货款。供应商与永辉结算的具体流程如下。

第一，对账。永辉超市约定对账日，在每月的对账日与供应商进行电子对账，核对内容包括所购商品订货、入库、退货、促销服务费等数量和金额，对账通过"供应商服务系统"进行，将对账汇总表及验收单送至永辉财务室，取得开票资料（对账单）。

第二，开发票。供应商需按照对账后的交易内容，在 7 个工作日内开具增值税发票或普通发票，货款按照双方约定的含税进价核定。

第三，付款。永辉超市生鲜账期为到货 15 天，补损在 5% 左右。除生鲜类产品外，永辉超市其他类产品结算周期为"月结 30 天"，即永辉超市收到发票后 30 天付款，但通常情况下，永辉超市会在该基础上延长付款时间（5 天左右），再加上发货至对账平均占用时间（10 天）、开发票及寄送时间（5 天），因此实际账期约为 50 天，永辉超市向供应商指定账户支付货款，以现金形式结算。

（三）供应商的融资需求

供应商在与下游的交易过程中处于弱势地位，资金占用量大，其主要资金占用体现在应收账款以及存货上。

1. 应收账款

供应商的永辉超市应收账款账期约为 50 天，即有 1.5～2 个月的货款未及时收回，造成供应商资金占用。除此之外，福建省主要的大中型商超还包括沃尔玛、新华都、家乐福、兴福兴、世纪华联等，各商超主要账期如表2-2所示。

表 2-2 各商超主要账期

商超名称	结算周期	实际账期
永辉	月结30天	50天
沃尔玛	月结60天	75～80天
新华都	月结30天	45～60天
家乐福	月结45天	60～75天
兴福兴	月结45天	60天
世纪华联	月结30天	45天

2. 库存

供应商与上游的结算方式多为款到发货，供应商提前支付下月货款，厂商收到货款后向供应商发货，外省厂商货物在途时间一般为10～15天。快消品厂家一般要求供应商备一个半月左右的销售库存，则供应商平均库存金额约为月销售额的1.5倍，存货周转天数约为45天，加上在途10～15天，供应商存货周转天数在60天左右，年存货周转次数为6次（360/60）。

为了跟上永辉超市的发展步伐，供应商面临较大的资金压力，主要源于以下两个方面：第一，商超统一结算带来的账期；第二，库存数量增加带来的铺货资金需求。另外，还有春节、中秋节等重大节日备货带来的季节性资金需求。

三、依托供应链精准授信，广发金融创造多赢

超市为民生消费行业，受经济波动影响较小，具有行业风险较小的特点，并且客群体量庞大，在经济增长乏力的大环境下，快消品行业依然稳步增长。广发银行借助于核心客户对其上游企业的控制力，以及上游企业对核心客户的依附度，有利于加强风险控制，开展批量营销；加强贸易环节与资金环节的控制，弱化担保要求，有效解决固定资产少的小微企业融资难问题，既能有效地防范风险，又能提高收益。

（一）产品模式

广发银行在永辉超市与供应商的贸易环节介入，将广发银行的现金管理系统与永辉超市的供应商服务系统对接，授权广发银行管理其"供应商服务系统"，有

效监控目标客群现金流、物流,依托核心客户永辉超市完善的供应销售流程以及信息管理,并将永辉超市唯一回款账号锁定在广发银行,做到信贷风险控制,向目标客群提供流动资金贷款、银行承兑汇票等短期融资产品。永辉超市与供应商授信后贸易如图2-1所示。

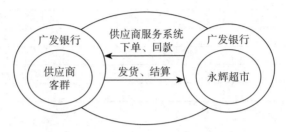

图2-1 永辉超市与供应商授信后贸易图

(二) 统一分类客群准入标准

将大量供应商分类细化,使原本零乱的小企业市场变得有规律,采用规范化的批量授信操作流程提高业务办理质量与效率。批量方案总额度为1亿元,单户授信不得超过1500万元,其中非抵押类单户授信不得超过500万元。

客群准入标准为:与永辉超市建立连续2年(含)以上合作关系;具备与超市合作相关的合同、合约以及账务、订货、物流等往来历史记录;企业年销售收入2000万元到1.5亿元左右的小企业,实际控制人在当地至少拥有一套房产,家庭已购置物业不低于200万元,包括房产、店面、写字楼等。客户群分层控制单户授信额度如表2-3所示。

表2-3 客户群分层控制单户授信额度表

供应商级别	单户最高授信普通业务额度	非抵押授信额度	抵押率(上限)
A类	1500万元	最高500万元,按照永辉超市年供应量的16%核定	普通住宅抵押率放大至100%,房产、店面及写字楼抵押率放大至80%,土地、厂房抵押率放大至70%
B类	1000万元	最高300万元,按照永辉超市年供应量的16%核定	
C类	800万元	最高200万元,按照永辉超市年供应量的16%核定	

注:根据永辉超市供应商资金占用情况分析,企业平均资金占用量为永辉超市年供应量的27.2%,非抵押授信额度的核定标准为,按照企业在永辉超市的平均资金占用量的60%,即按照永辉超市年供应量的16%(27.2%×60%=16.32%)核定。

（三）风险控制措施

（1）永辉超市供应商年供应量应根据至少连续 3 个月的永辉超市结算的增值税发票，结合在"供应商服务系统"查询的"到库总额"数据与银行结算流水综合判断。

（2）供应商将广发银行结算账户作为永辉超市结算回款的唯一账户。

（3）供应商将"供应商服务系统"的用户名及密码交由广发银行保管，广发银行有权随时查询供应商与永辉超市的交易情况。

（4）借款人法定代表人、实际控制人、主要股东（出资额合计不低于注册资本的 51%）提供连带责任保证。

四、案例分析

广发银行在永辉超市与供应商的贸易环节介入，将广发银行的现金管理系统与永辉超市的"供应商服务系统"对接，依托核心客户永辉超市完善的供应销售流程以及信息管理，并通过锁定超市回款账户以及控制永辉供应商服务系统，有效监控企业现金流、物流，做到信贷风险控制。

这样的业务模式达到了永辉超市、供应商以及广发银行三方共赢的效果。对于永辉超市而言，加强了永辉超市与供应商的合作，支持供应商发展的同时增强了永辉超市对供应商的控制力；对于供应商而言，解决了发展中的资金需求，扩大了销售规模，加快了公司发展的速度；对于广发银行而言，一方面加强了与永辉超市的合作关系，通过永辉超市还可有效地控制授信风险，另一方面扩大了广发银行的小企业基础客户群，提高了中间业务收入等综合收益。

第三节 "五阿哥"倾心钢铁电商，"赊销宝"铸就钢贸供应链

五矿电子商务有限公司（www.wuage.com，以下简称"五阿哥"），是中国五矿集团与阿里巴巴集团联合打造的第三方钢铁电商平台，依托阿里巴巴在大数据、电商平台和互联网产品技术上的优势，以及中国五矿在钢贸流通领域长期积累的行业资源，坚持定位于钢铁 B2B 第三方平台服务，致力解决中小微企业钢材采购难、采购贵等问题，以提升钢铁行业流通效率、助力制造业终端用钢企业降低成

本提高效率为使命，以打造互联网供应链服务平台为愿景，提供信息、交易、金融、物流等全方位互联网供应链服务，努力构建一个资源聚集、功能聚合、价值增值、和谐共生的钢铁电商生态系统，让天下没有难买的钢材。

五阿哥电商有"采钢宝""赊销宝""钢铁拍档"等服务产品，不断向钢铁行业客户提供优质的品牌营销、交易支付、供应链融资等会员增值服务。五阿哥电商为钢材贸易的买卖双方提供价值服务，面对供应链中的上下游企业提供融资服务，深受客户欢迎。

一、"五阿哥"纾困解难，钢贸商蜂拥而至

五阿哥作为电商平台，在公司成立不到 1 年半的时间里，会员数突破 5 万家企业。

钢贸行业的交易活动主要由上游钢铁生产厂家、中间钢铁贸易商和终端制造企业三个主体构成，物流和仓储充当重要角色，协助和推动整个钢铁流通。在交易过程中，中间的贸易商向上游生产厂家采购，需要现款进行结算。在销售环节，贸易商要向下游终端制造企业赊销，需要给予制造企业一段时间的账期（一般 3 个月左右），等到终端制造企业通过市场回款后，才能向贸易商进行支付。如果钢贸商的销售形势好，销售订单量越大，采购额度也越高，资金压力就越大。当资金压力超过极限时，企业便处于发展瓶颈状态。

五阿哥通过调查了解以及分析钢铁交易链上角色之间资金往来的情况，厘清了问题的来龙去脉后，基于钢贸商与下游终端制造企业真实的交易背景，凭着真实的流转订单，向钢贸商推出了"赊销宝"产品，为钢贸商提供融资，同时针对在赊销中钢贸商面对的信任风险，也一并提出了解决方案。

二、"赊销宝"一手托两家，增信融资两相宜

"赊销宝"是为满足供应链上的中小企业赊销赊购场景下的融资需求而产生的一种服务，也是一款在线供应链金融产品，通过与保险公司及银行的有效配合，实现了依托在线赊销订单，为买家提供增信、为卖家提供资金两大功能。

"赊销宝"产品的推出，有效解决了两个问题：一是交易安全与信任问题。五阿哥联合保险与资金方等多家机构，为交易双方提供超低成本、超长账期（30 天）、资金超安全（100% 全赔付）的金融保障。二是赊销资金占用问题。在买家确

认收货且卖家上传发票后,可以立即线上申请金融机构贷款(可以借总订单金额的90%)。这样对于卖家来讲既做了赊销交易,又享受到了基本和现款交易一样的回款速度。在具体实施中,五阿哥本着不参与买卖,只做平台服务的原则,首先引入了银行作为资金的提供方,银行参与到融资进程中,需要基于贸易的真实性为卖家提供融资服务。其次,银行需要平台承诺对风险的控制,为有效把控风险,平台引入了增信机构——保险,为卖方提供回款保障的同时,也为银行提供回款保障。

三、依托供应链,赊销保安全

五阿哥平台针对钢铁贸易商和下游终端推出了信用类融资产品——"赊销宝"。该产品的功能是五阿哥电商平台为买家和卖家提供交易信息、物流信息、发票信息等;金融机构提供资金支持;保险机构通过对买家付款保证提供保险。

(一)产品流程

赊销交易过程中,双方确认订单后,交易方式走先货后款流程:卖家先发货,买家确认收货后,进入保险的投保程序;卖家可以通过平台向银行申请融资;按照账期30天,到期后买家财务付款时按照订单确认的内容进行支付;确认付款完毕后,交易成功。

按照产品的设计,所有的资金流通全部通过网商银行电子账户,资金在银行账户体系内进行流转,形成闭环。具体业务中,当买家通过网银来款时,网商银行会根据平台发送的分账逻辑进行分账,本息还给银行,保险费用给保险机构,平台费用划入平台账户。

平台严格监控业务流转过程,如果发现买家和卖家之间有异常交易,触发风控规则,系统自动终结买家和卖家额度,对已经出现逾期的订单,将优先核销新增交易的来账资金,确保资金安全。

(二)信用体系

"赊销宝"是针对钢铁细分领域,提供给钢贸商快速回收货款,在赊销模式下采用纯信用无抵押、无担保的融资方案,可以做到买家继续享受账期,卖家快速回笼货款。

在平台进行赊销交易的买家和卖家全部通过平台的事前授信准入。只有获得准入的买家和卖家才可以获得额度，在平台进行支付。同时，在订单创建、支付、还款的过程中，平台会动态监控买家和卖家交易、欺诈、违约风险。结合阿里巴巴大数据风控和基础数据库，对违反平台规则的参与者即时进行制止和清退。大数据、真实交易、合同、发票、物流等信息的交叉比对和实时监控是该产品的风控基础，也是保障平台良性发展的基础。

四、"赊销宝"模式力促钢贸，供应链金融大有可为

"赊销宝"作为钢铁行业的信用类融资产品，实现了借款人线上申请，快速授信，授信额度循环使用，自动放款、自动还款等多项便利举措，为钢铁行业的广大中下游企业，特别是中小微企业提供了优质、便捷的金融服务。"赊销宝"是大宗钢铁电商领域优秀的真正线上化的互联网金融产品。目前"赊销宝"通过在五阿哥线上推广、线下运营人员推广已经获得贸易商和终端客户的认可，并且已经实现了额度的批复和支用，赊销交易订单持续增加。可以说"赊销宝"构建了钢铁交易链的新生态，做到了均衡匹配资源、信息公开透明、行业标准建立，营造了全新的钢铁采购、销售市场格局。同时，"赊销宝"的推出解决了行业参与者融资渠道窄、链条长、成本高等问题，将更多资金有效输送到实体产业，为改善行业融资难现状做出了巨大贡献。

第三章
CHAPTER 3

融资租赁

有一次，我去河北邢台市一家企业做调研，该企业的董事长对我说："我们公司经营8年了，从20万元起家，几年来发展速度很快，市场需求旺盛，净利润率高达26%。为了满足市场的需求，一年前投入了6000万元资金扩建厂房，现在购买设备急需4000万元，但由于土地性质和抵押物品等，得不到银行的贷款，并且现有股东都不愿意接受股权融资。"随后他又说："吴教授，请您帮我们设计一下融资方案，我们想既不释放股权，又可以以较低的成本获得融资……"读者朋友，你是否也有过类似的经历？有什么样的融资方式可以满足他们的需求呢？本章内容就是解决此类问题的一种融资方式，即融资租赁。

基础知识

（一）融资租赁

融资租赁又称设备租赁或金融租赁。融资租赁是出租人根据承租人对租赁物的特定要求和对供货人的选择，出资向供货人购买租赁物，并租给承租人使用，承租人则分期向出租人支付租金。在租赁期内租赁物的所有权属于出租人所有，承租人拥有租赁物的使用权。租期届满，租金支付完毕并且承租人根据融资租赁合同的规定履行完全部义务后，对租赁物的归属没有约定的或者约定不明的，可以协议补充；不能达成补充协议的，按照合同有关条款或者交易习惯确定；仍然不能确定的，租赁物所有权归出租人所有。

融资租赁和传统租赁的区别是，传统租赁以承租人租赁使用租赁物的时间计算租金，而融资租赁以承租人占用融资成本的时间计算租金。

融资租赁是目前国际上最为普遍、最基本的非银行金融形式。融资租赁是集融资与融物、贸易与技术更新于一体的新型金融产业。由于其融资与融物相结合的特点，出现问题时租赁公司可以回收、处理租赁物，因而在办理融资时对企业资信和担保的要求不是很高，所以非常适合中小企业融资。

融资租赁的主要作用如下。

（1）融资租赁项目以自身所产生的效益偿还，信用审查手续简便。

（2）能延长资金融通期限，加大中小企业的现金流量。

（3）能使中小企业更快捷、简便地进行设备更新和技术改造。

（4）避免通货膨胀的不利影响，防范汇率、利率风险。

（5）融资租赁属于表外融资，不体现在企业资产负债表的负债项目中。

（6）融资租赁还有节约成本、促进销售等多方面作用。

融资租赁具有筹资速度较快，租赁限制条款较少，设备淘汰风险较小，税收负担较轻和财务风险较小等优点。

（二）夹层融资

夹层融资是指在风险和回报方面介于优先债务和股本融资之间的一种融资形式。夹层融资一般采取次级贷款的形式，但也可以采用可转换票据或优先股的形式。

夹层融资是一种无担保的长期债务，这种债务附带有投资者对融资者的权益认购权。夹层融资对融资企业来说可以填补一些在考虑了股权资金、普通债权资金后仍然不足的资金缺口，因而夹层基金本质上仍是一种借贷资金，在企业偿债顺序中位于银行贷款之后。

夹层融资在很多情况下起到"过桥"融资的作用，一般期限是一到两年。例如，做房地产夹层融资，从企业拿到土地到取得开发贷之间的资金需求由夹层融资来满足。

（三）债务重组

债务重组是指在不改变交易对方的情况下，经债权人和债务人协定或法院裁定，就清偿债务的时间、金额或方式等重新达成协议的交易。也就是说，只要修改了原定债务偿还条件的，即确定的债务偿还条件不同于原协议的，均为债务重组。

债务重组方式一般有以下四种。

（1）以资产清偿债务，即债务人转让其资产给债权人以清偿债务的债务重组方式。债务人通常用于偿债的资产主要有现金、存货、金融资产、固定资产、无形资产等。以现金清偿债务，通常是指以低于债务的账面价值的现金清偿债务，如果以等量的现金偿还所欠债务，则不属于债务重组。

（2）债务转为资本，即债务人将债务转为资本，同时债权人将债权转为股权的债务重组方式。

（3）修改其他债务条件，如减少债务本金、降低利率、免去应付未付的利息等。

（4）以上三种方式混合组合，即采用以上三种方式共同清偿债务的债务重组形式。例如，债务的一部分以资产清偿，另一部分则转为资本；或者债务的一部分以资产清偿，另一部分则修改其他债务条件；也可债务的一部分以资产清偿，一部分转为资本，另一部分则修改其他债务条件。

（四）表外融资

表外融资是指不需列入资产负债表的融资方式，即该项融资既不在资产负债表的资产方表现为某项资产的增加，也不在负债及所有者权益方表现为负债或权益的增加。

传统的融资方式如借款在资产负债表上均表现为资产项目与负债及权益项目的同时增加，而表外融资并非如此。例如某集团的应收账款证券化项目，其在资产负债表中对负债方并无影响，而在资产方同时表现为现金的增加和应收账款的减少，资产总额保持不变。采用表外融资的好处是可以明显改善财务报表质量，因为随着负债总额的降低，资产负债率和净权益负债率就会下降。表外融资可以防止那些不利于借款人的财务比率出现，从而避免对企业后期发展触发更为不利趋向，例如信用等级下降、借款成本提高等。表外融资还可以规避借款合同的限制。借款合同往往对借款人增添债务做出种种限制性的明确规定，如规定不得突破某一资产负债比率。

第一节　融资租赁业发展历程与现状

现代融资租赁产生于第二次世界大战之后的美国。二战以后，美国工业化生产出现过剩，生产厂商为了推销自己生产的设备，开始为用户提供金融服务，即以分期付款、寄售、赊销等方式销售自己的设备。由于所有权和使用权同时转移，资金回收的风险比较大，于是有人开始借用传统租赁的做法，将销售的物件所有权保留在销售方，以出租方式租给购买人（或承租人），承租人只享有使用权。直到出租人以租金的方式收回全部货款后，才将所有权以象征性的价格转让给购买人（或承租人），这种方式被称为"融资租赁"。1952 年美国成立了世界第一家融资租赁公司——美国租赁公司（现更名为美国国际租赁公司），开创了现代租赁的先河。

一、以租代买，融资有道

改革开放后，为扩大国际经济技术合作与交流，开辟利用外资的新渠道，吸收和引进国外的先进技术和设备，1980 年中国国际信托投资公司引进租赁方式。1981 年 4 月，第一家合资租赁公司中国东方租赁有限公司成立，同年 7 月，中国租赁公司成立。这些公司的成立，标志着中国融资租赁业的诞生。

2015 年 9 月 7 日，国务院办公厅印发《关于加快融资租赁业发展的指导意见》（以下简称《意见》），全面系统地部署加快发展融资租赁业。《意见》提出坚持市场主导与政府支持相结合、发展与规范相结合、融资与融物相结合、国内与国外相结合的基本原则，提出到 2020 年融资租赁业市场规模和竞争力水平位居世界前列的发展目标。

《意见》为更好地发挥融资租赁服务实体经济发展、促进经济转型升级指明了方向。《意见》指出，到 2020 年，融资租赁业务领域覆盖面不断扩大，融资租赁市场渗透率显著提高，成为企业设备投资和技术更新的重要手段。《意见》明确：建设法治化营商环境，研究出台融资租赁行业专门立法；完善财税政策，加大政府采购支持力度，鼓励地方政府探索通过风险补偿、奖励、贴息等政策工具，引导融资租赁公司加大对中小微企业的融资支持力度；拓宽融资渠道，积极鼓励融资租赁公司通过债券市场募集资金，支持符合条件的融资租赁公司通过发行股票和资产证券化等方式筹措资金。

2020年6月9日，中国银保监会发布《融资租赁公司监督管理暂行办法》（以下简称《办法》）。《办法》的主要内容：一是完善业务经营规则。明确融资租赁公司的业务范围、租赁物范围以及禁止从事的业务或活动。完善融资租赁公司的公司治理、内部控制、风险管理、关联交易等制度，同时明确融资租赁物购置、登记、取回、价值管理等其他业务规则。二是加强监管指标约束。新设了部分审慎监管指标内容，包括融资租赁资产比重、固定收益类证券投资业务比例、业务集中度和关联度等，推动融资租赁公司专注主业，提升风险防控能力。三是厘清监管职责分工。按照2017年全国金融工作会议精神，明确银保监会和地方政府的职责分工，并对地方金融监管部门的日常监管提出具体要求，建立分级监管和专职监管员制度，完善监管协作机制、非现场监管、现场检查、监管谈话等内容。此外，针对行业"空壳""失联"企业较多等问题，《办法》提出了清理规范要求，指导地方稳妥实施分类处置。

二、我国融资租赁业发展现状

由租赁联合研发中心会同中国租赁联盟、天津滨海融资租赁研究院组织编写的《2019中国租赁业发展报告》显示，截至2019年12月底，中国融资租赁企业（不含单一项目公司、分公司、特殊目的公司、港澳台当地租赁企业和收购海外的企业）总数约为12 130家，较上年增加了353家，增长3%。其中，金融租赁为70家，比上年年底的69家增加1家；内资租赁为403家，较上年年底的397家增加了6家；外资租赁为11 657家，较上年年底的11 311家增加346家。

全国融资租赁合同余额约为66 540亿元，比2018年增长0.06%。其中，金融租赁约25 030亿元，增长0.12%；内资租赁约20 810亿元，增长0.05%；外资租赁约合20 700亿元，与上年持平。

2019年，中国业务总量约占全球的23.2%，仅次于美国，居世界第二位。

在天津，融资租赁被视为该市经济发展的一个重要支撑，该市采取发展与监管并重的举措，率先恢复内资租赁企业的审批，继续争取金融租赁的落户，2019年新增7家金融和内资租赁企业，维系了行业继续发展的基础。

广州南沙自贸区将租赁业视为推动大湾区建设的重要举措，截至2019年年底，该区各类租赁企业达到2000多家，飞机租赁超过130架，业务总量达到3500亿元，发展速度领跑全国。

上海市自贸区扩容后，决定进一步加大租赁业发展力度，把租赁业视为自贸区发展的一个重要抓手，组建了研究机构，连续推出支持行业发展的举措。

北京市顺义区人民政府和北京市地方金融监督管理局发布了《关于加快北京市融资（金融）租赁聚集区建设的办法》，将着力打造新的融资租赁聚集区。

澳门作为我国第二个特别行政区，在当前国内外大背景下，决定着手发展融资租赁，先后在上海、天津召开澳门融资租赁业推介会，正式招商引资。

融资租赁是现代化大生产条件下产生的实物信用与银行信用相结合的新型金融服务形式，是集金融、贸易、服务为一体的跨领域、跨部门的交叉行业。融资租赁有利于转变经济发展方式，促进第二、第三产业融合发展，对于加快商品流通、扩大内需、促进技术更新、缓解中小企业融资困难、提高资源配置效率等方面能发挥重要作用。积极发展融资租赁业，是我国现代经济发展的必然选择。

融资租赁在我国经济发展中的作用和地位将越来越重要，融资租赁业在中国经济中的分量将越来越大。随着中国经济的持续发展，依托越来越强大的中国实体经济，未来融资租赁业必将成为我国服务业中的主流业态。而随着经营水平和能力的不断提升，一大批国内优秀的融资租赁企业迅速崛起，逐渐成为融资租赁行业中的翘楚！

第二节　融资租赁的九个路径

融资租赁在中国是一个新兴的行业。融资租赁是设备销售与融资模式的创新，在各交易主体之间实现新的权责利平衡。本节主要阐述直接融资租赁、销售式融资租赁、售后回租融资租赁、杠杆融资租赁、委托融资租赁、项目融资租赁、风险租赁、捆绑式融资租赁和融资性经营租赁九个路径，供企业在融资活动中选择参考。

一、直接融资租赁

直接融资租赁，是指由承租人选择需要购买的设备，出租人通过对租赁项目风险评估后出租租赁设备给承租人使用。在整个租赁期间，承租人没有所有权但享有使用权，并负责维修和保养租赁设备。直接融资租赁适用于各类企业新增固定资产、购置大型设备、企业技术改造和设备升级等。直接融资租赁操作流程如下。

（1）承租人选择供货商和租赁物。

（2）承租人向融资租赁公司提出融资租赁业务申请。

（3）融资租赁公司和承租人与供货商进行技术、商务谈判。

（4）融资租赁公司和承租人签订《融资租赁合同》。

（5）融资租赁公司与供货商签订《买卖合同》，购买租赁物。

（6）融资租赁公司用资本市场上筹集的资金作为货款支付给供货商。

（7）供货商向承租人交付租赁物。

（8）承租人按期支付租金。

（9）租赁期满，承租人正常履行合同的情况下，融资租赁公司将租赁物的所有权转移给承租人。

二、销售式融资租赁

销售式融资租赁，是指生产商或供货商为了实现销售目标，通过所属子公司或控股的租赁公司采用融资租赁的商业模式促销产品，我们把这种租赁模式叫作销售式融资租赁。这些租赁公司依托母公司的品牌影响力以及能为客户提供维修、保养等多方面的售后服务，开展租赁活动。供货方和出租人实际是关联企业，但属于两个独立法人。

在销售式融资租赁中，租赁公司作为一个融资、贸易和信用的中介机构，自主承担租金回收的风险。通过综合的或专门的租赁方式，配合制造商促销产品，可减少制造商应收账款和三角债的发生，有利于分散银行风险，促进商品流通。

某大型医疗设备生产企业的产品主要销往各家医院。随着我国民营医院的迅速崛起，市场需求非常旺盛，但是大多数民营医院存在购买设备支付困难，希望能以租赁的方式获得设备使用权。所以该设备生产企业将设备卖给集团内的医疗设备租赁公司，再由医疗设备租赁公司把设备租给民营医院。租赁公司因为出租设备形成了稳定的现金流，可以资产证券化或采用向商业保理公司转让应收账款的方式，一次性回笼租赁期间的全部租金，从而达到出售设备的商业目的。

三、售后回租融资租赁

售后回租融资租赁，是指承租人（设备的所有者）先将自制或外购设备出售给出租人（资产租赁公司），然后又以租赁的方式租回原来设备并使用的一种租赁模式。这种融资方式特别适合一些在用固定资产或在建工程占用资金较大的企业。售后回租融资租赁的优点如下。

（1）承租人有效盘活资产，及时获取融资。当承租人企业有某些固定资产占用资金额很大，又不能流动时，会严重影响企业现金流周转。若能将这项资产所有权卖掉，不仅及时缓解了流动资金压力，又盘活了自身的固定资产，并且可将出售资产的资金大部分用于其他投资，把资金用活，而少部分用于缴纳租金。

（2）仍然拥有原资产的使用权。通过回租手段重新获得原来资产的使用权，使得企业的生产得以继续，满足了企业生产经营活动所需。回租后，由于资产的使用权没有改变，承租人的设备操作人员、维修人员和技术管理人员对设备很熟悉，可以节省时间和培训费用。通过售后回租交易，企业可以实现与"抵押贷款"和"分期付款购买商品"同样的效果。而灵活的租金支付方式又使其显著优于上面两种银行金融产品。在一些特殊的情况下，企业还可以售后回租融入资金，同时约定回购条款，获得资产升值的好处。

（3）融资资金用途灵活，不受限制。通过售后回租取得的融资资金，由企业按实际需要使用，既可用作流动资金，也可用作项目建设等。而银行贷款都有特定的用途，与银行贷款相比，售后回租让融资企业规避了银行流动资金贷款必须用于生产经营周转、不能投资固定资产项目建设的监管风险。

（4）可以实现节税。在我国境内投资于符合国家产业政策的技术改造项目的企业，其项目所需国产设备投资的40%，可以从企业技术改造项目设备购置当年比上一年新增的企业所得税中抵免。而对享受投资抵免的国产设备，企业仍可按设备原价计提折旧，并在计算应纳税所得额时扣除。这样，充分运用国家关于投资抵免的税收优惠政策，对新旧资产都能计提折旧费用，从而减少应纳税所得额；而新资产的设备投资的一部分还可以进行投资抵免，从而取得节税效果。

（5）售后回租的成本优势。通过银行融资一般融资成本高，期限短，条件苛刻，实际资金成本能到10%左右。售后回租交易中，承租人是最大的受益者，融资费用相对低，资金使用期限长，只需要在期初支付较少的租金就能获得固定资产的全部使用价值；另外，租金金额及支付方式灵活，可以根据承租人具体的资金状况、经营业绩和营业周期等具体情况，就租金金额及具体支付方式在合同中予以约定，而不必拘泥于定额、定期支付租金的形式。

售后回租的操作流程也很简单，一般由原始设备所有人将设备出售给融资租赁公司；融资租赁公司支付货款给原始设备所有人；原始设备所有人作为承租人向融资租赁公司租回卖出的设备；承租人即原始设备所有人定期支付租金给出租人（融资租赁公司）。

华夏幸福基业股份有限公司（股票代码：600340）（以下简称"华夏幸福"）在我国地产行业可谓后起之秀，其融资方式也堪称"别具一格"，其中"售后回租"模式成为业界融资典范。

华夏幸福创立于1998年，是一家民营企业，短短几年就已经发展成为中国领先的产业新城运营商。华夏幸福以"产业高度聚集、城市功能完善、生态环境优美"的产业新城、"产业鲜明、绿色生态、美丽宜居"的产业小镇为核心产品，通过创新升级"政府主导、企业运作、合作共赢"的PPP市场化运作模式，接受合作区域政府的委托，在规划设计、土地整理、基础设施建设、公共配套建设、产业发展、城市运营六大领域，为区域提供可持续发展的全流程综合解决方案。

华夏幸福2019年年报显示：报告期内公司实现营业收入1052.1亿元，同比增长25.55%；实现归属于上市公司股东的净利润146.12亿元，同比增长24.4%。截至2019年年末，华夏幸福归属于上市公司股东的净资产为500.36亿元，同比增长14.30%。

然而，华夏幸福的成长与快速扩张并不是基于我国经济高速增长的宏观背景，也没有依赖银行的大力金融支持。因为民营企业的身份、产业新城的不确定性、收益的未知性、抵押物的缺乏，再加上历年来负债率过度高企和不断增加的短期偿债压力，注定了华夏幸福不可能获得足够的银行贷款。华夏幸福2015年财报显示，即便这时华夏幸福已经市值近800亿元，总资产近1700亿元，成为品牌知名度颇高的超大型企业，但是其全年银行贷款金额却只占整体融资金额的26.94%，不到1/3。在2012年至2016年4月这4年多时间里，不依靠银行贷款，华夏幸福一共从外部融得资金2974亿元，涉及融资方式有销售输血法、信托借款、公司债、夹层融资、售后回租、融资租赁、债务重组、债权转让和资产支持证券（ABS）等多达21种。其中售后回租融资租赁成为业内企业纷纷效仿的典型案例。

2014年3月，华夏幸福子公司大厂回族自治县鼎鸿投资开发有限公司，以其所拥有的大厂潮白河工业园区地下管线，以售后回租方式向中国外贸金融租赁有限公司融资3亿元，年租息率7.072 5%，为期2年。也就是说，华夏幸福把工业园区的地下管线卖给融资租赁公司，该租赁公司再把管线回租给华夏幸福，华夏幸福每年付给该公司租金（3亿元×7.072 5%），并每隔半年不等额地偿还本金，直到2年后等于实际上以3亿元的总价格回购这些管线。

2014年5月，华夏幸福又跟中国外贸金融租赁有限公司做了一笔几乎一模一样的买卖，以2.86亿元再次把另一部分园区地下管线卖给中国外贸金融租赁有限公司，年租息率是6.15%，依然是2年后回购完毕。

显然，华夏幸福以远远低于其他融资形式的成本，利用没有任何现金流价值的地下管线，通过售后回租模式，成功地融通资本近6亿元。以华夏幸福项目的收益率，在覆盖这些成本的基础上还能有相当不错的收益。售后回租融资租赁模式非常适合重工业、机械制造业、产品加工业、房地产业等。再通俗一点儿说，就是如果你有一笔资金额较大的固定资产（无抵押的），可以采用这种方式。

武汉地铁集团与工银金融租赁有限公司（以下简称"工银租赁公司"）也曾经签署了融资租赁合同，为武汉市城市轨道建设融到了额度为20亿元的建设资金。武汉地铁集团将轨道交通1号线部分设备和车辆资产，出让给工银租赁公司，3年内可根据需要提款20亿元，同时向工银租赁公司租赁以上资产。租赁期内，工银租赁公司只享有以上资产的名义所有权，不影响其正常运营，城市轨道建成后，在武汉地铁集团付清全部租金并支付资产残余价值后，可重新取得所有权。这是我国早期采用融资租赁方式进行轨道交通基础设施建设的大型项目之一。

四、杠杆融资租赁

杠杆融资租赁是融资租赁的一种特殊方式，又称平衡租赁、减租租赁或举债经营融资租赁，即由贸易方政府向租赁公司提供减税及信贷刺激，使租赁公司以较优惠条件进行设备出租的一种方式。它是目前较为广泛采用的一种国际租赁方式，是一种利用财务杠杆原理形成的租赁方式。

杠杆融资租赁类似银团贷款，是一种专门做大型租赁项目的有税收优惠的融资租赁，它主要是由一家租赁公司牵头作为主干公司，为一个超大型的租赁项目融资。首先，项目会成立一个脱离租赁公司主体的操作机构——专为本项目成立的资金管理公司，该公司提供项目总金额 20% 的资金，其余 80% 的资金由银行或财团等以贷款提供，但租赁公司拥有设备的法定所有权。这样，在很多工业发达的国家，租赁公司按其国家税法规定就可享有以设备购置成本金额为基础计算的减税优惠。但是，租赁公司需将设备的所有权、租赁合同和收取租金的权利质押给银行或财团，以此作为其取得贷款的担保，每期租金由承租人交给提供贷款的银行或财团，由其按商定比例扣除偿付贷款及利息的部分。这种融资方式可享受税收优惠，其操作规范，综合效益好，租金回收安全，费用低，一般用于飞机、轮船、通信设备和大型成套设备的融资租赁项目。

在该种融资租赁模式中有四个参与主体：①大型设备制造商（如飞机、轮船制造企业）；②租赁公司；③承租人（如航空公司、海上运输公司）；④银行或财团。具体运作中，因租赁公司购买了某国大型企业的设备，为当地经济发展做了贡献，所以有机会获得银行或财团提供的低息贷款和享受当地政府的减税政策等。杠杆融资租赁模式，如图 3-1 所示。

杠杆融资租赁在实践中应用很广，不但应用在铁路运输行业，而且推动着船舶和航空运输业的发展。对于这些行业来说，它们需要投入大量资金用在运输工具的购买上。这些购买资金在短期之内是无法收回来的，这就会给企业造成很

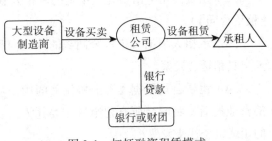

图 3-1 杠杆融资租赁模式

大的资金压力。而且很多设备更新换代速度比较快，若企业无法融得足够的资金，那它就无法获得新设备带来的高效率，这会制约企业的发展，甚至是行业的发展。所以，杠杆融资租赁给它们提供了融资的新道路，可以避免被设备占用大量资金，它们只需要定期支付租金就可以获得设备的使用权。

五、委托融资租赁

委托融资租赁，是指拥有资金或设备的企业委托租赁公司将自己的设备租出

去。资产所有者是委托人,租赁公司是受托人,也是出租人。这种委托融资租赁的一大优点是让没有租赁经营权的企业(委托人),可以"借权"经营。

委托融资租赁的特点包括以下四点。

(1)出租人接受委托人的资金或租赁标的物,根据委托人的书面委托,向委托人指定的承租人办理融资租赁业务。在租赁期内,租赁标的物的所有权归委托人,出租人只收取手续费,不承担风险。

(2)委托融资租赁可以实现集团公司或关联方资金注入方式的多样化。

(3)委托融资租赁可以使承租人享受加速折旧的好处,调节其税前利润和所得税支出。

(4)委托融资租赁可以使资产使用方(承租人)和资产委托方(委托人)二者关系清晰,便于确定双方的权利义务。

委托融资租赁业务的一般操作流程如下。

(1)租赁公司以受托人的身份接受委托人的委托资产,与委托人签订《委托租赁资产协议》(以下简称《资产协议》),并接受受托资产。

(2)租赁公司与由委托人指定的承租人签订《委托融资租赁合同》(以下简称《租赁合同》)。

(3)承租人根据《租赁合同》的约定向租赁公司支付租金,租赁公司向承租人出具租赁费发票。

(4)租赁公司根据《资产协议》的约定从租金收入中扣除手续费及代扣代缴的营业税后,将剩余所有租金返还委托人,委托人向租赁公司出具符合税务要求的正式资金往来发票。

(5)《资产协议》及《租赁合同》执行完毕,租赁资产产权可以转移,也可以不转移。

《金融租赁公司管理办法》第二章第七条规定,申请设立金融租赁公司,应当具备以下条件:①有符合《中华人民共和国公司法》和(原)银监会规定的公司章程;②有符合规定条件的发起人;③注册资本为一次性实缴货币资本,最低限额为1亿元人民币或等值的可自由兑换货币;④有符合任职资格条件的董事、高级管理人员,并且从业人员中具有金融或融资租赁工作经历3年以上的人员应当不低于总人数的50%;⑤建立了有效的公司治理、内部控制和风险管理体系;⑥建立了与业务经营和监管要求相适应的信息科技架构,具有支撑业务经营的必要、安全且合规的信息系统，具备保障业务持续运营的技术与措施；⑦有与业务经营相适应的营业场所、安全防范措施和其他设施；⑧（原）银监会规定的其他审慎性条件。

根据现行的监管法规，从事金融租赁业务应符合银保监会规定的条件，即应是获批设立的机构。也就是说，要求委托融资租赁业务中的受托人不仅仅是法人，还应具备经营融资租赁业务的资格。如果一个普通的法人企业有某些资产想要对外出租，但由于本身不具备经营金融租赁业务资格，就得将待出租的资产委托给具备资格的金融租赁公司来完成。

A公司为C厂商的母公司，委托B融资租赁公司为C厂商办理融资租赁业务，该厂要购买账面价值为5亿元的设备，欲以融资租赁方式替代银行贷款进行融资，故由A公司牵头联络B融资租赁公司，并为B融资租赁公司提供资金为C厂商融资购入该设备，之后按照《资金协议》的规定，B融资租赁公司扣除相应的手续费用后，将C厂商向其支付的租金交付给A公司。在这种情况下，租赁公司只是相当于中介，该租赁设备不计入租赁公司的资产负债表，收取的手续费仅以其他营业收入的形式计入利润表中。与该租赁设备相关的资产风险和信用风险均不由租赁公司承担。

上述案例中，A公司欲将价值5亿元的设备出租给C厂商，但由于A公司不具备融资租赁业务资格，所以就委托给了B融资租赁公司，B融资租赁公司充当了中介从中收取手续费。

六、项目融资租赁

融资企业以项目自身的财产和效益为保证，与出租人签订项目融资租赁合同，出租人对承租人项目以外的财产和收益无追索权，租金的收取也只能以项目的现金流量和效益来确定。出卖人（租赁物品生产商）通过自己控股的租赁公司采取这种方式推销产品，以扩大市场份额。通信设备、大型医疗设备、运输设备甚至高速公路经营权都可以采用这种方法。

出租人要面对的主要风险是租金不能收回的风险，产生这一风险的原因主要有两个：一是项目本身经营失败，二是承租人的信用不好。

为了防范风险，出租人可以采取以下措施。

（1）调研与评估。在项目前期，出租人要对项目企业的经营现状、产品生产工艺、技术创新能力、市场竞争状况、消费者对产品的好评度、项目未来发展空间等进行全方位的调研与评估，包括对项目未来市场需求变化、产品升级换代能力、财务盈利能力进行预测，对承租人未来偿租能力进行评估，最终选择的项目应确定其预期收益率保证出租人能收回租金。

（2）设计租金。在进行租金计算时，要结合项目生产计划、销售计划、现金流计划以及项目经营期可能出现的财务风险，以保证最终的租金能够顺利回收。

（3）监控财务。在项目经营期间，出租人必须有组织有计划地按期对项目的经营和财务状况进行监控，如出现承租人不能按期偿还租金的情况，一定要查找分析原因，判断是项目真实的客观经营状况还是承租人的信用风险导致的，以防止承租人利用信用风险而故意拖欠租金或不偿还租金。经营管理良好的租赁公司都会有专门的风控系统，对项目企业进行风险预测、风险评估、应急预案制订和风险控制。

项目融资租赁的参与主体和实施阶段比较多，其操作模式也比较复杂。通常，项目融资租赁的参与主体除了出租人和承租人外，还包括参与租赁项目建设的设计承包商、施工承包商、监理承包商、设备供应商以及贷款融资的银行等金融机构。其实施阶段主要包括项目融资建设、租赁、移交三个阶段。

七、风险租赁

风险租赁是指出租人以租赁债权和投资方式将设备出租给承租人，以获得租金和股东收益权作为投资回报的租赁交易。在这种交易中，租金仍是出租人的主要回报，一般为全部投资的50%；其次是设备的残值回报，一般不会超过25%，这两项收益相对安全可靠。其余部分按双方约定，在一定时间内以设定的价格购买承租人的普通股权。这种业务往往产生在高科技、高风险产业项目上，因为出租人看好项目企业的未来收益，并且对项目企业的管理团队有足够的信心。这不仅是融资租赁的一种创新，同时也是项目企业吸引投资人的一种策略，一种新的融资渠道。

出租人将设备融资租赁给承租人，同时获得与设备成本相对应的股东权益，实际上是以承租人的部分股东权益作为出租人的租金的新型融资租赁形式。同时，出租人作为股东可以参与承租人的经营决策，在共同利益的驱动下出租人有可能带来更多资源，同时也增加了对承租人的影响。

风险租赁模式适合快速成长期的扩张型企业。

八、捆绑式融资租赁

捆绑式融资租赁也是融资租赁业务模式的一种创新，又称三三融资租赁。它是指承租人向出租人支付不低于租赁标的物价款 1/3 的首付资金（期初款项中的首付款和保证金），而出租人向供货商支付的首批货款也是设备价款的 1/3 左右，其余 2/3 的设备价款则在一定时间内（通常不长于租期的一半）分批支付。这样，供货商、出租人、承租人各承担一定风险，命运和利益"捆绑"在一起，以改变以往那种所有风险由出租人独担的局面。

捆绑式融资租赁业务的具体操作步骤如下。

（1）承租人根据本企业的整体发展战略和近期生产经营以及财务计划，寻找合适的设备厂商和具体设备。

（2）承租人向融资租赁公司（出租人）提出融资租赁业务申请，并提交相关资料。

（3）出租人、承租人、供货商进行技术和商务谈判。

（4）出租人与供货商签订租赁设备的《买卖合同》，同时，出租人和承租人签订租赁设备的《融资租赁合同》，承租人与供货商签订租赁设备的《售后服务协议》，有的出租人为了控制风险，还会要求与供货商签订在一定条件下的《设备回购协议》。

（5）出租人按照合同约定向承租人收取一定比例的首付款、保证金及服务费等期初款项，首付款和保证金之和不低于设备价款的 1/3。

（6）出租人向供货商支付设备价款的 1/3。

（7）供货商按照合同要求向承租人交付租赁设备。

（8）承租人按照合同约定分期向出租人支付租金。

（9）出租人在不超过整个租赁期一半的时间内向供货商支付其余 2/3 的设备价款，支付方式由双方事先约定，可以分期支付，也可以一次性支付。

（10）租赁期满，且在承租人完成还款的情况下，双方对租赁设备进行处置。通常的做法是，出租人按照双方事先在合同中的约定，向承租人象征性地收取少量资金（设备残值或名义留购价）后，将租赁物的所有权让渡给承租人。

九、融资性经营租赁

融资性经营租赁是指在融资租赁的基础上计算租金时留有 10% 以上的余值，租期结束时，承租人对租赁物可以选择续租、退租、留购。出租人对租赁物可以提供维修保养，也可以不提供，在会计处理上由出租人对租赁物提取折旧。该种融资方法适用于固定资产、大型设备购置或企业技术改造、设备升级时资金不足的企业。融资性经营租赁操作流程如下。

（1）承租人选择供货商和租赁物。

（2）承租人向融资租赁公司提出融资租赁业务申请，达成一致意见后签订《融资租赁合同》。

（3）融资租赁公司和供货商签订《买卖合同》，购买租赁物，向供货商支付货款。

（4）供货商向承租人交付租赁物。

（5）承租人按期支付租金。

（6）租赁期满，承租人履行全部合同义务，按约定退租、续租或留购。

（7）若承租人退租，由融资租赁公司进行租赁物的余值处理，如在二手设备市场上出租或出售租赁物。

天津一家小规模出租车公司有 100 辆小轿车出租，公司净资产 500 万元。为拓展业务，该公司取得了一项长途公路客运项目的地方政府特许经营权。该公司要购置 50 辆大巴车，每辆 50 万元，因此需融资 2500 万元。该公司就是采用了经营性租赁方式融入了价值 2500 万元的大巴车。

该公司的财务总监首先找到资产租赁公司业务负责人，说出了公司的想法，并提供了公司相关资质材料和商业计划书等。资产租赁公司经过调查、论证等一系列手续，只用了 5 天时间就办完了租赁合作的所有手续并顺利签约，最终结果如下。

出租车公司：①只需交给资产租赁公司 10% 的保证金 250 万元，不需向银行贷款便拥有 50 辆大巴车的使用权；②租赁期为 5 年，每年支付 750 万元租赁费；③50 辆大巴车每年的营业收入额为 2500 万元，减去租赁费支出 750 万元和人员工资、耗油、维修、保养、保险等其他各种支出 1450 万元，每年净利润为 300 万元；④5年后按原价的10%购入50辆大巴车，即250万元，以保证金抵付；⑤5年的净利润为1500万元；⑥这50辆大巴车至少还能运营5年，这5年的营业额除掉各种支出，剩下的都是利润。

资产租赁公司：购大巴车给承租人使用，每年收回租赁费750万元，5年共收回3750万元。最后还得到折价款收入250万元。

汽车制造厂：一次销售50辆大巴车，资金同时收回，马上投入再生产、再销售。

地方政府：没花一分钱解决了郊县、乡镇交通问题，为地方老百姓解决了进城难的问题，同时为招商引资做好了前期准备，解决了地方经济发展的一大问题。

第三节　租赁项目运作程序与评估内容

中国自改革开放后，在引进融资租赁的过程中同时引进了项目评估，即租赁公司在上项目之前，对项目建议书和可行性报告进行调研分析，结合到企业实地考察评估得出结论，为决策者提供有价值的意见。本节内容阐述的是租赁公司评估企业项目时发生的业务，但凭借常年服务于中小企业的经验，我认为小企业的管理者非常有必要了解租赁公司的项目评估方法，只有"知己知彼"，才能很好地合作，顺利地实现融资。

一、项目评估的基本原则

项目评估，是对项目从正反两方面提出论证和评价，为决策者选择项目及实施方案提供多方面建设性意见，并力求客观、准确地将与项目执行有关的资源、技术、市场、财务、经济、社会等方面的数据资料和实际情况，真实、完整地呈现于决策者面前，使其能够处于比较有利的地位，实事求是地做出正确决策，同时也为投资项目的执行和全面检查奠定基础。

项目评估一般指投资项目评估，是在可行性研究的基础上，根据有关法律、法规、政策、方法和参数，由贷款银行或资产租赁机构对拟投资建设项目的规划方案所进行的全面论证和再评估，其目的是判断项目方案的可行性或比较不同投资方案的优劣。

项目评估应遵循：客观、科学、公正的原则；综合评价、比较择优的原则；

项目之间的可比性原则；定量分析与定性分析相结合的原则；技术分析和经济分析相结合的原则；微观效益分析与宏观效益分析相结合的原则。

项目评估是一门科学，在投资领域起着非常重要的作用，在我国资产租赁行业迅猛发展的今天尤为重要，它不仅是决策依据还是管理手段。

项目评估可以改变我国融资租赁业高风险低收益的局面。我国融资租赁业起步较晚，早期开办的一些资产租赁公司都不同程度地陷入租金回收难的困境。究其原因，除了人们对这种新兴的金融业务认识不足，国家与之相配套的政策、法律、法规和管理制度还不健全之外，资产租赁公司自身经验不足，尚未建立风险意识和科学的项目评估体系，使这项业务成为高风险低收益的业务，从而限制了自身发展。通过项目评估与管理，可以降低租赁业经营风险，提高社会服务水平的同时提高经济收益。

通过项目评估可以提高企业竞争能力。对于租赁业来说，要重视项目评估的工作，加强对项目的科学评估和日常管理，需要考虑效益和风险匹配原则，充分发挥租赁业在国民经济发展中的重要作用。出租人和承租人都要对项目整体的现状和未来，进行全方位、多层次、多变量的科学评估。承租人评估项目的主要目的是考虑在融资租赁的条件下，核算扣除融资成本后的收益能否达到预期目标，争取最大限度地减少投资风险。出租人主要评估承租人的还款能力、负债能力、资金回收的安全性和项目的可行性，提高租赁业的竞争能力。

项目评估可以推动行业发展。项目评估要贯穿于兴办项目整个过程之中。在项目的立项初期，通过评估发现问题，及时调整，避免后患；在项目的进行中，每个阶段、每个环节都应与评估结果比较，随时监控和调整企业的经营状态，了解新情况，发现新问题，及时研究，采取相应的对策和补救措施。在管理上应该把项目评估、决策和业务操作三权分离，相互监督，互相制约，推动租赁行业健康发展。

二、租赁项目运作程序

租赁项目在具体运作中大致要经历选项、洽谈、考察、立项、签约和管理几道程序。

1. 选项

在租赁项目立项初期，企业应根据自身行业和项目特点选择相对应的租赁公司，因为有些租赁公司经营范围有局限，不能满足所有企业的要求。从承租人的角度来说，它们喜欢选择租赁条件适宜和费用合理、服务好、资信可靠的租赁公司做合作伙伴，而租赁公司更喜欢选择经济实力强、资信好、债务负担轻、有营销能力和还款能力的企业做合作伙伴。双方只有在彼此了解、互相信任的基础上，才能对项目进行实事求是的评估。

有一个老板在融资路上处处碰壁。有一次他千里迢迢从昆明来到北京参加一个投融资项目对接会议，费了九牛二虎之力得到了与投资人沟通的机会。当他对投资人陈述自己的项目时，投资人听了不到一分钟就打断他说："对不起，你的项目不适合我们的投资方向，你再找别人吧。"这件事说明了什么，说明这个融资企业不是投资人所寻找的目标，不在选项范围之内。融资人事先没了解投资人的偏好，浪费了很多精力和宝贵时间。

2. 洽谈

租赁公司根据企业提供的立项报告、项目建议书及其他相关资料，通过当面洽谈，摸清项目的基本情况，将调查数据与同类项目的经验数据比较，进行简便估算，结合一般的感性认识对项目进行初评。若租赁公司认为项目可行，企业可以进一步编制可行性报告，办理项目审批手续。

3. 考察

租赁项目通过初评后，租赁公司必须派人深入企业进行实地考察，全面了解企业整体运营状况，包括人才、技术、资源、市场和经营能力、管理水平、行业趋势等信息，了解项目所在地的自然环境、人文环境、地方政府政策、相关法律法规等情况，对于一些重要情况必须取得第一手资料。项目企业应给予真实的材料和积极的配合。

4. 立项

租赁公司的项目审查部门对企业提供的各种资料和派出人员的实地考察报告，结合企业立项的可行性报告，从动态和静态、定性和定量、经济和非经济等多方面因素进行综合分析，全面评价项目的风险和可行性，决定项目的取舍，并确定给企业的风险利差。如果项目可行，风险在合理可控的范围内，即可编制项目评估报告，办理内部立项审批手续。

5. 签约

项目被批准后，租赁公司接受企业的租赁项目委托，就可办理租赁物购置手续，签订购货合同和租赁合同，合同的价格条款和租赁条件都不应偏离可行性报告的分析数据太远，否则要重新评估项目。签约后，项目评估的结论应为项目的优化管理提供科学依据。

6. 管理

项目后期管理的好坏对于确保租金安全回收起着重要作用。在租赁项目执行过程中，承租人应经常将实际经营状况与可行性报告进行比较，随时调整经营策略，力求达到预期的经营目标。出租人则应经常将承租人的经营状况与评估报告的主要内容进行比较，发现问题及时采取措施，保证租金回收的安全运作。

三、租赁项目评估的主要内容

由于企业的财务分析和国民经济分析在规范的可行性报告中已经做了详细阐述，因此项目评估的主要内容应包括评定风险、落实担保、核实数据来源、转换不确定因素和判定企业信用等级。

1. 评定风险

影响租金回收的风险因素很多，除了偿还能力风险外，还有债务风险、利率汇率风险、经营风险、市场变化、环境污染、政策调整、产业结构匹配以及其他不可预测的因素，它们都会增加项目的风险，租赁公司应在调查研究的基础上综合分析、评定风险。

2. 落实担保

承租企业的风险等级和经济担保能力是密切相关的。下面列出出租人所能接受的担保种类，按照风险程度排列。

A 级：银行担保。如果承租企业能得到银行的经济担保，说明企业在当地有一定的经济实力。要注意的是银行的级别应和融资租赁的规模相对应。金额越大，出具担保函的银行的级别要求越高。如果融资租赁使用的是外资，提供担保业务的银行除了上述条件外，还要求有外汇管理局批准的外汇担保业务。一般省级银行才有这种担保能力，而且单个项目的担保总额限定在 300 万～500 万美元。

江苏吴中集团曾经做过一个非常漂亮的资产证券化项目。吴中集团获得中国证监会批准设立"江苏吴中集团 BT 项目回购款专项资产管理计划"，随后"江苏吴中集团 BT 项目回购款专项资产管理计划"正式成立。中信银行为吴中集团的优先级受益凭证相对应的预期支付金额及相关费用提供 17.49 亿元"无条件的不可撤销的连带责任保证担保"，为"吴中受益凭证"再上了一道保险，使其顺利地完成了资产证券化 16 亿元人民币。这里中信银行提供的就是 A 级担保。

B 级：房地产抵押担保。房产是指有合法手续，可出售的商品房产。地产是指与房产有关的土地。单独的地产不能作为资产抵押，抵押的房地产要经过会计师事务所评估，办理法律公证。而且抵押物的资产净值应高出租金总额一定比率才具备担保条件。

C 级：有价证券抵押担保。出租人只接受国债和上市后能及时变现的债券或有价证券作为抵押担保。股票由于自身风险较大，不能作为资产抵押担保。证券担保一般根据证券的信誉程度打一定的折扣后，作为担保额。

D 级：大型企业担保。这种企业的担保能力应得到租赁公司认可，企业的知名度和资信都应有良好的记录，并由租赁公司对担保企业 3～5 年的财务报表进行审核，在诊断分析之后，方可接受其担保资格。一般是集团公司内的大型企业为其子公司或供应链上的企业做担保，因为业务上的合作关系，大型企业对它们所担保的企业具有某种制约关系。这种担保手续在做法上比较复杂，业务活动范围比较窄。不管以什么方式担保，在担保函中应明确规定经济担保人是其债务第一追索人，以落实担保人承担的债务风险和还款责任。在一些经济纠纷案例中，许多担保人被诉后经判决承担了还款责任，说明了这种做法的重要性和必要性。只有具有担保能力的担保人承诺了担保意向，租赁项目才有可能在租赁公司内部立项。

3. 核实数据来源

各种经济数据是项目评估的基础和依据，因此核实数据来源的可靠性和权威性是项目评估的重要环节，要着重核实下列数据。

（1）租赁项目占投资总额的比例，一般承租人为租赁物配套的资金应大于租赁物概算成本的 1～2.5 倍，这样才能保证租赁项目的正常运作，为此要核实企业的项目资金来源和筹资能力。实行贷款证制度的地区，应核实企业的贷款规模和负债比例。

（2）核实企业财务报表数据的真实性。

（3）核实企业资产结构与负债结构的合理性。

（4）核实企业与供应商、经销商业务往来项目的真实性。

（5）核实企业竞争能力相关指标的有效性。

（6）核实企业各项财务指标是否合乎行业基本情况，如资产负债率、资金周转率、成本费用率、销售利润率、投资回报率等。

4. 转换不确定因素

在尚未成熟的市场环境中有许多不确定因素增加了项目评估的难度和工作量。项目调研时，要充分寻找这些不确定因素，采取一些措施，如用概率论、数理统计等科学计算方法找出不确定因素的规律和变化趋势；对一些不确定事项进行转换，尽可能合理地将不确定因素转化为确定因素。

5. 判定企业信用等级

对企业信用施行等级制是整个融资租赁业务活动的分界点。租赁公司对企业的信用判定，就是对项目风险的判定。通过项目评估，判定出企业信用等级，根据等级的高低，决定项目的取舍和租赁利差的幅度。

第四章
CHAPTER 4

互联网金融

基础知识

(一) 互联网金融

互联网金融是建立在互联网基础上的一种新的金融业务模式。互联网金融依托于支付、云计算、社交网络以及搜索引擎等互联网工具,实现资金融通、支付、投资理财、保险和信息中介服务等业务模式。互联网金融不是互联网和金融业的简单结合,而是在实现安全、移动等网络技术水平上,将传统金融行业与互联网精神相结合的新兴产物。互联网金融与传统金融的区别不仅仅在于金融业务所采用的媒介不同,更在于金融参与者深谙互联网"开放、平等、协作、分享"的精髓,通过互联网、移动互联网等方便快捷的现代工具,使传统金融业务具备透明度更高、参与度更高、协作性更好、中间成本更低、操作更便捷等一系列特征。互联网金融具有以下特点。

(1) 成本低。互联网金融模式下,资金供求双方可以通过网络平台自行完成信息甄别、匹配、定价和交易,无传统中介、无交易成本、无垄断利润。一方面,金融机构可以缩小开设网点的营业面积、减少房屋租赁费支出、降低人员工资等一系列运营成本;另一方面,消费者可以在开放透明的平台上快速找到适合自己的金融产品,在网络上办理收款、支付、转账、查询等业务,削弱了信息不对称程度,更省时省力。

(2) 效率高。互联网金融业务主要由计算机处理,操作流程完全标准化,客户不需要排队等候，业务处理速度更快，用户体验更好。如阿里小额贷款依托电商积累的信用数据库，经过数据挖掘和分析，引入风险分析和资信调查模型，贷款从申请到发放只需要几秒钟，日均可以完成贷款1万多笔，成为真正的"信贷工厂"。

（3）覆盖广。互联网金融模式下，客户能够突破时间和地域的约束，在互联网上寻找需要的金融资源，金融服务更直接，客户基础更广泛。此外，互联网金融的客户以小微企业为主，覆盖了部分传统金融业的金融服务盲区，有利于提升资源配置效率，促进实体经济发展。

（4）发展快。依托于大数据和电子商务的发展，互联网金融得到了快速增长。以余额宝为例，余额宝上线18天，累计用户数达到250多万，累计转入资金达到66亿元，一度成为我国规模最大的公募基金。截至2019年年底，尽管余额宝遭受诸多不利因素影响，但并未使该基金热度降低，不仅用户数突破6.42亿，而且规模达到约1.09万亿元之庞大。

（5）风险大。一是信用风险大。现阶段中国信用体系尚不完善，互联网金融的相关法律还有待配套，互联网金融违约成本较低，容易诱发恶意骗贷、卷款跑路等风险问题。特别是P2P网贷平台由于准入门槛低和缺乏监管，成为不法分子从事非法集资和诈骗等犯罪活动的温床。近年来淘金贷、优易网、安泰卓越等P2P网贷平台先后曝出"跑路"事件。二是网络安全风险大。中国互联网安全问题突出，网络金融犯罪问题不容忽视。一旦遭遇黑客攻击，互联网金融的正常运作就会受到影响，危及消费者的资金安全和个人信息安全。

（二）网上银行

网上银行又称网络银行、在线银行或电子银行，它是由各家银行在互联网中设立的虚拟银行交易柜台，银行利用网络技术，通过互联网向客户提供开户、销户、查询、对账、行内转账、跨行转账、信贷、网上证券、投资理财等传统服务项目，使客户足不出户就能够安全、便捷地管理活期和定期存款、支票、信用卡及个人投资等。网上银行的特点是客户只要拥有账号和密码，就能在世界各地通过互联网，进入网络银行处理交易。与传统银行业务相比，网上银行的优势体现在三个方面。①银行经营成本低。网上银行业务主要利用公共网络资源，不需设置太多营业网点，可以降低银行的经营成本，提高银行后台系统的效率。②服务无时空限制。网上银行业务在有网络的情况下能随时随地为客户提供多种方式的金融服务。③方便快捷的客户体验。通过银行营业网点销售保险、证券和基金等金融产品，往往受到很大限制，主要是因为一般的营业网点难以为客户提供详细的、低成本的信息咨询服务。利用互联网和银行支付系统，容易满足客户咨询、购买和交易多种金融产品的需求，客户除办理银行业务外，还可以方便地在网上买卖股票、债券等，网上银行能够为客户提供更加方便快捷的金融服务。

（三）电商金融

电商金融是指电商平台提供的互联网支付货币、互联网信贷、供应链金融、预售订单融资、跨界合作金融、中间业务、货币汇兑、账户预存款、支付工具、移动支付等金融业务。电商金融以互联网技术为核心，拓展了小微企业融资渠道，促进了社会闲散资金的有效利用。

例如阿里小额贷款，阿里小额贷款是阿里金融为阿里巴巴会员提供的一款纯信用贷款产品。其特征是债务人无须提供抵押品或第三方担保，仅凭自己的信誉就能取得贷款，并以借款人信用程度作为还款保证。随着时代的潮流和科学技术的发展，电商金融以日新月异的飞速发展给我们的生活和工作带来了巨大的变化。

（四）大数据金融

大数据金融是指依托于海量、非结构化的数据，通过互联网、云计算等信息化方式对其数据进行专业化的挖掘和分析，并与传统金融服务相结合，创新性开展相关金融工作的统称。大数据金融重塑了银行业、保险业、证券投资业等金融行业的核心领域。大数据金融不仅推动了金融实务的持续创新，更催生了金融模式的深刻变革。大数据金融既是现有技术进步的必然结果，又是未来金融发展的强劲动力。大数据金融可分为平台金融和供应链金融两大模式。阿里金融和京东金融就是两种模式的典型代表。

（五）互联网众筹

互联网众筹是指大众利用互联网筹资，由发起人、跟投人、平台构成，具有低门槛、多样性、依靠大众力量、注重创意的特征，往往由项目发起人利用互联网向群众募资，以支持发起个人或组织的行为。一般而言，它是通过网络上的平台联结起跟投入与发起人。发起人利用互联网募集的资金被用来支持各种活动，包含灾后重建、民间集资、竞选活动、创业募资、艺术创作、自由软件、设计发明、科学研究以及公共专案等。另外，发起人也常常用团购+预购的形式，向网友募集项目资金。相对于传统的融资方式，互联网众筹更为开放，能否获得资金也不再是以项目的商业价值作为唯一标准。只要是网友喜欢的项目，都可以通过互联网众筹方式获得项目启动的第一笔资金，互联网众筹为更多小本经营或创作的人提供了无限的可能。

第一节 我国互联网金融发展历程

自互联网金融在我国兴起以来，从曾经的兴起、野蛮生长到如今的转折，已经经历了二十余年。纵观互联网金融在中国的发展历程，大致可以分为以下五个阶段：2007年之前，混沌初开；2007～2012年，方兴未艾；2013年～2015年6月，百花齐放；2015年7月～2016年，弊病丛生；2017年至今，正本清源。

一、2007年之前，混沌初开

早在1997年招商银行便开通了自己的网站，金融电子服务从此进入了"一网通"时代，1998年"一网通"推出"网上企业银行"，为互联网时代银企关系进一步向纵深发展构筑了全新的高科技平台。当时的互联网金融主要体现在为金融机构提供网络技术服务，各大商业银行开始建立网上银行业务。

2003年和2004年淘宝网和支付宝相继出现，淘宝为了解决买卖双方不信任和电子商务中支付形式单一等问题，推出支付宝的"担保交易"，电子商务在国内作为全新的商业运作模式应运而生，随之而来的网上转账、网上开设证券账户、互联网保险等互联网金融业务也相继诞生，预示着互联网金融时代全面到来。

二、2007～2012年，方兴未艾

随着支付宝等第三方支付平台的诞生，互联网金融从技术到业务逐渐扩展，相继出现了第三方支付、网贷平台、众筹等互联网新兴业态。

2007年互联网金融的一个标志性业务形态出现，中国诞生了第一家P2P网络借贷平台"拍拍贷"。

2011年5月18日,中国人民银行正式向27家第三方支付公司签发支付牌照,标志着互联网与金融结合的开始。

同年从国外引入互联网众筹,并逐渐被人们所接受。

2012年,平安陆金所推出P2P网贷业务,网贷平台迅速发展,互联网金融进入一个新的发展阶段。

三、2013年~2015年6月,百花齐放

(一) 2013年,互联网金融元年

2013~2015年,由于互联网金融准入门槛较低,因此有大量企业涌入互联网金融领域。第三方支付发展逐渐成熟,P2P网贷平台爆发式增长,众筹平台逐渐被运用到不同领域中去,首家互联网保险公司、首家互联网银行相继获批成立;各类基金公司、券商和信托机构等开始布局互联网金融,提供更加优质便捷的一站式服务。我国互联网金融开启了高速发展阶段。

2013年6月,阿里巴巴联手天弘基金推出余额宝产品,互联网基金模式正式开启。2013年11月,铁路客户服务中心官网12306网站正式支持支付宝购票。全国各大超市、便利店支持支付宝扫码支付。以含有"宝"字的各类理财产品为起点,P2P、第三方支付、众筹、消费金融等各类互联网金融业态均实现跨越式的发展。

2013年9月,由蚂蚁金服、腾讯、中国平安等企业发起设立了国内首家互联网保险公司"众安保险"。在这一年,互联网巨头纷纷借势推出互联网理财业务:7月,新浪发布"微银行"涉足理财市场;8月,微信推出微信支付;10月,百度金融理财平台上线;12月,京东推出"京保贝"快速融资业务,网易的"网易理财"也正式上线。

(二) 2014年,互联网金融出现井喷式发展

2014年,互联网金融首次纳入政府工作报告,报告中提到"促进互联网金融健康发展,完善金融监管协调机制",政府鼓励互联网金融发展的意图十分明显。

2014年1月,微信理财通公开测试,随后推出微信红包业务;4月,百度钱包上线,并同步推出国内首个互联网数据指数"百发100指数";9月,小米投资

积木盒子,正式进军P2P领域;12月,中国首家互联网银行"微众银行"经监管机构批准开业,总部位于深圳。

2014年11月,国务院常务会议上首次提出"要建立资本市场小额再融资快速机制,开展股权众筹融资试点",为众筹行业的发展提供了政策内生支持。

(三) 2015年上半年,互联网金融百花齐放

2015年,政府工作报告提出"大众创业,万众创新"的号召,加快驱动着互联网金融创新的步伐。

2015年1月,中国人民银行印发《关于做好个人征信业务准备工作的通知》,互联网巨头纷纷抢滩个人征信市场,芝麻信用、腾讯征信、深圳前海征信、鹏元征信、拉卡拉信用等8家民营征信机构正式成为央行"开闸"后首批获准开展个人征信业务的机构。春节期间,微信开创春晚红包"摇一摇",10.1亿次收发创新了社交金融新高潮。2015年4月,蚂蚁小贷旗下个人信贷产品"花呗"宣布正式上线。2015年6月,浙江网商银行宣布正式开业。

然而,在互联网金融快速发展的同时,风险也不断聚集,以网贷平台为例,2015年6月,网贷问题平台的数量首超新增平台,风险开始暴露。政府对互联网金融的监管相对滞后。

四、2015年7月~2016年,弊病丛生

(一) 2015年下半年,风险事件频发

2015年是互联网金融迅猛增长的一年,同时也是行业风险爆发最多的一年。P2P平台风险首先爆发,其中总成交量超过740亿元的"e租宝"平台疑涉嫌非法吸收公众存款、存在自融等问题被警方调查,引发行业内震动。随后的P2P跑路、"裸贷"等恶性事件频发,校园贷也引起了社会的关注。2015年互联网金融主要风险事件如下。

2015年7月,昆明泛亚推出的"日金宝"活期理财产品出现兑付危机,该产品宣称"保本保息,资金随进随出",导致2万多名投资者400多亿元资金陷入"庞氏骗局"。同年12月,钰诚集团旗下e租宝,涉嫌集资诈骗、非法吸收公众存款等,集资未兑付资金380亿元;大大集团公司涉嫌非法集资、非法吸收社会公众

存款 138.76 亿元，到期未兑付本金 64.73 亿元。2016 年 4 月，上海快鹿投资集团被曝资金链断裂，截至 2015 年 2 月，仅快鹿旗下东虹桥小贷就累计发放贷款 160 亿元。

2015 年也是互联网金融名副其实的"政策年"，互联网金融监管进入密集监管期，互联网金融行业大洗牌开始。

2015 年 7 月 12 日，中国证监会发布《关于清理整顿违法从事证券业务活动的意见》，主要整治场外配资业务，包括互联网配资，于是这一业务相继关停。

2015 年 7 月 18 日，中国人民银行等 10 部委联合印发了《关于促进互联网金融健康发展的指导意见》，官方首次定义了互联网金融的概念，确立了互联网支付、网络借贷、股权众筹融资、互联网基金销售、互联网保险、互联网信托和互联网消费金融等互联网金融主要业态的监管职责分工，落实了监管责任，明确了业务边界，并正式将互联网金融纳入监管框架，明确了互联网金融要遵守"依法监管、适度监管、分类监管、协同监管、创新监管"的原则，互联网金融逐渐进入规范期。

2015 年 7 月 22 日，原中国保监会印发《互联网保险业务监管暂行办法》，首次对互联网保险进行了定义。

2015 年 12 月 28 日，中国人民银行发布了《非银行支付机构网络支付业务管理办法》，对账户进行分类监管，在原有基础上新增了 I 类账户。同时，原中国银监会联合工业和信息化部、公安部、国家互联网信息办公室等部门研究起草了《网络借贷信息中介机构业务活动管理暂行办法（征求意见稿）》，明确网贷监管体制机制及各相关主体责任，提出不得吸收公众存款、不得归集资金设立资金池、不得自身为出借人提供任何形式的担保等 12 项禁止性行为。

这几份重磅文件的出台旨在终结互联网金融的野蛮生长状态，使行业放缓疯狂扩张的步伐，思考如何实现规范发展。

（二）2016 年，专项整治

2016 年 4 月，教育部办公厅和原中国银监会办公厅联手发布《关于加强校园不良网络借贷风险防范和教育引导工作的通知》，要求加强不良网络借贷监管，加强学生消费观教育，加强金融、网络安全知识普及，加强学生资助信贷服务。7 月，原国家工商总局审议通过《互联网广告管理暂行办法》，这是首部全面规范互联网广告行为的部门规章，具有重大意义。8 月，《网络借贷信息中介机构业务活动管理暂行办法》的下发,以及存管指引等配套政策的实施,象征着互联网金融行业的监管框架基本已定,互联网金融被定位于小额分散的普惠金融。

2016年10月是互联网金融监管文件出台最密集的月份,中国人民银行、原中国银监会、中国证监会、原中国保监会联合其他部门各自印发互联网金融的监管整治方案。10月13日,国务院办公厅印发《互联网金融风险专项整治工作实施方案》,对网贷、股权众筹、互联网保险、第三方支付、互联网资产管理及跨界从事金融业务等领域进行大范围排查,旨在促使互联网金融行业快速出清,淘汰不规范的平台,保障互联网金融行业长期稳定、健康和可持续发展。同日,原中国银监会等15部委联合发布了《P2P网络借贷风险专项整治工作实施方案》,指出专项整治工作于2017年1月底前完成。同日,中国人民银行等17个部门联合印发了《通过互联网开展资产管理及跨界从事金融业务风险专项整治工作实施方案》,结合从业机构的持牌状况和主营业务特征,明确了整治工作职责分工。同年11月,原中国银监会等相关部门又相继印发《关于进一步加强校园网贷整治工作的通知》《网络借贷信息中介机构备案登记管理指引》,监管政策全面落地推进,互联网金融监管整治工作正式进入规范化。

五、2017年至今,正本清源

2016年10月国务院办公厅印发《互联网金融风险专项整治工作实施方案》,开启了2017年金融监管新的里程。2017年年初,网贷行业迎来了《网络借贷资金存管业务指引》。3月,原中国银监会连续发布7份文件,剑指资金嵌套、空转及衍生出的高杠杆问题,严格监管态度明朗。4月,监管层要求持续推进网络借贷平台(P2P)风险专项整治,专项清理整顿"校园贷""现金贷"等互联网金融业务及相关金融机构。9月,7部门联合发布公告,叫停各类代币发行融资活动,彻底封杀了比特币在国内的交易市场。11月,资产管理新规正式向社会公开征求意见,更是让包括互联网资产管理在内的整个资产管理行业生存业态发生了翻天覆地的变化。各类具有里程碑意义的监管文件,配合"银证保信基"的相应详细可执行的细则,一系列监管重拳接二连三出击,都指向一个终极目标——在"稳"字当头的前提下,让整个金融行业在合规有序中健康地可持续发展。

2018年,金融严监管力度加大。监管延续2017年的监管思路,持续进行"补短板"的操作。其中,《互联网金融风险专项整治工作实施方案》中要求重点整治

P2P 网贷、股权众筹、互联网资产管理、第三方支付等领域。4 月，互联网金融风险专项整治工作领导小组办公室下发的《关于加大通过互联网开展资产管理业务整治力度及开展验收工作的通知》（29 号文）对互联网资产管理业务的验收标准、验收流程及分类处置做了具体说明。资产管理新规正式落地，在非标准化债权类资产投资、产品净值化管理、消除多层嵌套、统一杠杆水平、合理设置过渡期等方面进行了规定和完善。同年 10 月，由中国人民银行、中国银保监会、中国证监会制定的《互联网金融从业机构反洗钱和反恐怖融资管理办法（试行）》出台。

2019 年 1 月，互联网金融风险专项整治工作领导小组办公室、网贷风险专项整治工作领导小组办公室联合发布的《关于做好网贷机构分类处置和风险防范工作的意见》（以下简称"175 号文"），分为总体工作要求、有效分类、分类处置指引、有关要求四部分。"175 号文"称，将坚持以机构退出为主要工作方向，除部分严格合规的在营机构外，其余机构能退尽退，应关尽关，加大整治工作的力度和速度。

"175 号文"把网贷机构分为六类，简称"五退一留"，归纳共性又可分为已出风险机构、未出险机构和大型机构，具体如下。

一是已出风险、已立案的，按打非处置。

二是已出风险、未立案的，政府监督下主动清退，无法良性退出的按打非处置，并坚决打击逃废债行为。

三是未出险机构中僵尸类平台，平台进行公告后启动注销程序。

四是未出险机构中可持续经营能力不足的小规模平台，监管机构约谈，逐步压缩平台规模并按照程序退出。如果平台该退不退，将按照查出的违规行为，按打非处置，列入黑名单。

五是高风险的规模大的机构，平台符合五条高风险标准中任一条就算，包括：①存在自融、假标，或者资金流向不明的；②项目逾期金额占比超过 10% 的；③负面舆情和信访较多的；④拒绝、怠于配合整治要求的；⑤存在"一票否决"事项的。对这些规模大的高风险机构，监管态度一直是严查平台假标自融，密切监控资金，执行双降政策，要求压实股东责任，要求有序退出，通过"四不准"防范风险向金融机构蔓延；对于资金缺口大、不双降、不配合的机构，也将按打非处置。

六是合规经营的大型机构，要完善以下监管：①检查和整改，清理违规业务，消除风险隐患；②持续双降；③集中信息披露，强化社会监督；④存管银行监控资金交易，防止挪用；⑤定期评估风险，如果风险高了，归为第五类，按前面的方法处置；⑥引导转型（网络小贷、助贷、导流三个方向）。综上可见，监管思路还是加快市场出清去产能，加快转型分流，降低行业风险。

2019年11月15日，互联网金融风险专项整治工作领导小组办公室、网络借贷风险专项整治领导小组办公室联合印发了《关于网络借贷信息中介机构转型为小额贷款公司试点的指导意见》（以下简称"83号文"）。意见要求，引导部分符合条件的网贷机构转型为小贷公司，主动处置和化解存量业务风险，最大限度减少出借人损失，维护社会稳定，促进普惠金融规范有序发展。

"83号文"指出，转型试点工作是在国务院金融委统一领导下，由互联网金融风险专项整治工作领导小组办公室和网贷风险专项整治工作领导小组办公室负责转型试点工作的组织和协调、规则制定、培训部署、政策解读，对各地开展指导，同时继续做好数据监测和预警、信息披露等工作，各省、自治区、直辖市和计划单列市人民政府负总责，确定转型机构名单、出具转型意见并组织实施转型试点工作，同时做好其他机构的清理退出及风险处置等相关工作，其他中央部委根据职责分工，继续做好相关工作。

重锤出击，监管的意图在于规范和行业出清，为中国经济发展保驾护航。互联网金融经过行业整治之后，一些优秀的企业在健康环境下规范运营，公平竞争方能顺势起航。

第二节　第三方支付与小额贷款

如今，很多中国人出门不用带现金，更不用带银行卡，只要拿手机扫一扫，就可以轻松地完成各种消费，小到买地摊货，大到买机票、买汽车、买保险，只要在设定的额度范围内都可以简洁快速地完成手机支付，这让不少外国人感到惊奇和羡慕。其实，我们使用的移动支付是靠第三方支付平台来完成的。

第三方支付是指具备一定实力和信誉保障的第三方独立机构提供的交易支持平台，它与各大银行签约，为买卖双方提供电子银行结算、金融信贷等业务。所谓"第三方"，是指这类交易支持平台不涉及资金的所有权，而是起到了为买卖双方提供资金安全保障的中介作用。

本节将以阿里金融为例，重点介绍支付宝和阿里小额贷款金融业务，期望能带给大家深刻的启发与精准的融资思路。

一、打造信用基石，成就第三方支付

传统的商品交易支付方式往往是即时性直接支付，但随着我国互联网和电子商务的迅猛发展，交易双方在"看不到实物"和"收不到货款"的背景下交易，支付成为电子商务发展的瓶颈之一。卖家不愿先发货，怕货发出后不能收回货款；买家不愿先支付，担心支付后拿不到商品或商品质量得不到保证。双方都不愿意先冒险，网上购物无法进行。在我国电子商务的早期，人们曾经只是试探性地在网上购买一些低价商品，比如优盘、鼠标、键盘或图书等，电商平台公司为了满足交易双方同步交换的需求，研发了第三方支付平台。第三方支付平台的出现，解决了电商销售的信用问题，强力助推了我国电商业迅猛发展。

支付宝（Alipay）是国内领先的第三方支付平台，由阿里巴巴集团创立。阿里巴巴进入C2C领域后，发现支付是C2C中需要解决的核心问题，因此就提出一个解决方案，通过一种支付功能解决双方信用问题，这种支付功能就是支付宝。支付宝最初仅作为淘宝网为了解决网络交易安全所设置的一个功能，该功能首先使用"第三方担保交易模式"，由买家将货款打到支付宝账户，由支付宝向卖家发出发货通知，买家收到商品确认后指令支付宝将货款放于卖家，至此完成一笔网络交易。2004年12月，支付宝独立为浙江支付宝网络技术有限公司。在2005年瑞士达沃斯世界经济论坛上，马云首先提出第三方支付平台。

第三方是买卖双方在缺乏信用保障或法律支持的情况下的资金支付"中间平台"，买方将货款付给买卖双方之外的第三方，第三方提供安全交易服务，其运作实质是在收付款人之间设立中间过渡账户，使汇转款项实现可控性停顿，只有双方意见达成一致才能决定资金去向。第三方发挥中介保管及监督的职能，并不承担风险，所以确切地说，这是一种支付托管行为，通过支付托管实现支付保证。

目前国内第三方支付产品主要有支付宝（阿里巴巴旗下）、拉卡拉、财付通、盛付通（盛大旗下）、易票联支付、易宝支付（Yeepay）、快钱（99bill）、国付宝（Gopay）、百付宝（百度C2C）、物流宝（网达网旗下）、网易支付（网易旗下）、网银在线（Chinabank，京东旗下）、环迅支付、汇付天下、汇聚支付（Joinpay）。

二、阿里小贷，大显神威

（一）网购支付有保障，阿里金融显神通

支付宝，第三方支付领域中国最大，移动支付领域全球第一。支付宝主要提

供支付及理财服务，包括网购担保交易、网络支付、转账、信用卡还款、手机充值、水电煤缴费、个人理财等多个领域。在进入移动支付领域后，阿里金融为零售百货、电影院、连锁商超和出租车等多个行业提供服务，还推出了余额宝等理财服务。支付宝与国内外 180 多家银行以及 VISA、MasterCard 国际组织等机构建立战略合作关系，成为金融机构在电子支付领域最信任的合作伙伴。支付宝公司的上级主管部门为中国人民银行。2011 年，支付宝获得了由中国人民银行颁发的国内第一张支付业务许可证。

支付宝最初被设计用于解决网络交易中交易双方互不信任的问题，由此开创中国电子商务行业"第三方担保交易模式"。2004 年，支付宝从淘宝网分拆独立，逐渐向更多的合作方提供支付服务，发展成为中国最大的第三方支付平台。下面我们以支付宝的成长过程与惊人业绩为起点来了解阿里金融。

2003 年 10 月 18 日，淘宝网首次推出支付宝服务。

2004 年 12 月 8 日，浙江支付宝网络科技有限公司成立。

2005 年 2 月 2 日，支付宝推出"全额赔付"支付，做出"你敢用，我敢赔"承诺。

2008 年 2 月 27 日，支付宝发布移动电子商务战略，推出手机支付业务。

2010 年 12 月 23 日，支付宝与中国银行合作，首次推出信用卡快捷支付。

2011 年 5 月 26 日，支付宝获得中国人民银行颁发的国内第一张支付业务许可证（业内又称"支付牌照"）。这张许可证全面覆盖了互联网支付、移动电话支付、银行卡收单、预付卡发行与受理、货币汇兑等众多支付业务类型。

2013 年 11 月 30 日，中国铁路 12306 网站支持支付宝购买火车票。

2016 年 5 月 20 日，三星移动支付服务 Samsung Pay 和支付宝正式宣布合作，用户可以在三星手机上通过上滑屏幕的方式快速调出支付宝的支付界面。

2017 年 5 月 24 日，支付宝宣布推出香港版电子钱包——支付宝 HK，正式为香港居民提供无现金服务。港版支付宝上线后，所有香港居民都可以通过绑定香港当地银行信用卡或余额充值使用支付宝，直接用港币付款。6 月，摩纳哥与支付宝签订战略合作协议（MOU），举国商户将接入支付宝。

2018 年 1 月 25 日，支付宝宣布进入以色列，之后陆续进入瑞士和澳大利亚等多个国家。

2019 年 1 月，支付宝宣布全球用户超过 10 亿人，是全球最大移动支付服务商。4月，支付宝"风险大脑"已经与河北、北京、天津、重庆、温州、广州、贵阳、西安、厦门、合肥等11个省市各级政府金融办合作，成为政府发现和预警高危企业的"千里眼"。6月，支付宝及其本地钱包合作伙伴已经服务超12亿全球用户。

(二) 阿里小额贷款为电商提供金融支持

阿里小额贷款是指以借款人的信誉发放的贷款，借款人不需要提供担保。其特征是债务人无须提供抵押品或第三方担保，仅凭自己的信誉就能取得贷款，并以借款人信用程度作为还款保证。阿里小额贷款是阿里金融为阿里巴巴会员提供的一款纯信用贷款产品。阿里小额贷款无抵押、无担保，贷款产品对杭州地区的诚信通会员（个人版和企业版）和中国供应商会员开放，贷款放款对象为会员企业的法定代表人（个人版诚信通为实际经营人）。

小额贷款（micro-finance）是以个人或家庭为核心的经营类贷款，其主要服务对象为广大工商个体户、小作坊、小业主。贷款的金额一般为1000元以上，1000万元以下。小额贷款是微小贷款在技术和实际应用上的延伸。小额贷款在中国主要服务于三农、中小企业。小额贷款公司的设立，合理地将一些民间资金集中了起来，规范了民间借贷市场，同时也有效地解决了三农、中小企业融资难的问题。

小额贷款是一种面向传统商业银行不能覆盖的客户的贷款创新，主要解决一些小额、分散、短期、无抵押、无担保的资金需求，是运用金融手段脱贫致富的有效工具，也是我国经济可持续发展的重要金融支持。

作为金融业的补充主体，新兴的小额贷款行业虽然受到政策的扶持，但仍未形成较强大的行业规模，小额贷款机构普遍规模较小，缺乏抗风险能力和发展后劲。

小额贷款建立了一种目标完全不同于传统银行的金融制度，通过一系列贷款技术创新，不但提供了放松抵押担保制约的还款制度安排和缓解信息不对称的途径，而且提供了降低交易成本的技术，从而降低了低收入阶层平等进入贷款市场的门槛。

阿里小额贷款的申贷条件如下。

（1）会员注册时间满6个月的阿里巴巴诚信通会员或中国供应商会员（如果从普通会员转成付费会员，从注册成为普通会员的时间算起）。

（2）会员企业工商注册所在地为杭州（个人诚信通注册地为杭州）。

（3）申请人为年龄在 18～65 周岁的中国公民（不含港澳台），且为企业法定代表人（个人版诚信通为实际经营人）。

（4）拥有经过实名认证的个人支付宝账户。

阿里小额贷款客户需提供如下材料：企业资金的银行流水（可从所在网上银行下载）；企业法定代表人经过实名认证的个人支付宝账户；企业法定代表人的银行借记卡卡号（必须为以下10家银行的借记卡：招商银行、中国工商银行、中国建设银行、中国农业银行、交通银行、广东发展银行、民生银行、兴业银行、上海浦东发展银行、（原）深圳发展银行）；信用报告授权查询委托书。

依据一：交易量、网上信用评价等。

依据二：企业自身经营的财务健康状况。

阿里小额贷款有完整的风险控制体系。阿里小额贷款具有多层次的微贷风险预警系统和管理体系，贷前有数据计算与分析，可以对企业的还款能力及还款意愿进行较准确的评估。贷中利用数据采集和模型分析结果，再根据小微企业在阿里巴巴平台上积累的信用及行为数据，系统自动审批。贷后管理系统监控店铺商业行为，一旦发生异常，系统会立刻关停账号，提高了客户的违约成本，从而有效地控制贷款风险。

（三）余额宝：存款收益高，支出灵活便捷

有淘宝、天猫等网购经验的人都知道，自己用来购买商品的资金要停留在支付宝账户里几天，待收到商品验收合格后可通知支付宝付款，因此，很多网购人希望停留在支付宝账户的资金能有利息收入，而不是白白地被占有。阿里巴巴的余额宝即满足了网购人的这个愿望，因此备受欢迎。

余额宝是蚂蚁金服旗下的活期资金管理和余额增值服务的金融产品，于2013年6月推出。天弘基金是余额宝的基金管理人。余额宝除理财功能外，还可直接用于网上购物、转账、缴费还款等消费支付，是移动互联网时代的现金管理工具。

余额宝经过几年的发展已不仅仅是国民理财"神器"，它还在不断进入各种消费场景，为用户持续带来存款收益和支出灵活的多重好处。余额宝可用于购买家具、家电、生活用各种物资等消费性支出，也可用于住酒店、旅游观光、看电影、培训等服务性支出，方便快捷、省时省力。

2015年3月，余额宝将消费场景引入房地产市场，首次为房地产行业引入互联网金融工具，这是余额宝的一大创新。当时，方兴地产联合淘宝网在线购房项目，在北京、上海、南京等全国10大城市推出1132套房源支持余额宝购房，这在当时全国房地产市场和金融市场引起了巨大轰动。买房者通过淘宝网支付首付后，首付款将被冻结在余额宝中。在正式交房前或者付首付后的3个月，首付款产生的余额宝收益仍然归买房人所有。这意味着，先交房再付款，首付款也能赚收益了。

余额宝的横空出世，从观念上彻底颠覆了我国传统商业银行的服务模式。在余额宝强大吸金效应影响下，各大银行积极应对挑战，平安银行推出"平安盈"、民生银行推出"如意宝"、中信银行推出"薪金煲"、兴业银行推出"兴业宝"。可以说余额宝为我国金融业改革做出了巨大贡献。

值得一提的是，虽然余额宝2019年利润和收益率双双下降，但余额宝持有人数量仍在攀升，截至2019年年末，余额宝持有用户数合计6.42亿，较2018年年末新增0.54亿，户均持有基金1703.72份。其中，个人投资者持有10 933.85亿份，占比99.98%，机构投资者则持有2.14亿份，占比0.02%。而基金份额持有人的前10名也均为个人投资者，最高的一位持有规模超过2.23亿元。

除此之外，2020年一季报也显示，截至第一季度末，余额宝规模增至1.26万亿元。换句话说，2020年第一季度该基金吸金近0.17万亿元。在疫情影响下，中国人民银行实行宽松的货币政策，整体流动性处于极度宽松状态，资金价格快速下行。在此情况下，余额宝抓住较好的再配置时点，对资产做出最优配置。

第三节 大数据金融

一、大数据金融的发展趋势

大数据（big data）是信息技术与专业技术、信息技术产业与各行业领域紧密融合的典型领域，有着旺盛的应用需求、广阔的应用前景。

大数据金融是未来金融的重要发展趋势，大数据的价值主要表现在两个方面，一是加快经济转型升级，二是带动社会管理创新。运用大数据金融的典型企业是电子商务领域的巨头阿里巴巴。其旗下阿里小微金融服务集团于2013年5月18

日打造了一场融资盛宴：1.8万家淘宝小卖家，2个小时内，分享了阿里小微信贷的3亿元淘宝信用贷款，平均每个卖家获得贷款约1.6万元。所有的贷款手续均在互联网上完成，没有任何信贷人员或是中介人员的介入，没有任何一家小卖家提供担保、抵押，所有的小卖家获贷凭借的都是自身信用。

二、大数据金融的七大特征

（1）网络化的呈现。在大数据金融时代，大量的金融产品和服务通过网络来展现，包括固定网络和移动网络。其中，移动网络将会逐渐成为大数据金融服务的一个主要通道。随着法律、监管政策的完善，以及大数据技术的不断发展，将会有更多、更加丰富的金融产品和服务通过网络呈现。支付结算、网贷、众筹融资、资产管理、现金管理、产品销售、金融咨询等都将主要通过网络实现，金融实体店将大量减少，其功能也将逐渐转型。你如果留心的话，就会发现现在再也看不到几年前那种各大银行门前排长队等着买基金的场景了。

（2）基于大数据的风险管理理念和工具。在大数据金融时代，风险管理理念和工具也将调整。例如，在风险管理理念上，财务分析（第一还款来源）、可抵押财产或其他保证（第二还款来源）的重要性将有所降低。过去商业银行开展贷前调查时，总是先看企业的财务报表，然后分析企业经营状况和资金周转情况，以此来判断企业有无还款能力等。如今大数据金融的风控理念是注重交易行为的真实性、信用的可信度，并通过数据呈现与比对的方式得到验证。

风险定价方式将会发生颠覆性改变。对客户的评价将是全方位、立体、动态的，而不再是一个抽象、静止、模糊的客户构图。基于数据挖掘的客户识别和分类将成为风险管理的主要手段，动态、实时的监测而非事后的回顾式评价将成为风险管理的常态性内容。

（3）信息不对称性下降。在大数据金融时代，金融产品和服务的消费者和提供者之间信息不对称程度大大降低。过去一些信用差的企业向银行提供假财务报表，可以成功地骗取银行贷款，但是在大数据时代，信息化程度大大提高，企业和个人征信系统越来越完善，信息不对称程度越来越小。对于负债、公司运营存在问题、等待处理的法院执行信息等，通过爬虫抓取互联网上申请人的企业经营信息、法院执行信息，就可以核实申请人自身的真实资质。

（4）高效率、低成本运营。大数据金融是高效率的。许多业务和流程都是在线上发起和完成的,有些动作是自动实现的,以最恰当的方式将相应的产品提供给匹配的消费者。同时,强大的数据分析能力可以极大地提高金融业务的效率,交易成本也会大幅降低。

(5)服务范围广。首先,就单个金融企业而言,由于效率提升,其经营成本下降,成本曲线形态也会发生变化。长期平均成本曲线,其底部会更快来临,也会更平坦更长。其次,基于大数据技术,金融从业人员个体可以服务更多对象。换言之,单个金融企业从业人员会有减少的趋势,或至少其市场人员数量有降低的趋势。

(6)产品的可控性、可受性。通过网络化呈现的金融产品,对消费者而言,是可控、可受的。可控,是指在消费者看来,其风险是可控的。可受,是指在消费者看来:首先,其收益(或成本)是可接受的;其次,产品的流动性也是可接受的;最后,消费者基于金融市场的数据信息,其产品也是可接受的。

(7)普惠金融。大数据金融的高效率性及扩展的服务边界,使金融服务的对象和范围也大大扩展,金融服务也更接地气。例如,普通老百姓可享受到极小金额的理财服务、存款服务、支付结算服务等,甚至极小金额的融资服务也会普遍发展起来。传统金融想也不敢想的金融深化在大数据金融时代完全实现。

三、大数据金融的运营模式

大数据金融分为平台金融和供应链金融两大模式。

平台金融模式中,平台企业对其长期以来积累的大数据通过互联网、云计算等信息化方式进行专业化的挖掘和分析。阿里巴巴是最早实践大数据平台金融模式的,也是最有资源推进的公司之一。整个阿里系统数据业务中,最强大的就是综合信用记录和成交数额等结构化数据,以及用户评论等非结构化数据,加上外部收集的用户量、银行信贷等数据,为放贷与否提供精准决策,与银行的信贷形成非常好的互补。

供应链金融模式,是核心龙头企业依托自身的产业优势地位,通过其对上下游企业现金流、进销存、合同订单等信息的掌控,依托自己资金平台或者合作金融机构对上下游企业提供金融服务的模式,例如京东金融平台、找钢网、五阿哥等供应链金融模式等。

大数据金融有着传统金融难以比拟的优势。互联网的迅速发展不仅极大扩展了企业拥有的数据量，也使企业更能够贴近客户，了解客户需求，实现非标准化的精准服务，增加客户黏性。企业通过自己的征信系统，实现信用管理的创新，有效降低坏账率，扩大服务范围，增加对小微企业的融资比例，降低了运营成本和服务成本，可以实现规模经济。

第四节　众筹融资模式及案例分析

2010年，众筹由国外传入我国，但当时并没有引起人们太大的关注，随着互联网金融的产生和发展，直到2013年众筹才真正进入大众视线，众筹平台大量涌现，呈现出爆发式的高速发展。众筹模式自引进以来，经过不断的发展，并与我国经济法律实际相结合，被运用到不同的领域中。

2010年11月，3W咖啡由许单单、马德龙、鲍艾乐采用股权众筹模式发起成立，并向社会公众进行资金募集，每人10股，每股6000元，每个股东投资6万元，主要通过微博招募原始股东。当时，很多人认为，花6万元成为一个咖啡馆的股东，可以结交更多人脉，进行业务交流，未尝不是一件有趣的事。很快，3W咖啡汇集了一大批知名投资人、创业者、企业高级管理人员，其中包括沈南鹏、徐小平、曾李青等数百位知名人士，股东阵容堪称华丽，3W以咖啡为载体，不断扩大社交圈、塑造孵化器和传递创业智慧的运营模式逐渐形成。2012年央视更是对之进行了报道，此举引爆了3W的行业影响力，也助推3W走上了连锁运营模式。

2013年3月26日，有妖气（制作方）联合点名时间（众筹网络平台）一起启动了中国首个众筹电影项目——《十万个冷笑话》。在5000多位微赞助者的支持下，项目众筹资金顺利突破100万元。于是，《十万个冷笑话》电影版正式开工。国内首部众筹电影《十万个冷笑话》体现的是众筹回报模式，制作方通过众筹网络平台募集款项，支持者可以收到电影票或参与电影制作过程得到相应的回报。

以上两个案例都是我国互联网众筹发展初期的成功代表，前者采用会籍式众筹，每个会员不仅可以享受一些消费优惠，其身份也都是股东；后者采用回报式众筹，微赞助支持者主要靠得到一些电影票获得回报，但不是股东身份。

为便于大家迅速掌握众筹运作原理，有效运作创业融资，本节将结合具体案例重点介绍众筹模式及其分类、我国众筹发展现状、商业类众筹项目运作要点等主题，为广大创业者顺利实现众筹提供参考。

一、群策群力曰众筹，化繁就简是商道

众筹，翻译自 crowd funding 一词，即大众筹资，是指用团购+预购的形式，向网友募集项目资金。利用互联网平台，众筹可以让小企业、艺术家或个人向公众展示他们的创意，争取大家的关注和支持，进而获得所需要的资金援助。

相对于传统的融资方式，众筹更为开放，项目的商业价值也不再是判断能否获得资金的唯一标准。只要是网友喜欢的项目，都可以通过众筹方式获得项目启动的第一笔资金，众筹为更多小本经营或创作的人提供了无限的可能。

众筹由发起人、跟投人、平台三个主体构成。发起人可以是个人也可以是组织，是有创造能力但缺乏资金的人；跟投人是对项目意义或回报感兴趣的人，是有能力支持的大众群体；平台是连接发起人和跟投人的互联网终端。众筹具有低门槛、多样性、依靠大众力量、注重创意的特征。

众筹项目一般分为商业性项目与非商业性项目两大类。例如，新产品研发、新公司成立等以营利为目的的企业行为属于商业性项目；科学研究、民生工程、赈灾、艺术设计、政治运动、社会救助等非营利性的属于非商业性项目。因此，逐步兴起的众筹网络平台也各有侧重。国外的 Kickstarter，作为最早的也是目前发展规模最为庞大的网络众筹平台，仅支持创意项目，不支持慈善和法律诉讼项目；而随后建立的 Indiegogo 和 Rockethub 众筹平台的融资项目则囊括创意、小型企业、目标事业三大类。

商业性项目主要涉及互联网金融、企业服务、生产制造、文化娱乐、大健康、智能硬件、汽车服务、电商、生活服务等 30 余个行业。商业性项目的参与者，有的以股东身份出现，有的以消费者身份出现，但二者都将可能获得项目成功所带来的收益。以消费者身份参与众筹项目时，众筹往往采用团购+预购的形式，消费者可以较早地体验具有某种独特功能的新产品，或者获得较高比例的商品折扣。例如某智能型单车，市场定价 1880 元，但是在众筹项目中可能只需要 188 元就能得到。而非商业性项目的参与者则不求利益回报，只是出于爱心、兴趣或愿望。例如，老科学家参与某实验室的众筹，目的是希望这个科研项目成功，了却他多年的夙愿；汶川大地震时，很多人自愿参与捐助活动，奉献爱心；一些爱国人士自愿参与非物质文化遗产保护的项目。

二、人从众，火炎焱，众筹井喷

众筹最初是艰难奋斗的艺术家们为创作筹措资金的一个手段，现已演变成初创企业和个人为自己的项目争取资金的一个渠道。众筹网站使任何有创意的人都能够向几乎完全陌生的人筹集资金，消除了从传统投资者和机构融资的许多障碍。

众筹的兴起源于美国网站 Kickstarter，该网站通过搭建网络平台面对公众筹资，让有创造力的人可以获得他们所需要的资金，以便使他们的梦想有可能实现，感兴趣的人可以捐献指定数目的资金，然后在项目完成后，得到一定的回馈。这种模式的兴起打破了传统的融资模式，每一位普通人都可以通过该种众筹模式获得从事某项创作或活动的资金，使融资的来源者不再局限于风投等机构，而可以源于大众。众筹在欧美逐渐成熟并推广至亚洲、中南美洲、非洲等发展中地区。

2014年12月18日，中国证券业协会发布《私募股权众筹融资管理办法（试行）（征求意见稿）》，按照其第六条关于备案登记的要求，股权众筹平台应当在证券业协会备案登记，并申请成为证券业协会会员。2015年年初，首批八家股权众筹平台成为证券业协会会员，它们分别分布在深圳、北京和上海。至此，后续股权众筹平台均须在中国证券业协会申请会员。

2015年9月，国务院印发《关于加快构建大众创业万众创新支撑平台的指导意见》，这是对大力推进大众创业万众创新和推动实施"互联网+"行动的具体部署，是加快推动众创、众包、众扶、众筹等新模式、新业态发展的系统性指导文件。

2016年3月16日，第十二届全国人民代表大会第四次会议表决通过《国民经济和社会发展第十三个五年规划纲要（草案）》，规划纲要提出深入推进大众创业万众创新，把大众创业万众创新融入发展各领域各环节，鼓励各类主体开发新技术、新产品、新业态、新模式，打造发展新引擎，建设创业创新公共服务平台，全面推进众创、众包、众扶、众筹。

2017年1月，中共中央办公厅、国务院办公厅印发《关于促进移动互联网健康有序发展的意见》。意见提出，支持中小微互联网企业发展壮大。积极扶持各类中小微企业发展移动互联网新技术、新应用、新业务，打造移动互联网协同创新平台和新型孵化器，发展众创、众包、众扶、众筹等新模式，拓展境内民间资本和风险资本融资渠道。

2017年12月，北京市委市政府发布关于明确支持股权众筹等科技创新发展的《北京市加快科技创新发展科技服务业的指导意见》等系列文件。

2019年1月24日，《中共中央 国务院关于支持河北雄安新区全面深化改革和扩大开放的指导意见》中明确提出"支持股权众筹融资等创新业务先行先试"。

在互联网金融快速发展的浪潮下，众筹模式得到越来越多人的认可，其因自身平台价值和发展潜力也不断受到社会各界和资本市场的追捧。

据人创咨询统计，经过互联网金融专项整治后，截至2020年3月底，我国处于运营状态的众筹平台共有64家，其中，互联网非公开股权融资型（以下简称"股权型"）平台有22家，权益型平台有24家，物权型平台有7家，综合型平台有7家，公益型平台有4家。我国比较知名而活跃的众筹平台主要有众筹客、人人创、第五创、聚募网、点筹网、京东众筹、摩点网、苏宁众筹、淘宝众筹、小米众筹。

三、商业类众筹项目运作要点

（1）筹资项目必须在发起人预设的时间内完成。在设定天数内，达到或者超过目标金额，项目即成功，发起人可获得资金；筹资项目完成后，跟投人将得到发起人预先承诺的回报，回报方式可以是实物，也可以是服务。如果项目筹资失败，那么已获资金全部退还跟投人。

（2）收益类众筹一定要设有相应的回报。例如，武汉小甲虫科技有限公司联合武汉荷香源农业发展有限公司发起的"吃虾的季节怎么少得了沉湖小龙虾"项目在苏宁众筹平台发布，获得48 216人支持，实际融资额高达1000万元。武汉荷香源农业发展有限公司坐落在风景优美的九真山下，主要从事农产品种植、加工、研发、销售和出口，是国家高新技术企业、湖北省农业产业化重点龙头企业。该项目众筹的目的是通过互联网宣传公司业务的同时把美味小龙虾推向市场，跟投人以较低的资金支出获得了实惠的商品收入。

（3）股权类众筹的跟投人，在享受公司股东权利的同时也相应承担股东责任。

四、如何成功实现众筹

一般而言，具有特别意义或独特功能的产品项目比较容易吸引参与者，例如灾后重建、兴建希望小学、科学研究、发明创造、艺术创作、影视产品、音乐创作、疑难病研究、流浪儿救助、民间工艺、传统艺术、残疾人创业、小企业创新产品、创业项目，等等。

众筹项目的设计很重要，要根据项目特点、资金需求目标、项目完成流程、生产周期、产品交付方式等多方面因素来考虑，要让参与者感到众筹的天数、目标金额、回报空间都合乎逻辑。设计众筹项目时应考虑以下因素。

（1）筹集天数合理：众筹的筹集天数应该长到足以形成声势，又短到给未来的支持者带来信心。在国内外众筹网站上，筹资天数为30天的项目最容易成功。对时间较长的项目要加以说明，比如某种食品的工艺和技术要求必须发酵90天，因此产品生产周期较长，否则可能会引起误解，影响参与者的积极性。

（2）金额目标合理：设置目标金额时需要将生产、制造、劳务、包装和物流运输成本考虑在内，然后结合项目本身，设置一个合乎情理的目标。

（3）回报合理：对支持者的回报要价值最大化，并与项目成品或者衍生品相配，而且应该有3～5种不同的回报形式供支持者选择。

（4）项目包装：据统计，有视频的项目比没有视频的项目更容易筹得资金，而国内的项目发起人，大多不具有包装项目的能力。

（5）定期更新信息：定期进行信息更新，以让支持者进一步参与项目，并鼓励他们向其他潜在支持者提及你的项目。

（6）鸣谢支持者：给支持者发送电子邮件表示感谢或在发起人的个人页面中公开答谢他们，这会让支持者有被重视的感觉，增加他们参与的乐趣，这一点也常常被国内发起人忽视。

为什么3W能够成功？对于一个新创业公司，在体制缺失的情况下，它优先建立游戏规则，在信任还不成熟的条件下，游戏规则基于人际圈进行扩散。

3W的游戏规则很简单，首先是股东条件。不是所有人都可以成为3W的股东，换言之，不是你有6万元就可以参与投资，股东必须符合一定的条件。基于选择标准，6万元对于这些人来说，后期分红可能不是主要关注点甚至可以忽略不计，他们更在意的是人脉，所以也不会有退股纠纷之类的风险发生。

其次是无形的信任场。此次众筹基于熟人或名人交际圈。3W的股东具有相互吸引力，沈南鹏、徐小平、曾李青来了，就有很多互联网创业者希望加入。互联网创业者来了，更多投资人也期望加入。所以，3W的众筹参与者基本上是围绕着强链接、熟人或名人交际圈进行扩散的，这在无形中建立了一种信任场。这恰恰是其他普通的众筹模式最为缺乏的，缺乏信任场的筹资项目，支持者不放心，运营者也不会安心。

最后是股东的价值观。3W在创立之初就承诺了给予股东的价值回报，但这里面淡化了金钱回报。众所周知，开咖啡馆，赚钱的话也只是微利。想要靠6万元股本分红，几乎是希望渺茫。3W的聪明之处在于它提供了一个基于圈子的价值。换言之，3W为众筹的对象提供了金钱不一定能够提供的人脉价值、投资机会、交流价值、社交价值、聚会场所等，这些是众筹参与者看重的。

众筹模式的成功要素有三：制定众筹参与者的标准、引入信任关系提升信任基础和建立价值保障体系。

第五章
CHAPTER 5

债券融资

债券融资是债权融资的一种，是指企业通过发行有价证券的方式进行融资，企业需要通过前期准备、申请获批、发行债券的一系列程序来实现。目前我国发行的债券主要有金融债券、公司债券、企业债券、可转换债券、市政债券、短期融资券和中小企业集合债券等，大多数债券适合上市公司、国有企业、中央直属企业和一些比较大型的民营企业，对于少数具备一定条件的中小民营企业可以通过发行中小企业集合债券的方式获得融资。尽管债券融资比较适合大型企业进行资本运作，但考虑到我国一些优秀中小企业管理团队的需要，本章将重点阐述债券融资的基本原理、各种债券的特点及发行条件、相关法律依据等，并通过解读发债企业的操作案例为大家提供行之有效的参考工具。

基础知识

（一）政府债券

政府债券的发行主体是政府，可分为中央政府债券和地方政府债券。中央政府发行的债券称为国债。一般将一年以内的中央政府债券称为国库券，是政府为解决财政收支季节性和临时性的资金需要，调节国库收支而发行的短期融资工具。国库券是流动性很强、安全性很高的信用工具，可以作为中央银行实施货币政策的有效工具。一年期以上的中央政府债券称为公债券，是国家为弥补财政赤字和筹集公共设施或建设项目资金而发行的。地方政府债券是地方政府为地方性建设项目筹集资金而发行的债券，一般为中长期债券。发债模式主要有两种：第一种为地方政府直接发债；第二种为中央发行国债，再转贷给地方。

（二）中央银行票据

中央银行票据是中央银行为调节商业银行超额准备金而向商业银行发行的短期债务凭证，其实质是中央银行债券，之所以叫"中央银行票据"，是为了突出其短期性特点（从已发行的中央银行票据来看，期限最短的3个月，最长的也只有3年）。

（三）金融债券

金融债券是由银行和非银行金融机构发行的债券，包括政策性金融债券、商业银行债券、特种金融债券、非银行金融机构债券、证券公司债券。其中，商业银行债券，包括商业银行次级债券和商业银行普通债券。

一般来说，银行等金融机构的资金有三个来源，即吸收存款、向其他机构借款和发行债券。

存款资金的特点之一，是在经济发生动荡的时候，易发生储户争相提款的现象，从而造成资金来源不稳定；金融债券的资信通常高于其他非金融机构债券，违约风险相对较小，具有较高的安全性。所以，金融债券的利率通常低于一般的企业债券，但高于风险更小的国债和银行储蓄存款利率（而且发行金融债券不用缴纳存款准备金）。

（四）非金融企业债务融资工具

非金融企业债务融资工具（以下简称"债务融资工具"）是指具有法人资格的非金融企业（以下简称"企业"）在银行间债券市场发行的，约定在一定期限内还本付息的有价证券。债务融资工具主要包括短期融资券（俗称"短融"，CP）、中期票据（俗称"中票"，MTN）、中小企业集合票据（SMECN）、超级短期融资券（俗称"超短融"，SCP）、非公开定向发行债务融资工具（PPN）、资产支持票据（ABN）等类型。

债务融资工具发行对象为银行间债券市场的机构投资者，包括银行、证券公司、保险资产管理公司、基金公司等。

债务融资工具发行参与方包括主承销商、评级公司、增信机构、审计师事务所、律师事务所等中介服务机构，需要对发行的企业进行财务审计，并对企业和融资工具进行评级，主承销商负责撰写募集说明书，安排企业进行信息披露等工作。

债务融资工具采用市场化定价方式，融资工具的发行利率根据企业和融资工具级别，结合银行间市场资金面情况进行确定，一般低于银行贷款基准利率。发行期限可以根据资金需求灵活安排。债务融资工具采用市场化发行方式，即按照交易商协会相关工作指引注册发行，一次注册后可根据资金需求及市场情况分期发行，不需要监管机构审批。

（五）银行间债券市场

银行间债券市场是指依托于中国外汇交易中心暨全国银行间同业拆借中心（以下简称"同业中心"）和中央国债登记结算公司（以下简称"中央结算公司"）、银行间市场清算所股份有限公司（上海清算所），商业银行、农村信用联社、保险公司、证券公司等金融机构进行债券买卖和回购的市场。经过近几年的迅速发展，银行间债券市场目前已成为我国债券市场的主体部分。记账式国债的大部分、政策性金融债券都在该市场发行并上市交易。

（六）中小企业集合债券

中小企业集合债券是针对中小企业开辟的一种新型融资模式，它是发债主体由多家中小企业组成，发行企业各自确定发行额度分别负债，集合体内使用统一的债券名称，统收统付，共同向投资人发行债券，并约定到期还本付息的一种企业债券形式。它是以银行或证券机构作为承销商，由担保机构担保，评级机构、会计师事务所、律师事务所等中介机构参与，并对发债企业进行筛选和辅导以满足发债条件的新型企业债券形式。

第一节　债券融资概述

债券是一种有价证券，也是一种重要的融资工具。债券是根据《中华人民共和国公司法》(以下简称《公司法》)《中华人民共和国证券法》(以下简称《证券法》)和《企业债券管理条例》等相关规定，各级政府、企业、银行以及非银行金融机构等作为债务人为筹集资金，按照我国相关法律规定程序发行并向债权人承诺于指定日期还本付息的证明书。比如，国家财政部发行的国库券，中央政府发行的建设资金类的国家公债，地方政府发行的地方政府基础设施建设类的债券（地方公债），股份有限公司发行的住房租赁专项公司债券，银行发行的金融债券等。

债券上一般会载明债券面值、偿还期、付息期、票面利率和发行人名称等基本要素。债券的基本特征包括偿还性、流动性、安全性和收益性。

如何利用债券市场拓展融资渠道，选择适合企业条件和项目的债券工具进行融资，以提高企业财务灵活性、降低融资成本，成为企业债券融资管理的关键。

所以，企业在发行债券前必须搞清楚关于债券发行的相关问题。本节就企业经营管理者所关心的诸如债券的种类及特点、债券发行条件、发行债券的优缺点、企业发行债券的程序和债券与股票的区别等具体问题进行阐述。

一、债券的种类

发债要有的放矢，利用自身条件发行相匹配的债券。不同组织形式的企业具有不同的资源整合能力，因此企业在发债前需要掌握不同的债券种类及审核要求，根据自身需求选择合适的发债类型，并积极优化财务报表结构。例如，有较为短期的资金需求可选择短期融资券、中期票据等，有较为长期的资金需求可以选择企业债券，有低息需求的企业可以发行可转换债券。

(一) 按发行主体划分

1. 政府债券

政府债券是政府为筹集资金而向出资者出具并承诺在一定时期支付利息和偿还本金的债务凭证，具体包括国家债券即中央政府债券、地方政府债券。政府发行债券通常是为了满足弥补国家财政赤字、进行大型工程项目建设、偿还旧债本息等方面的资金需要。

国家债券的主要品种有国库券和公债。国库券由国家财政部发行，用以弥补财政收支不平衡；公债是指为筹集建设资金而发行的一种债券。我国曾经发行的公债有国家重点建设债券、国家建设债券、财政债券、特种债券、保值债券、基本建设债券等，其发行对象主要是银行、非银行金融机构、企业、基金等，少部分也对个人投资者发行。

地方政府债券，是指有财政收入的地方政府发行的债券，包括省、市、县等地方政府发行的债券。地方政府债券一般用于交通、通信、住宅、教育、医院和污水处理系统等地方性公共设施的建设。地方政府债券一般以当地政府的税收能力作为还本付息的担保。

政府债券具有安全性高、流通性强、收益稳定的特征，而且可以享受免税待遇。

政府债券的功能：①政府债券是一种有价证券，是金融产品，投资者可以获得投资收益；②政府可以通过发行债券筹集资金，政府债券成为弥补财政资金不足、扩大公共开支的重要手段；③随着金融市场的发展，政府债券逐渐具备了金融商品和信用工具的双重职能，成为国家实施宏观经济政策、进行宏观调控的重要工具。

2. 金融债券

金融债券是由银行和非银行金融机构发行的债券。金融债券由于发行者为金融机构，其资金实力雄厚，信用度较高，因此资信等级相对较高，多为信用债券。在我国，金融债券主要由国家开发银行、进出口银行等政策性银行发行。金融债券期限一般为3～5年，发行期限在1年以内的为短期债券，长于1年的为中长期债券。金融债券的利率略高于同期定期存款利率水平。金融债券按法定发行手续，承诺按约定利率定期支付利息并到期偿还本金。它属于银行等金融机构的主动负债。

3. 企业债券

企业债券是按照规定发行与交易、由国家发展和改革委员会（以下简称"国家发展改革委"）监督管理的债券。企业债券的发行主体在《企业债券管理条例》中的陈述是"中华人民共和国境内具有法人资格的企业"，但是在实际中，其发债主体为中央政府部门所属机构、国有独资企业或国有控股企业，由国家发展改革委核准。也就是说具有法人资格的企业具备了发债条件也不一定就能获批发行企业债券。

企业债券的法律依据是《企业债券管理条例》，其管理机构是国家发展改革委。

中央企业发行企业债券，由中国人民银行会同国家发展改革委审批；地方企业发行企业债券，由中国人民银行省、自治区、直辖市、计划单列市分行会同同级计划主管部门审批。

4. 公司债券

公司债券是法人公司（包括民营公司）为筹集资金按照法定程序发行的约定在

一定期限内还本付息的有价证券，债券投资者和发行债券的公司之间是债权债务关系，公司债券的持有人是公司的债权人，而不是公司的所有者。

公司债券的法律依据是《公司法》《证券法》，其管理机构为中国证券监督管理委员会。在实践中，其发行主体一般为上市公司，其信用保障是发债公司的资产质量、经营状况、盈利水平和持续盈利能力等。公司债券在证券登记结算公司统一登记托管，可申请在证券交易所上市交易，其信用风险一般高于企业债券。

公司债券的主要特点：①风险性较大。公司债券的还款来源是公司的经营利润，在市场经济环境下，任何公司的经营都存在着不确定性，因此公司债券持有人承担着本息损失的风险。②收益率较高。因为投资者本着收益与风险成正比的原则，要求较高风险的公司债券需提供较高的投资收益。③选择权灵活。发行人与持有人之间可以相互给予一定的选择权，例如公司债券在一定条件下可以转换成公司的股权。

（二）按财产担保划分

1. 抵押债券

抵押债券也是一种担保债券，是以企业财产向投资者承担担保责任而发行的债券。由于企业抵押的资产不同，抵押债券又分为一般抵押债券、不动产（房屋）抵押债券、动产（产品或原材料）抵押债券和证券信托（有价证券）抵押债券。一旦债券发行人违约，信托人就可将担保品变卖处置，以保证债权人的优先求偿权。

2. 信用债券

信用债券是完全凭发行主体的信用，不以其任何财产做抵押或寻求担保人担保而发行的债券。国库券、地方政府债券属于此类债券。

（三）按募集方式划分

（1）公募债券（public offering bond）是指向社会公开发行，任何投资者均可购买的债券，它可以在证券市场上转让。

（2）私募债券（private placement bond）是指向与发行者有特定关系的少数投资者募集的债券，其发行和转让均有一定的局限性。私募债券的发行手续简单，一般不能在证券市场上交易。

(四) 按能否上市划分

按能否上市，债券分为上市债券和非上市债券。可在证券交易所挂牌交易的债券为上市债券；反之为非上市债券。上市债券信用度高，价值高，且变现速度快，故而容易吸引投资者，但上市条件严格，并要承担上市费用。

(五) 按债券形态划分

1. 实物债券

实物债券也叫不记名债券，是一种具有标准格式实物券面的纸质债券，其券面上一般印制了债券面额、债券利率、债券期限、债券发行人全称、还本付息方式等各种债券票面要素。简单地说，实物债券就是纸质的债券，而非电脑里的数字。我国早期发行的国库券就是其中之一。国库券在其券面上印制了各种债券票面要素，其不记名，不挂失，可上市流通。

2. 凭证式债券

凭证式债券是债权人认购债券的一种收款凭证，而不是债券发行人制定的标准格式的债券。

我国 1994 年开始发行凭证式国债。我国的凭证式国债通过各银行储蓄网点和财政部门国债服务部面向社会发行，券面上不印制票面金额，而是根据认购者的认购额填写实际的缴款金额，它是一种国家储蓄债，可记名、挂失，以凭证式国债收款凭证记录债权，不能上市流通，从购买之日起计息。

3. 记账式债券

记账式债券指没有实物形态的票券，以电脑记账方式记录债权，通过证券交易所的交易系统发行和交易。投资者需要在证券交易所开设账户后才能进行记账式债券的买卖。

(六) 按是否可转换划分

1. 可转换债券

可转换债券是指在特定时期内可以按某一固定的比例转换成普通股的债券，它具有债务与权益双重属性，属于一种混合性筹资方式。近些年来，我国一些大型企业采用可转换债券的融资案例很多。由于可转换债券赋予债券持有人将来成为公司股东的权利,因此其利率通常低于不可转换债券。若将来转换成功,发行企业在转换前达到了低成本筹资的目的,转换后又可节省股票的发行成本。根据《公司法》的规定,发行可转换债券应由国务院证券管理部门批准,发行公司应同时具备发行公司债券和发行股票的条件。

2. 不可转换债券

不可转换债券是指不能转换为普通股的债券,又称普通债券,其利率一般高于可转换债券。

(七) 按付息的方式划分

1. 零息债券

零息债券,也叫贴现债券,是指债券券面上不附有息票,票面上不规定利率,发行时按规定的折扣率,以低于债券面值的价格发行,到期按面值支付本息的债券。例如,贴现国债以低于面额的价格发行,可以看作利息预付,因而又可称为利息预付债券、贴水债券,它是期限比较短的折现债券。

2. 定息债券

定息债券即固定利率债券,是将利率印在票面上并按期向债券持有人支付利息的债券。该利率不随市场利率的变化而调整,因而固定利率债券可以较好地抵御通货紧缩风险。

3. 浮息债券

浮息债券即浮动利率债券,它的息票率是随市场利率变动而调整的利率。因为浮动利率债券的利率同当前市场利率挂钩,而当前市场利率又考虑到了通货膨胀率的影响,所以浮动利率债券可以较好地抵御通货膨胀风险。其利率通常根据市场基准利率加上一定的利差来确定。浮动利率债券往往是中长期债券。

(八) 按能否提前偿还划分

1. 可赎回债券

可赎回债券是指在债券到期前,发行人可以以事先约定的赎回价格收回的债券。公司发行可赎回债券主要是考虑到公司未来的投资机会和回避利率风险等问题,以增加公司资本结构调整的灵活性。发行可赎回债券最关键的问题是赎回期限和赎回价格的制定。

2. 不可赎回债券

不可赎回债券是指不能在债券到期前收回的债券。

另外，债券按偿还方式不同分为一次到期债券和分期到期债券；按计息方式分为单利债券、复利债券和累进利率债券；按是否记名分为记名债券和无记名债券；等等。

二、发行公司债券的条件

根据《证券法》《公司法》和《公司债券发行试点办法》的有关规定，发行公司债券，应当符合下列条件。

（1）股份有限公司的净资产不低于人民币 3000 万元，有限责任公司的净资产不低于人民币 6000 万元。

（2）本次发行后累计公司债券余额不超过最近一期期末净资产额的 40%；金融类公司的累计公司债券余额按金融企业的有关规定计算。

（3）公司的生产经营符合法律、行政法规和公司章程的规定，募集的资金投向符合国家产业政策。

（4）最近 3 个会计年度实现的年均可分配利润不少于公司债券 1 年的利息。

（5）债券的利率不超过国务院规定的利率水平。

（6）公司内部控制制度健全，内部控制制度的完整性、合理性、有效性不存在重大缺陷。

（7）经资信评估机构评级，债券信用级别良好。

三、债券的发行价格

债券的发行价格，是指债券原始投资者购入债券时应支付的市场价格，它与债券的面值可能一致也可能不一致。理论上，债券发行价格是债券的面值和要支付的年利息按发行当时的市场利率折现所得到的现值。

票面利率和市场利率的关系影响债券的发行价格。当债券票面利率等于市场利率时，债券发行价格等于面值；当债券票面利率低于市场利率时，企业仍以面值发行就不能吸引投资者，故一般要折价发行；反之，当债券票面利率高于市场利率时，企业仍以面值发行就会增加发行成本，故一般要溢价发行。

四、债券融资的优缺点

债券融资相对于股票融资具有以下优点。

（1）成本低。债券的利息可以在税前列入财务费用，具有抵税作用；债券利率是固定的，债券投资人比股票投资人的投资风险低，因此其要求的报酬率也较低。公司债券的资本成本要低于普通股。

（2）杠杆效应。债券持有人只获取利息，不能参与公司净利润的分配，在息税前利润增加的情况下股东的收益速度会加快。

（3）期限长。发行债券所筹集的资金一般属于长期资金，很多债券品种筹集的资金可供企业在1年以上的时间内使用，这为企业安排投资项目提供了有力的资金支持。

（4）额度大。债券筹资的对象十分广泛，它既可以向各类银行或非银行金融机构筹资，也可以向其他法人单位、个人筹资，因此筹资比较容易并可筹集较大金额的资金。

但是债券融资同时也具备以下一些缺点。

（1）财务风险大。债券有固定的到期日和固定的利息支出，当企业资金周转出现困难时，企业容易陷入财务困境，甚至破产清算。因此筹资企业通过发行债券来筹资时，必须考虑利用债券筹资方式所筹集的资金进行的投资项目的未来收益的稳定性和增长性问题。

（2）资金使用缺乏灵活性。因为债权人没有参与企业管理的权利，所以为了保障债权人债权的安全，债券合同中通常会包括各种限制性条款。这些限制性条款会影响企业资金使用的灵活性。

五、发行公司债券的程序

发行公司债券应当按如下程序进行。

（1）由公司董事会制订方案，由股东会或股东大会对下列事项做出决议。

1）发行债券的数量。

2）向公司股东配售的安排。

3）债券期限。

4）募集资金的用途。

5）决议的有效期。

6）对董事会的授权事项。

7）其他需要明确的事项。

（2）拟定发行债券的章程。

（3）办理债券等级评定手续。

（4）提出发行债券申请及获得批准。

（5）发布债券募集公告。

（6）签订债券承销合同。

（7）企业债券公开发售。

（8）债券售出款项进入企业银行账户。

通过下面一则公告让大家对发行公司债券的程序有更进一步的了解。

华夏幸福基业股份有限公司关于2019年度第一期
超短期融资券发行结果公告

华夏幸福基业股份有限公司（以下简称"公司"）于2016年11月23日召开第五届董事会第九十二次会议并于2016年12月19日召开2016年第十四次临时股东大会，审议通过了《关于公司拟发行超短期融资券的议案》，同意公司向中国银行间市场交易商协会（以下简称"交易商协会"）申请注册发行超短期融资券（具体内容详见公司的临2016-286、临2016-289及临2016-322号公告）。

2017年4月，公司收到交易商协会出具的编号为"中市协注〔2017〕SCP112号"的《接受注册通知书》，载明交易商协会决定接受公司超短期融资券注册。公司超短期融资券注册金额为60亿元，注册额度自通知书落款之日起2年内有效（具体内容详见公司的临2017-119号公告）。

收到《接受注册通知书》后，公司根据《接受注册通知书》的执行情况如下。

（1）公司完成2017年度第一期至第五期共计60亿元超短期融资券的发行（具体内容详见公司的临2017-139号、临2017-148号、临2017-

192号、临2017-198号及临2017-217号公告），上述五期超短期融资券本金及利息兑付工作均已按时完成。

（2）公司完成2018年度第一期至第三期共计50亿元超短期融资券的发行（具体内容详见公司的临2018-059号、临2018-072号、临2018-182号公告），上述2018年度第一期及第二期超短期融资券均已按时完成本金及利息兑付工作，第三期超短期融资券的本金及利息兑付目前已安排资金，预计将在兑付日按时完成。

（3）公司于近日发行了2019年度第一期超短期融资券，现将发行结果公告如下：

全称：华夏幸福基业股份有限公司2019年度第一期超短期融资券

简称：19华夏幸福SCP001

代码：19011523

期限：270天

起息日：2019年1月18日

兑付日：2019年10月15日

计划发行总额：25亿元人民币

实际发行总额：25亿元人民币

票面年利率：5.50%

发行价格：100元/佰元面值

簿记管理人：中信建投证券股份有限公司

主承销商：中信建投证券股份有限公司

联席主承销商：招商银行股份有限公司

特此公告。

华夏幸福基业股份有限公司董事会
2019年1月19日

六、债券等级评定

公司公开发行债券通常需要由债券评级机构评定等级。国际上流行的债券等级划分是3等9级。AAA级为最高级，AA级为高级，A级为上中级，BBB级为中级，BB 级为中下级，B 级为投机级，CCC 级为完全投机级，CC 级为最大投机级，C 级为最低级。

债券的信用等级对于发行公司来说非常重要。因为债券评级是度量违约风险的一个重要指标，债券的等级对于债务融资的利率以及公司债务成本有着直接的影响。一般情况下，资信等级高的债券，容易以较低的利率发行；相反，资信等级低的债券，为了吸引投资者购买会以较高的利率发行。很多机构将投资范围限制在特定等级的债券之内。

七、债券与股票的区别

债券和股票虽然都是有价证券，都可以作为筹资的手段和投资工具，但两者性质不同，发行主体、经济利益关系、风险性等都有明显的区别。

（1）经济关系不同。债券和股票实质上是两种性质不同的有价证券。二者反映着不同的经济利益关系。债券表示的是债券持有人对公司的一种债权，债券持有人是公司的债权人，不是公司的主人，无权参与公司的经营管理。而股票表示的是股票持有人对公司的所有权，股票持有人是公司的股东，是公司的主人。权属关系不同，决定了债券持有人无权过问公司的经营管理，而股票持有人则有权直接或间接地参与公司的经营管理。

（2）风险性不同。债券只是一般的投资对象，无论是长期还是短期，一般会有固定利率、固定的还本付息时间，其交易转让的周转率比股票低，相对于股票来说风险较低。股票不仅是投资对象，更是金融市场上的主要投资对象，其交易转让的周转率高，市场价格变动幅度大，可以暴涨暴跌，安全性低，风险大，但有可能为投资人带来很高的预期收入，也有可能带来巨大损失，因而会得到激进型投资者的青睐。

另外，在公司计算所得税时，公司债券的利息已作为财务费用从收益中减除，在所得税前列支，而公司股票的股息属于净收益的分配，不属于费用，在所得税后列支。税前列支，意味着公司可以少缴一些所得税。这一点对公司的筹资决策影响较大，一些大型企业在决定要发行股票还是发行债券时，常以此作为选择的决定性因素。

（3）发行主体不同。作为筹资手段，无论是国家或地方政府还是企业（具备发行债券条件的大型企业）、金融机构都可以发行债券，而股票则只能是股份制公司才可以发行。

（4）收益性质不同。一般情况下，债券投资者在购买之前，债券的利息率已定，到期就可以获得固定利息收入，与发行债券公司的经营状况无关。所以，债券投资者往往关注发行债券的主体是谁、信用如何、安全性如何等问题。而股票一般在购买之前不定股利率，股利收入随股份公司的盈亏情况变动而变动。所以，股票投资者在购买股票之前关注的是发行主体的信用、经营状况、发展趋势、未来盈利能力等问题。二者的收益性质不同。

（5）保本能力不同。正常情况下，债券到期可回收本金和利息，到期不能如数收回本金的属个案。股票则无到期之说。股票本金一旦交给公司，就不能再收回，只要公司存在，就永远归公司支配。公司一旦破产，还要看公司剩余资产清盘状况，那时甚至连本金都会蚀尽，小股东特别有此可能。

第二节　恒大上市如鱼得水，成功发债强力续航

2020年4月8日，中商情报网报道一则题为"2020年3月恒大销售简报：销售额同比增长13.1%"的消息，引起社会各界的极大反响，因为在新冠肺炎疫情肆虐期间，恒大地产竟然拿出了如此漂亮的成绩单。恒大地产3月实现了合约销售金额约为620.8亿元，同比增长13.1%；合约销售面积约为694.5万平方米，同比增长35.5%；2020年1～3月，恒大地产累计合约销售金额约达1473.7亿元，累计合约销售面积约为1658.2万平方米。

新冠肺炎疫情暴发后，全国售楼处销售活动几乎暂停，这也令包括恒大地产在内的房企们，把新春前布置的"春节不打烊""新春特惠价"的售楼处横幅一一收起来。同时，恒大地产开始宣传"线上看房"，希望通过网络营销来吸引购房者、消化购房者的需求。至于成效如何，有业内人士表示，房子为购房者而言毕竟不是普通的商品买卖，长期以来买卖双方都比较依赖于线下消费，目前房地产行业也没有培养出线上营销习惯，所以线上销售这一手段对于实际销售情况并没有太大的帮助。

尽管如此，恒大地产除了在战"疫"中捐款2亿元、放假25天、销售实现同比增长等动作外，还因4笔美元债融资备受关注。

2020年1月16日，恒大地产与瑞信、美银证券、法国巴黎银行、建银国际、

光银国际、中信银行（国际）、天风国际及瑞银订立购买协议。据此，恒大地产将发行一笔10亿美元于2023年到期的利率为11.5%的优先票据，以及一笔10亿美元于2024年到期的利率为12.0%的优先票据。随后于1月21日，恒大地产间接全资附属公司景程有限公司作为发行人，与恒大地产集团有限公司、天基控股（恒大地产附属公司）及附属公司担保人就发行2笔合计40亿美元的优先票据，与瑞信、瑞银、美银证券及天风国际订立购买协议，将发行20亿美元于2022年到期的利率为11.5%的优先票据，以及20亿美元于2023年到期的利率为12.0%的优先票据。按此计算，1月恒大地产筹备发行60亿美元债券，利率水平均在11.5%～12.0%。

为何恒大地产会在开年便进行大笔筹资？一方面，这与1月初整个房地产行业融资环境有所放松相关；另一方面，也与恒大地产自身的市场定位、资本运营模式、公司总体发展战略和其优秀的管理团队有直接关系。

本节将阐述恒大地产激进的发展战略和其曾经的两段融资的独特运营战术，希望能给大家带来更加有益的启发。

一、恒大强势崛起，地产航母入水

恒大地产集团始创于1997年，和大多数地产企业一样经历了艰苦创业、不断超越等发展过程，然而在5～6年的时间里激进的战略使其在国内地产行业脱颖而出。恒大地产是以民生地产为基础，文化旅游、健康养生为两翼，新能源汽车为龙头的世界500强企业集团。恒大地产于2009年11月5日在香港联交所主板上市（股票代码：03333），在2019年的第十六届中国房地产百强企业榜单上排名第一，是中国标准化运营的精品地产领导者。

恒大地产坚持全球化视野，在世界经济一体化背景下，全面实施国际化精品产业战略，致力成为21世纪中国地产规模一流、品牌一流、团队一流的"三个一流"企业，全力打造全球化地产航母。

二、创业维艰，不断超越

简单梳理一下恒大地产的发展经历：从第一个项目奠基到拓展全国20余个城市，恒大地产坚持"质量塑品牌、诚信立伟业"的方针，实施目标计划和绩效考核管理模式，滚动开发，高效运作，以"规模+品牌"的发展战略形成了企业强大的竞争力，使恒大地产一直保持高速稳健发展，综合实力不断上升，成为全国房地产企业的先进典范。

1. 艰苦创业，高速发展（1997～1999年）

公司成立之初，正值亚洲金融风暴，恒大地产逆市出击，抢占先机，采取"短、平、快"的策略，首个项目金碧花园以"环境配套先行"的开发理念，创造了广州昼夜排队购房、日进亿元的销售奇迹。其后，恒大地产经过3年艰苦奋斗，于1999年从当时广州的1600多家房地产企业中脱颖而出，首度跻身广州地产10强企业。

2. 苦练内功，夯实基础（2000～2002年）

经过3年多的高速发展，从2000年开始，恒大地产着力有效整合资源，规范开发流程，狠抓管理促效益，支持未来发展。在广东地区同时开发及储备多个项目，陆续开发销售金碧华府、金碧新城、金碧世纪花园等多个金碧系列楼盘。2000年，在广州房地产企业排名中跃升至第6位。

3. 二次创业，拓展全国（2003～2005年）

经过前两个阶段的发展，恒大地产综合实力显著提高，发展潜力日益凸显。2003年，恒大地产被评为广东房地产企业竞争力第1名。从2004年开始，恒大地产提出"二次创业"的口号，着力实施立足广州、布局全国、全方位拓展产业发展空间的经营战略。2004年，恒大地产首度跻身中国房地产10强企业，并在广州同步开发销售金碧翡翠华庭、金碧湾等10多个楼盘，在开发经验、品牌美誉度以及规模实力等方面，初步具备了全国拓展的条件。

4. 迈向国际，跨越发展（2006～2008年）

恒大地产已战略性地进入上海、天津、重庆、沈阳、武汉、成都、南京等主要城市。恒大地产一流的管理团队和成功的发展模式，使其取得了令人瞩目的超常规发展，受到了国际资本巨头的青睐。在此期间，恒大地产累计在国际资本市场募集资金10多亿美元，已成为中国房地产企业迈向国际化的典范。

5. 稳健经营，再攀高峰（2009年至今）

2009年11月5日，恒大地产于香港联交所成功上市。上市当日，公司股票收盘价较发行价溢价34.28%，创下705亿港元总市值的纪录，成为中国内地在港市值最大的非国有房地产企业。2010年，公司先后成功发债13.5亿美元，创造了中国房地产企业全球发债的年度最大规模纪录；上半年实现销售面积334万平方米，位列全国第一；实现销售金额210亿元，位列全国第二。

2016年实现销售额3733.7亿元，位列中国房地产企业销售排行榜第一。

恒大地产在广东、北京、上海、天津、重庆、山东、安徽、山西、河南、辽宁、湖南、江西、湖北等全国主要省市开发项目。恒大地产的企业愿景是：实现土地储备、销售额、销售利润均全国第一的目标；在赢得中国领先优势后，进一步开拓国际市场，在已有的国际化基础上，寻求更多、更广泛的顶尖国际合作伙伴，并借鉴国际先进管理经验，构筑国际产业集群，打造全球化地产航母。

三、突破重围，风骚独具

2009年10月以来，在香港资本市场，卓越置业、明发集团、禹洲地产等中资地产商相继启动招股，但由于种种市场原因，这些公司的上市之路不断受阻，纷纷折戟香江。在市场扑朔迷离、险滩遍布的环境之下，恒大地产一举突破重围，成为中国内地房地产企业赴香港上市的最大亮点。

截至2009年10月28日公开认购结束，恒大地产公开发售部分获得超额46倍的认购，冻结资金接近300亿元，国际配售更超购达11倍。对于恒大地产招股反应热烈，投资者认为，相对便宜的股价是吸引认购新股意向的重要原因。

恒大地产在港上市采取了较为进取的策略，主要是估值不高，股价折让大，令广大投资者认为物有所值，甚至超值。为了保证顺利上市，恒大地产最终定价每股3～4港元，相应市盈率5～6倍，最高融资额为64.6亿港元。按照恒大地产2010年预期净利润计算，其每股资产净值折让为39%～54%。此外，恒大地产计划每年派发盈利的10%作为股息，这也成为吸引投资者的一个重要原因。

由于公司土地储备大、地价便宜、布局合理，同时其财务稳健，因此受到投资者的青睐。恒大地产在这次招股过程中约获得7.7万名散户捧场，一举成为同期认购反应最热烈的新股，也是同期在港上市的几只中国内地房地产股中最大的"赢家"。种种因素令恒大地产在赴港招股中异军突起，一改中国内地地产企业赴港上市的低迷局面。

四、争相持股，唯恐不及

除了较高的性价比让投资者心动以外，香港金融大鳄的相继捧场也为恒大地产成功招股助力，在投资者中有一些富豪看中了恒大地产的股票，认为其未来的发展潜力比较有保障。

恒大地产以每股 3～4 港元定价，发售约 16.1 亿股，2009 年 10 月 22～28 日公开招股。入市头两天就受到市场追捧，以致招股说明书加印了 10 万份。恒大地产入市，还吸引了多位香港知名富豪入股。新世界发展主席郑裕彤名下的周大福企业，以及刘銮雄名下的华人置业早前已公布将认购恒大地产，涉及金额各为 5000 万美元。随后李嘉诚确认通过长江实业以逾 1 亿美元认购，英皇集团主席杨受成则以私人名义认购逾亿港元。

相比同期拟上市的其他 3 只中国内地房产股——卓越置业、明发集团、禹洲地产，恒大地产再度冲刺上市的热度明显要高些。香港恒生、远东银行已经为投资者申购恒大地产新股提供绿色通道，"利率不到 1.5 厘，而此前新股一般的借款利率为 2～3 厘，这说明银行对恒大上市的前景更看好"。

恒大地产销售异军突起。招股书显示，截至 2009 年 9 月底，恒大地产已经签订 231 亿元的销售合约，较上年同期的 54 亿元增长 3 倍。同样看好恒大地产的还有证券界，有券商公开表示，恒大地产 2010 年的营业额将暴增至 410 亿元（实际为 527 亿元），盈利达到 77 亿元。

五、成功发债，强力续航

2010 年 1 月 22 日，恒大地产发布公告，宣布成功发行 7.5 亿美元优先票据，实际融资额约 57 亿港元，远远高出其 IPO 实际融资金额 32 亿港元。这距离其港股 IPO，仅仅过去了两个多月的时间。之前的 IPO，显然并没有满足恒大地产的资金胃口。

恒大地产此次发行的 7.5 亿美元优先票据，期限 5 年，年利率为 13%。恒大地产在公告中表示，所融资金将用于偿还结构担保贷款，为现有及新增物业项目提供资金。

所谓结构担保贷款，是恒大地产自 2007 年以来借入的 4.329 亿美元贷款。IPO 以后，已经偿还 1.756 亿美元。这次发债的一部分资金，就是用于偿还剩余的

2.573 亿美元贷款。这就意味着，恒大地产发债融资的超过 1/3 的金额，将用于偿还旧债。

上市仅两月，就大举发行高息债，恒大地产对资金的渴求，从 IPO 所得资金的用途就可见一斑。根据其招股书，其上市融资的 63% 将用于未支付的土地出让金及项目所需资金，31% 用于偿还上面所提到的结构担保贷款，只有约 6% 用于一般营运资金。

恒大地产这次融资非常成功，融资规模高于预期的 5 亿美元。过去的几年，恒大地产一直在扩张，其财务指标呈现良性循环上升格局。

六、案例分析

地产行业的投资多是长期性投资，因此地产企业对资金的需求期限较长并且数额巨大，通常会采用股权和长期债券的方式进行融资以满足资金需求。恒大地产作为 2009 年年底成功登陆香港联交所的中国内地地产公司，在 3 个月内相继进行 IPO 和长期债券发行，使得其在香港上市企业中一枝独秀，恒大地产成功地 IPO 和发债使评级公司对其"发展历史较短却带有激进的扩张偏好"的评价不再只是口实。

恒大地产的历史较短，但是发展战略和扩张路径清晰而激进，在短短 10 多年的时间里完成了从艰苦创业到稳健发展，再从国内扩张到迈向国际市场的一系列蜕变，成了蜚声国内外的中国房地产行业的佼佼者，这也使得它在联交所的上市受到包括李嘉诚、杨受成、郑裕彤、刘銮雄等在内的香港富商的追捧。

根据恒大地产 IPO 和发债所融资资金的投向，我们能清晰地看到，绝大部分资金用于偿还结构担保贷款和土地未结款项以及新增的投资项目，只有少量的资金用于一般性企业用途。这是因为恒大地产此前的债权性融资大部分为银行贷款，但是这些资金的投向却是恒大地产长期性的投资项目，从而使长期资产挤占了短期负债，造成短期负债压力过大，此次的 IPO 和长期债券用来置换长期投资中的结构性贷款并投向新的项目，使长期投资和长期融资相适应，形成良性的资金流动，保证短期运营资金充足并提高偿债能力。当然，恒大地产发行长期债券将使企业的资产负债率接近 60%，既增大了财务杠杆也增大了财务风险，从而使恒大地产不得不提高长期债券的年利率，这在一方面也增大了企业的融资成本。

分析恒大的 IPO 和长期债券发行的过程，我们能看到恒大之所以成功，是因为：其一，企业的发展面非常好，有巨大的市场前景和投资潜力，从而获得资本的热捧;其二,恒大先通过 IPO 融通的资金进行部分结构性贷款的偿还,然后发行长期债券用于进一步调整企业的资本结构和相关财务指标,使企业具有更强的抵御财务风险的能力;其三,恒大通过准确测算预期资金流量和财务风险并设定相应的债券发行利率,使债券发行容易获得市场认可,为企业融通发展急需的资金,同时有效控制了融资风险。

此外,通过发行长期债券融得的资金原则上应该投向长期的投资项目,从而调整企业资金的使用结构。为了债券的更好发行,企业一般会对债券进行信用增级和准确评级从而获得资本市场的认可,同时还可以考虑设立偿债基金等安全、有效的资金退出通道。有些方案的设计是出于对投资者利益的保护,只有保证投资者的参与,资本市场才会勃发生机,企业才能通过合理融资渠道在资本市场上获得资金。

第六章
CHAPTER 6

股权融资

股权融资，从字面上理解其含义非常简单，可实际操作中成功与失败两种结局均屡见不鲜。很多中小企业的股权融资道路可谓崎岖坎坷，在这个过程中也付出了很大的代价。本章主要介绍股权融资的基本模式、风投机构的运营模式、创业初期的小米融资、京东融资全景案例，期望从理论到实际操作都能给大家一些有益的帮助，助推中小企业顺利完美地实现股权融资。

基础知识

（一）股权融资

股权融资是指企业的股东愿意让出部分企业所有权，通过企业增资方式引进新股东的一种融资方式。股权融资所获得的资金，企业无须还本付息，但新股东将与老股东同样分享企业的盈利与增长。股权融资的特点决定了其用途的广泛性，它既可以充实企业的营运资金，也可以用于企业的投资活动。

股权融资按融资的渠道来划分，主要有两大类：公开市场发售和私募发售。所谓公开市场发售就是通过股票市场向公众投资者发行股票募集资金，我们常说的企业上市、上市企业的增发和配股都是利用公开市场进行股权融资的具体形式。所谓私募发售，是指企业自行寻找特定的投资人，吸引其通过增资入股企业的融资方式。

（二）债权融资

债权融资是指企业通过借入、赊欠或预收等举债的方式进行融资。对于这种融资所获得的资金，企业首先要承担资金的使用利息或费用，另外在借款到期后要向债权人偿还资金的本金。债权融资的特点决定了其用途主要是解决企业营运资金短缺的问题，而不是用于资本项下的开支。债权融资获得的只是资金的使用权且要承担资金使用成本，并且债务到期时须归还本金。债权融资能够提高企业所有权资金的资金回报率，具有财务杠杆作用。与股权融资相比，债权融资除在一些特定的情况下可能带来债权人对企业的控制和干预问题外，一般不会产生对企业的控制权问题。

（三）私募融资发售对象

（1）个人投资者，虽然他们投资的金额不大，一般在几万元到几十万元，但在大多数民营企业的初创阶段起了至关重要的资金支持作用，这类投资者有的直接参与企业的日常经营管理，有的只是作为股东关注企业的重大经营决策。这类投资者往往与企业的创始人有密切的私人关系，随着企业的发展，在获得相应的回报后，一般会淡出企业。

（2）风险投资机构，它们是20世纪90年代后期在我国发展最快的投资力量，其涉足的领域主要与高新技术相关。在2000年的互联网狂潮中，很多公司都有风险投资资金的参与。国外如IDG、软银、ING等，国内如上海联创、北京科投、广州科投等都属于典型的风险投资机构。它们能为企业提供几百万元乃至上千万元的股权融资。风险投资机构追求资本增值的最大化，它们的最终目的是通过上市、转让或并购的方式，在资本市场退出，通过企业上市退出是它们追求的最理想方式。

（3）产业投资机构，又称战略投资者，它们的投资目的是希望被投资企业能与自身的主业相融合或互补，形成协同效应。该类投资者对民营企业融资的有利之处非常明显：具备较强的资金实力和后续资金支持能力；有品牌号召力；产生业务的协同效应；在企业文化、管理理念上与被投企业比较接近，容易融入；可以向被投企业输入优秀的企业文化和管理理念。其不利之处在于：产业投资机构可能会要求控股；当产业投资者自身经营出现问题时，已经承诺的投资可能迟迟不能到位，影响被投企业的后续融资；可能会对被投企业的业务发展领域进行限制；可能会限制新投资者进入，影响企业的后续融资。

（4）上市公司，作为私募融资的重要参与者，它们在我国有其特别的行为方式。特别是主营业务发展出现问题的上市企业,由于上市时募集了大量资金,参与私募大多是利用资金优势为自身注入新概念或购买利润,伺机抬高股价,以达到维持上市资格或再次圈钱的目的。当然,也不乏一些有长远战略眼光的上市企业,因为看到了被投企业广阔的市场前景和巨大发展空间,投资是为了其产业结构调整的需要。但不管是哪类上市企业,它们都会要求控股,以达到合并财务报表的需要。对这样的投资者,民营企业必须十分谨慎,一旦出让控股权,若无法与控股股东达成一致的观念,企业的发展就会面临巨大的危机。

(四)股权融资与债权融资的区别

(1)资金性质不同。无论是公开发售股份还是私募股权融资,进入企业的资金是股东投入的资本,企业在获得现金流的同时也形成了永久性资本,它是公司正常经营和抵御风险的基础,企业股东资本增多有利于增加公司的信用价值,增强公司的信誉,可以为企业债权融资提供强有力的支持。如果发行债券或向银行借款,企业在获得现金流的同时形成了企业债务,借入资金可以为企业带来杠杆效应,企业在未来一段时间内要归还并支付利息。前者形成了企业资本,后者形成了企业债务,它们的资金性质是完全不同的。

(2)财务风险不同。对企业而言,股权融资的风险通常小于债权融资的风险,股票投资者的股息收益通常由企业的盈利水平和发展预期而定,与债权融资相比,公司没有固定的付息压力,且普通股也没有固定的到期日,因而也不存在还本付息的融资风险;而企业发行债券或向银行借款,则必须承担按期付息和到期还本的义务,此种义务是公司必须承担的,与公司的经营状况和盈利水平无关,当公司经营不善时,有可能面临巨大的付息和还债压力导致资金链断裂而破产,因此,企业债权融资的财务风险高。但是什么事情都有特例,如果企业的股权过于分散或过多地集中在后来的投资者手中,对原始股东会有一定威胁,甚至可能带来致命的伤害。

(3)融资利益不同。从经营管理的角度考虑,股权融资的成本高于负债融资,这是因为:一方面,从投资者的角度讲,投资于普通股的风险较高,因此要求的投资回报率也会较高;另一方面,对于筹资公司来讲,股利从税后利润中支付,不具备抵税作用,并且股票的发行费用一般也高于其他证券,而债务性资金的利息费用则在税前列支,具有抵税的作用。从战略的角度考虑,虽然股权融资方式会稀释原有股东的利益,但是吸引新股东加盟,也许不单纯是为了融资,还可能是为了从市场、技术、人才、管理等多方面获得收益,而债权融资能给企业带来的只有资金而已。因此,股权融资与债权融资在股东利益上是不同的。

(4)对控制权的影响不同。债权融资虽然会增加企业的财务风险,但它不会削弱股东对企业的控制权,如果选择增资扩股的方式进行融资,现有股东持有的企业控制权将被稀释,因此企业一般不愿意通过发行新股融资,而且随着新股的发行,流通在外的普通股数目必将增加,从而导致每股收益和股价下降,进而对现有股东产生不利影响。

(五) 资金时间价值

资金时间价值也称货币时间价值,是指货币经历一定时间的投资和再投资所增加的价值。

钱生钱,并且所生之钱会生出更多的钱,这就是货币时间价值的本质。货币时间价值的概念就是认为,当前拥有的货币比未来收到的同样金额的货币具有更大的价值,因当前拥有的货币可以进行投资,取得投资收益。即使有通货膨胀的影响,但只要存在投资机会,货币的现值就一定大于它未来的价值。

(六) 委托代理制度

委托代理制度是指所有者将其拥有的资产根据预先达成的条件委托给经营者经营,所有权仍归出资者所有,出资人按出资额享有剩余索取权和剩余控制权。

经营者在委托人授权范围内,按企业法人制度的规则对企业财产行使占有、支配、使用和处置的权力。所有者是委托人,经营者是代理人。所有者与经营者之间通过预先达成的契约将双方的责、权、利做了明确界定,从而形成相互制约、相互激励的机制。现代企业是建立在所有权与经营权相互分离的基础上的,因此产生了委托代理关系,其中包含两层委托代理关系:其一是作为公司所有者的股东(委托人)委托董事会(代理人)监督控制企业的运营;其二是董事会(委托人)委托经理层(代理人)经营管理企业的日常运作。

第一节 中小企业股权融资运作模式与方法

处在不同发展阶段的中小企业有不同的融资模式,特别是早期的股权融资,如果运作方法不当，要么估值不合理低价出售了公司股份，要么新老股东之间产生控制权纷争，搞不好两败俱伤。中国改革开放以来有相当一部分民营企业在资本运作的路上留下了不堪回首的往事，例如永乐对赌摩根失败的悲剧、娃哈哈合资法国达能的风波、土豆网内忧外患匆忙上市的绝境、8848.net（创始人王峻涛）与华尔街投资人反目的结局，都是今天中小企业融资的反面教材，希望大家能引以为戒。本节重点介绍股权融资运作基本模式与方法，希望能给成长中的中小企业管理者提供帮助。

企业股权融资主要有产权交易、增资扩股、引进风投基金和引进战略投资者等模式。

一、产权交易融资

产权是经济所有制关系的法律表现形式。企业产权是以财产所有权为基础，反映投资主体对其财产权益、义务的法律形式。

企业产权包括财产的所有权、占有权、支配权、使用权、收益权和处置权。企业财产的形态包括固定资产、流动资产、无形资产、递延资产等。

产权交易是企业财产所有权及相关财产权益的有偿转让行为和市场经营活动，是指除上市公司股份转让以外的企业产权的有偿转让。

产权交易在内容上可以分为两个不同层次：第一个层次是企业财产所有权的转让；第二个层次是在保持企业财产所有权不变的前提下，实行企业财产经营权的转让。例如，峡江水利枢纽工程在发展中也曾遇到资金困难，该工程建设总指挥部将水电站从枢纽工程中剥离出来，通过出让水电站经营权为整个工程项目筹措建设资金。中国电力投资集团公司以最高报价39.16亿元获得水电站50年经营权。

产权交易从价格上划分，可以分为产权溢价交易、产权平价交易、产权低价交易。

1. 产权交易的途径

（1）证券交易所的股票（股权）交易，即在证券交易所场内进行已上市公司的股权交易。

（2）柜台股权交易，即未上市公司在证券交易场所以外的股权交易。

（3）有形市场的产权交易，即在有形的产权市场中进行的产权交易。

（4）无形市场的产权交易，即在有形产权市场之外，通过买卖双方一对一进行的产权交易。

2.产权交易的流程

（1）产权交易出让方提交文件。

（2）产权交易出让方文件提交齐备后，产权交易中心出具产权交易受理通知书。

（3）产权交易项目挂牌15日，通过产权交易中心网站、电子显示屏等多种渠道对外公布信息。

（4）挂牌期满后，出让方和受让方签订产权交易合同，同时，受让方提交企业法人营业执照、近期资产负债表。

（5）产权交易结算交割，受让方将产权交易价款交产权交易中心。

（6）交易款到账后，产权交易中心审核并出具产权交易鉴证书、产权转让交割单。

（7）交易双方缴纳手续费，领取产权交易鉴证书，交易双方各按被转让企业资产总额（评估值）的一定比例缴纳手续费。

（8）交易双方持产权交易鉴证书，在工商等部门办理变更手续，同时出让方领取产权交易价款。

二、增资扩股融资

增资扩股融资是指企业根据发展需要，扩大股本融入所需资金。增资扩股利用直接投资所筹集的资金属于自有资本，与借入资本比较，它更能提高企业的资信和借款能力，对扩大企业经营规模、壮大企业实力具有重要作用，并且企业可以根据经营状况向投资者支付报酬，比较灵活，没有固定支付的压力，财务风险比较小。

增资扩股按股权出让价格划分，可以分为溢价扩股和平价扩股；按资金来源形式划分，可以分为内源融资形式的增资扩股（通常所说的内部集资入股）与外源融资形式的增资扩股（私募）。企业在采用增资扩股融资时，一定要注意相关的法律法规规定，确保操作程序和有关依据合乎法律规定，融得合法资金。

增资扩股融资既可以采用公募（上市公司）方式也可以采用私募方式。中小民营企业，特别是在创业初期或成长期大多采用私募股权融资方式，例如阿里巴巴、小米、如家酒店、携程网等。

增资扩股的优点包括：第一，利用直接投资所筹集的资金属于自有资本，可以改善企业资产负债结构比例，提高企业资信和借款能力，对扩大企业经营规模、壮大企业实力具有重要作用；第二，吸收直接投资不仅可以筹集现金，还可能直接获得企业所需要的先进设备与技术，这与仅仅筹集现金的筹资方式（银行贷款、发行债券等）相比，能帮助企业更快形成生产经营能力；第三，企业根据其经营状况向投资者支付报酬，企业经营状况好，可以给投资者多支付一些报酬，企业经营状况不好，就可以不支付报酬或少付报酬，比较灵活，没有固定支付的压力，所以财务风险较小。增资扩股的缺点是，吸收直接投资容易分散企业的控制权。

三、引进风投基金融资

风险投资基金又叫创业基金，是国际上广泛流行的一种新型投资机构。它以一定的方式吸收机构和个人的资金，投向那些不具备上市资格的中小新兴企业，尤其是高新技术企业。

风险投资基金无须融资企业的资产抵押担保，企业以此方式融资的手续相对简单。它的经营方针是在高风险中追求高收益。风险投资基金多以股份的形式参与投资，其目的是帮助所投资的企业尽快发展壮大，取得上市资格，从而使资本增值。被投资企业的股票上市后，风险投资基金可以通过证券市场转让股份，从而收回资金退出企业，然后继续寻找其他投资机会。

风险投资基金的特点如下。

（1）投资对象：主要是不具备上市资格的中小企业，特别是高新技术企业。

（2）投资周期：一般风险资金是 2～5 年。

（3）投资回报率：相当高，平均一年投资回报率为 20%～40%。

（4）投资目的：注入资金或技术，取得部分股权（而不是为了控股），促进融资企业的发展，使资本增值、股票价格上涨从而获利。

（5）获利方式：转让股权（退出机制）。

（6）投入阶段：企业发展初期、扩充阶段。

引进风险投资基金往往与增资扩股同时进行。

四、引进战略投资者融资

战略投资者是指具有资金、技术、管理、市场、人才优势,能够促进产业结构升级,增强企业核心竞争力和创新能力,拓展企业产品市场占有率,致力长期投资合作,谋求获得长期利益回报和企业可持续发展的境内外大企业、大集团。

首先,战略投资者必须具有较好的资质条件,拥有比较雄厚的资金、核心的技术、先进的管理等,有较好的实业基础和较强的投融资能力。其次,战略投资者不仅要能带来大量资金,更要能带来先进技术和管理,能促进产品结构、产业结构的调整升级,并致力长期投资合作,谋求长远利益回报。

第二节　了解风投机构的运营模式

《孙子兵法》曰:"知己知彼,百战不殆。"

对于融资企业来说,要想引进风险投资者的资金,就要正确认知投资者,了解其商业模式,在满足本企业利益的同时,满足投资者高回报的原则。本节将帮助企业全面了解风险投资者的商业思维,为融资企业顺利获得风险投资基金奠定基础,赢得发展先机。

一、风险投资者的分类

风险投资者大体可以分为以下四类。

(1) 风险资本家。他们是向其他企业家投资的企业家或个人投资者,与其他风险投资者一样,他们通过投资来获得利润。但不同的是风险资本家所投出的资本全部为其自有资本,而不是受托管理的资本。

(2) 风投公司。风投公司的种类有很多,但是大部分公司通过风险投资基金来进行投资,这些基金一般以有限合伙制为组织形式。

(3) 产业附属投资公司。这类投资公司往往是一些非金融性实业公司下属的独立风险投资机构,它们代表母公司的利益进行投资。这类投资者通常将资金投向一些特定的行业。

(4) 天使投资人。这类投资者通常投资于非常年轻的公司,往往是初创企业,帮助这些公司迅速启动。在风险投资领域,"天使投资人"这个词指的是企业的第一批投资人，这些投资人在公司产品和业务成形之前就把资金投入进来。

风险投资虽然是一种股权投资，但投资的目的并不是获得企业的所有权，不是为了控股，更不是为了经营企业，而是通过投资和提供增值服务把投资企业做大，然后通过公开上市（IPO）、兼并收购或其他方式，将手中持有的股权出售而退出企业，在投入与退出过程中实现高额回报。风险投资者帮助企业成长，但它们最终寻求渠道将投资撤出，以实现增值。风险投资期限通常在 3～7 年，风险投资的产业领域主要是高新技术产业。

风险投资者承担着很高的风险，因此它要求非常高的回报。由于多数天使投资人会因为初创企业破产而丧失所有的资金，因此职业的天使投资人一般会要求 5 年内至少获得相当于本金 10 倍以上的投资收益，并且有明确的退出机制。

二、风投机构运营的四个阶段

风险投资的过程实际上是一个非常复杂的过程，每个投资过程都具有高风险、高收益的特点，且具有普遍性。具体过程大致为选项审核、谈判签约、投资管理和退出四个阶段的循环。

（一）选项审核阶段

（1）选项。风投机构首先进行项目的收集及甄选。收集投资项目的途径有发明者或创业者自荐，中介机构或利益相关者介绍以及风投机构自己寻找。通常情况下风投机构需要通过项目融资计划书了解企业及其项目，所以会从各种渠道收集大量的投资项目，从中选择符合自己目标的项目。

（2）初审。风投机构拿到融资计划书后，首先判断该项目是否值得研究，然后风投机构可以就它感兴趣的项目与其他风投机构讨论，进而与中小企业创业者或项目创意人面谈，进一步了解更多的有关企业和市场的情况。初审中考虑的主要因素包括投资规模、市场、技术、行业背景、团队经营能力以及企业所处的发展阶段。

（3）严审。初审结束后，进入对项目的严格审查阶段。这是一个复杂的综合评价过程，需要由各方面专家组成的项目组完成。评估项目可行性主要考察的因素有：①市场前景。包括企业的市场规模、成长性、竞争性、市场细分情况、需求可创性和扩张难度。②经营管理能力。主要考核指标包括产权比率、负债经营率、流动比率、营运资本、营运资金需求和现金支付能力。③投资风险。风险评估要对投资项目全过程中可能存在的技术风险、市场风险、财务风险、管理风险、政策风险、法律风险、文化风险和制度环境等进行充分的考虑，并提出必要的相应对策。④套现能力和潜力。因为风险投资是通过不断循环往复的投资—退出—再投资—再退出的商业行为增值的，所以，完美的退出是投资项目的最终归宿。

(二) 谈判签约阶段

在完成项目的选择之后，风投机构需要与确定的融资企业进行实质性的讨论，共同协商投资的财务、监督、控制、退出、投资方式、知识产权、投资条件等有关权利和义务，最后形成有法律效力的合资文件，作为管理和退出阶段的依据。由于风险投资从资金投放到回收的周期较长，并且风投机构与融资企业间的合作方式也较为复杂，因此在协商阶段，把各种与双方利益相关的问题加以明确，有助于风险投资项目的顺利实施，降低投资风险。

(1) 投资安排。风投机构根据对被投资企业未来价值的预测来确定它们投资的金额和换得的企业股份比例。一般选择参股的方式进行投资，以得到企业证券或股权作为投资条件。使用的证券类型多是可转换优先股，还可使用可转换债券或者以股权证来保护自己的投资利益，加强控制能力。

(2) 控制机制。为了降低风险，保障投资者的股权利益，通常还在协议书中明确：股权的保障方式；科技成果的界定、使用和升级；战略合作伙伴的选择；设计股东结构，把各个股东方面的人才、技术、资金、管理和市场营销优势集聚于新创立的企业中，真正做到优势互补。风投机构选择项目时，往往面对的是企业技术持有者出任公司总经理，虽然这对技术成果的转化有很大益处，但是如果该技术类型的总经理对市场的认识和把握有限、经营管理经验不足，将对企业的商业运作不利。

(3) 投入与退出。通常风投机构还需与企业就未来不同发展阶段进行的增资进行协商。风险资本的回收年限、出售所持股份的时机、融资企业股票上市的时机与方式，以及融资企业无法达到预期财务目标时所应承担的责任，都是影响双方合作的重大事宜。

(4) 参与方式。对于风投机构参与企业决策及协助经营管理的范围与程度应加以明确。风投机构投资的对象是未上市的企业，期望企业高速度成长后，通过出售或转让所持的股份取得高额的资本利润收入。风投机构对投入资金的时间和投入的总量都不加以固定，根据企业发展的不同阶段、不同状况灵活处理。

（三）投资管理阶段

在合同签署完毕后，风投机构按协议将资金投入融资企业，通过各种机制，投入资金发挥价值增值的作用，帮助企业改善业绩、扩大生产、提升销售和产品开发、提高效率和生产率，为风投机构带来最大的回报。风投机构参与企业的管理，把低价值的创业企业变为高价值的成熟企业。

（四）退出阶段

无论风投机构对企业起着多大的促进作用，其所追求的最终目标仍是早日收回投资，同时取得高额回报。这是风投机构循环运转的关键环节。否则，就会使其资本流动呆滞，风投机构无力投资新项目，从而失去了存在的意义。从理论上讲，风投机构不是为了取得该企业的长久控制权，经过投资、资本运作几年后，无论企业取得成功还是面临失败，风投机构都会从企业中退出。但是，实践中也有些企业面临的情况有所不同，风投机构通过各种方式越来越多地持有企业股份，以控制或并购企业为终极目的。

三、投资者的投资决策原则

在投资者的眼里，项目企业是否具备投资价值，需要经过大量的调查分析之后才能做出判断。这些调查分析结果形成了投资决策的原则。

第一，收益与风险相平衡原则。作为投资者，最大的追求莫过于有最好的收益。但是通常情况下，收益与风险是相对应的，风险大的投资要求的收益率也高，而收益率低的投资往往风险也比较小，正所谓"高风险，高收益；低风险，低收益"。预期风险能够衡量预期收益，预期收益也成为判断风险大小的标准。

在实际运作过程中，风险投资者的偏好也是颇有影响的。风险追求者，当预期收益相同时，选择风险大的；风险中立者通常既不回避风险，也不主动追求风险，他们选择资产的唯一标准是预期收益，而不管风险状况如何，这是因为所有预期收益相同的资产将给他们带来同样的效用；风险回避者，当预期收益相同时，选择风险小的进行投资，当风险相同时，选择预期收益高的项目投资。

在资本市场上，大多数投资者属于风险回避者。不过，风险与收益的平衡只是一个理论值，是一个建立在统一度量衡基础上的假设。实际运作中，每个投资者心理并不是按照统一的标准打造的，刚性的原则往往与弹性的尺度共存。风险和收益是客观存在的，也是主观的，因为不同投资者承受风险的心理底线是不一样的。

第二，好前景原则。投资一个没有发展前景的企业，对于投资者来说，无非死路一条。对企业前景的分析，是他们在选择企业时必做的重要工作。朝阳产业是他们的首选。何为朝阳产业？朝阳是相对夕阳而言的，朝阳产业不一定是新兴产业，它突出的是企业的生命力及发展前景。朝阳产业在经济衰退时，有较强的免疫能力，发展速度基本不受影响，而在经济回升时能牵引整个经济攀升，不仅自身的发展如旭日东升，蒸蒸日上，也能够成长为主导产业，促进产业结构的调整和升级，推动经济的发展。

第三，准确定位原则。市场定位是塑造一种产品在市场上的位置，这种位置取决于消费者或用户怎样认识这种产品。企业一旦选择了目标市场，就要在目标市场上进行产品的市场定位。市场定位是企业全面战略计划中的一个重要组成部分。它关系到企业及其产品如何与众不同，与竞争者相比多么突出。一旦选择好市场定位，企业就必须采取切实步骤把理想的市场定位传达给目标消费者，企业所有的市场营销组合必须支持这一市场定位。准确的市场定位有利于投资者识别可能的竞争优势。

第四，考察核心竞争力原则。企业的前景乐观，市场定位又准确，那么投资者还要考察企业的核心竞争力。核心竞争力是企业发展的最强劲动力。

$$企业核心竞争力 = 决策力 \times 支持力 \times 执行力$$

决策力是企业组织辨别市场机遇和陷阱的能力，是企业组织有机体的大脑。企业只有具备强大的决策力，才能保证与时俱进，把握外部环境的种种变化，并且能对各种变化做出快速的反应。不仅如此，这种反应还必须体现这种变化的趋势。

支持力是企业的资源支持能力，是企业组织有机体的财力。它表现为企业所积累的资源规模和质量状况，是为企业抓住市场机遇提供支持的能力。只有当企业具有强大的支持力时，决策选择的余地才广阔，面对市场机遇才不会仅仅是嗟叹。即使天降甘露，也只有早备好了能收集甘露的器皿才有意义。就像一位社会资源丰富的职业经理人一样，当市场机会来临时，他会动用所有的资源来支持进入新市场的计划。

执行力是保证决策贯彻实施的能力，是企业组织有机体的体力。只有当企业具有强大的执行力时，机遇才能最终变为现实。

创业之初，蒙牛名列中国乳业的第1116位，注册资金只有300万元。作为一个没厂房、没市场、没品牌，只有几个人的新兴企业，蒙牛没有按照一般企业的思路，首先建厂房、买设备、生产产品，然后打广告做宣传，获取知名度和市场。因为采用这种方式，这点儿创业资金连建厂房、买设备都不够，哪还有钱去开拓市场，于是牛根生提出逆向经营的思路："先建市场，后建工厂。"其实在中国"先建市场，后建工厂"的经营理念为很多企业所倡导，包括万众瞩目的海尔、联想、万科等。而蒙牛之所以能够超速发展，短短几年时间成为中国乳业的龙头，关键不在于产品，而在于营销，在于有效利用了社会资源。蒙牛积极创品造牌，大搞市场营销；开发系列新产品；寻找加工车间（投入品牌、技术、配方）；合作双赢（采用托管、承包、租赁、委托生产形式），将所有产品都打上"蒙牛"商标；投资少，见效快，创品牌。打造竞争力，使用液态公司竞争法在全国发现和利用资源，有效地分工合作，把蒙牛变成了近似液态的公司，有品牌、有技术、有人才，就是没厂房、没设备、没资金。液态公司的好处是在动态中整合社会资源为我所有，通过无形资产的衍化使之快速发挥潜力，形成强劲的市场竞争力。

蒙牛创业初期有很多融资故事。当牛根生了解到中国最大的奶源基地在黑龙江省，是一家美国独资企业，因经营管理不善效益很差时，他带了7个精兵强将把这个企业托管了。"蒙牛"牌第一年2000万元牛奶的销售额就是由这家企业完成的。牛根生不仅没有给这家企业投资，他们8个人还每年共挣这家企业47万元年薪。蒙牛的这种运作成功了，在短短两三个月的时间内，牛根生盘活了企业外部7.8亿元的资产，完成了一般企业需要几年才能完成的扩张。蒙牛还做到了整合资源、广义融资，用生产经营合作的方式整合了600多辆运货车、奶罐车、冷藏车，500多个奶站及配套设施，10万平方米员工宿舍，这三项投资合计价值达5亿多元，都是由社会投资完成的。

蒙牛用了短短 5 年时间跑到了中国乳业排行榜上的第一名！惊人的效率和效益，体现的便是蒙牛的核心竞争力。

四、投资者眼中的好项目

我接触过很多投资者，虽然他们有各自不同的定位，但是在选择项目时，他们几乎有着共同的标准。

第一，精湛的管理团队。比尔·盖茨说："团队合作是企业成功的保证，不重视团队合作的企业是无法取得成功的。"建设一支有凝聚力的团队，已是现代企业生存发展的一个基本条件。管理学家西蒙指出："管理就是决策。"决策是企业管理的核心，它关系到企业的兴衰荣辱、生死存亡。可以说，企业有一个精湛的管理团队，引进投资者就已成功了一半。我常常听到一些中小企业老板抱怨"合作几年的朋友另起炉灶，家族成员缺少专业能力，职业经理人靠不住"，可想而知，当投资者遇到这样的老板时会做出怎样的判断。

第二，领先的高科技项目。行业领先的高科技项目，其核心技术难以被复制和超越，单在技术层面就已经拥有了强大竞争力。技术优势可以建立起强大的市场优势，这是许多投资者都很看重的条件。

第三，巨大的市场空间。项目范围越大，市场价值就越大。如果只局限在某个城市或某一个微小的领域，那项目的市场价值将大打折扣。

第四，独特的商业价值。项目的商业模式应属于蓝海，并且市场竞争优势很明显。投资者很看重项目的商业价值，项目的商业模式所能提供的商业价值最好比较独特，不管是思维模式还是产品或服务，都应该能创造出更多的价值。

第五，超用户预期的市场效应。不管是产品还是服务，给用户制造惊喜是满足需求甚至引导需求的捷径，超乎想象的好，就会带来用户对产品的青睐，以及免费的宣传。口口相传的好评虽然扩散幅度不大，但是拥有同样超乎想象的效果。

从某种意义上说，投资者和创业者的方向是一致的，创业者需要投资者的资本来实现梦想，而投资者需要创业者的梦想来实现资本的增值。对于创业者来说，有时也需要站在投资者的角度来考虑投融资问题，表明自己的观点与立场，论证合作共赢的美好前景等，这样容易与投资者达成共识，促进融资顺利实现。

五、投资者的权利要求

(一) 股权比例

投资者投入多少资本,占总股权的比例是多少,占董事会几个席位等问题,往往决定了投资者在项目企业中的地位或话语权,是投资者非常关心的问题。

股权比例是衡量长期偿债能力的指标之一。这个指标是负债总额与股东权益总额的比值,也叫债务股权比率。该指标反映由债权人提供的资本与股东提供的资本之间的相对关系,反映企业基本财务结构是否稳定。一般来说,股东资本大于借入资本较好,但也不能一概而论。从股东来看,在通货膨胀加剧时期,企业多借债可以把损失和风险转嫁给债权人。经济繁荣时期,企业多借债可以获取额外的利润。经济萎缩时期,少借债可以减少利息和财务风险。债务股权比率高说明企业是高风险、高报酬的财务结构,债务股权比率低说明企业是低风险、低报酬的财务结构。该指标同时也表明债权人投入的资本受到股东权益保障的程度,或者说是企业清算时对债权人利益的保障程度。

2004年2月,阿里巴巴完成了第三轮融资,从软银等风投机构手中募集到8200万美元。第三轮融资后,阿里巴巴的股权结构如下:马云和他的创业团队占有公司47%的股份,软银约占20%,富达约占18%,其他几家股东合计约占15%。也就是说,阿里巴巴经过三轮股权融资,已经出让53%的股权。

(二) 投资回报率

投资回报率是指通过投资获得的收益与投资总额的比率。企业的商业行为和获利目标与投入资本直接相关,因为管理人员必须通过投资和现有财产获得利润,才能实现企业的获利目标。那么,投资者与企业谈判时不可避免的一个话题就是对投资回报率的要求。

投资回报率也是达产期正常年度利润或年均利润占投资总额的百分比。投资回报率的计算公式为:

$$投资回报率(ROI) = 年度利润或年均利润 / 投资总额 \times 100\%$$

投资回报率的优点是计算简单;缺点是没有考虑资金的时间价值,不能正确反映建设期长短及投资方式不同和回收额的有无等条件对项目的影响,分子、分母计算口径的可比性较差，无法直接利用净现金流量信息。只有投资利润率指标大于或等于无风险投资利润率的投资项目才具有财务可行性。投资回报率往往具有时效性，回报通常是基于某些特定年份。比如，赛富投资神州数码的投资回报率不小于5，投资网络游戏"完美时空"的投资回报在70倍左右。

（三）经营权

私有企业的经营权是指董事会及经理人员代表公司法人经营业务的权利。国有企业的经营权是指企业对国家授予其经营管理的财产享有的占有、使用和依法处置的权利。所以说，所谓经营权是指企业的经营者掌握的对企业法人财产占有、使用和依法处置的权利。

经营权可分为法定经营权和约定经营权，其中法定经营权作为物权法定主义的必然结果，是企业依法律规定而直接取得的经营权，在性质上表现为企业法人财产权的重要组成部分，其设立是以法人制度的规范化为基础的。所谓约定经营权是指由两个以上出资人共同约定创设新的法人所衍生的经营权。它是以平等的商品生产者主体之间意思表示一致的合同为基础所发生的经营权。

一般情况下，投资者对企业的经营权没有特别要求，采用委托代理制度把经营权交给职业经理人团队。

（四）控制权

控制权是相对于所有权而言的，是指对某项资源的支配权，并不一定对资产有所有权。所谓资产，是指企业在过去的交易或事项中形成的，由企业拥有或者控制的，预期会给企业带来经济利益的资源。这里的拥有，就是一般意义上的产权，即对资源拥有处置的各项权利。而所谓的控制，是指在不拥有资源所有权的条件下，可以对资产所产生的主要经济利益进行支配。

新浪的控股权之争，堪称经典之作，曹国伟也因此荣获了2009年央视中国经济年度人物奖。在曹国伟收购控股权时，三家私募基金出资7500万美元，它们分别是中信资本、红杉资本以及方源资本。作为一项投资，3家私募基金在承担风险的同时，其获得的权益是分享新浪股价上涨后带来的经济收益。它们还各自获得了一个董事会席位，从而影响公司的决策。风投机构不仅进行投资，也参与企业的管理。在董事会的席位方面，新浪的管理层通过拥有多数席位（4席对3席）实现了对新浪投资控股公司的绝对控制。这样一来，新浪的控制权也牢牢地掌握在了曹国伟的团队手中。

六、投资者的退出方式

（一）通过股票上市退出企业

首次公开发行股票并上市是国际投资者首选的投资退出方式，在我国目前的法律框架下，外商同样可以通过股票上市的方式退出在华投资，该方式已为一些投资者所采用。根据有关法律规定和外商投资企业的实践，股票上市的退出机制可以采用境外控股公司上市、申请境外上市和申请境内上市三种途径。

1. 境外控股公司上市

在国际投资的实践中，投资者通常不会直接以自己的名义进行投资，而是首先在一些管制宽松的离岸法区如百慕大、开曼群岛、英属维尔京群岛、美国特拉华州等地注册一家控股公司，作为一个项目公司对华进行投资，而投资者通过该控股公司间接持有在中国的外商投资企业的股权。投资者这样做的目的是规避过于严苛的上市门槛，使暂时不具备上市资格的企业借由市场上存在的壳公司进行上市运作。以控股公司的形式申请上市是国际上通行的上市模式，为国际上大部分国家和证券交易所采用，如香港联合交易所主板和创业板均接受控股公司的上市。

风险投资者的盈利模式是"投入—回收—再投入"的不断循环，以实现自身价值的增值。因此，借壳上市就成为首选的方式。对境外投资者而言，通过境外控股公司上市而退出对中国内地的投资，是最为理想的退出方式之一。

2. 申请境外上市

申请境外上市，是指外商投资企业通过重组设立为股份有限公司后，经国务院证券监管部门批准，直接申请发行境外上市外资股和在境外证券交易所上市。中国内地的股份有限公司申请境外上市主要发行H股、N股、S股和L股等。外商投资企业，根据中国证监会1999年发布的《关于企业申请境外上市有关问题的通知》和《境内企业申请到香港创业板上市审批与监管指引》的相关规定，经过重组后，申请到境外主板或创业板上市并没有法律障碍。

外商投资的股份有限公司在申请境外上市中和上市后,可以通过两种方式退出在该股份公司的投资,即在股份发行时发售一部分现有股份和在公司上市后向其他投资者转让所持有的公司股份。但该种出售或转让须遵守有关法律和交易所上市规则的规定并履行相关的法律程序。

3. 申请境内上市

申请境内发行股票并上市包括发行A股和B股,在上海证券交易所和深圳证券交易所上市。

(1) B股上市。根据中国法律和证监会等相关部门的规定,凡发行上市前属于中外合资企业的B股公司,应就非上市外资股上市流通的问题征求原中外合资企业审批部门的意见,在获得原审批部门同意后,向中国证监会报送非上市外资股上市流通的申请方案。经中国证监会核准,B股公司外资发起人股,自公司成立之日起3年后,可以在B股市场上流通,外资非发起人股可以直接在B股市场上流通。

允许境内上市外资股(B股)公司非上市外资股上市流通,实际上也是国家为外资发起人提供的一个理想和畅通的"退出机制"。

(2) A股上市。在中国投资的外商以战略性投资者居多,它们寻求的是在中国的长远发展。近几年来,不少外商投资企业立足国内市场,并迫切希望到境内证券市场发行上市。中央政府也表示支持致力在我国境内进行长期业务发展、运作规范、信誉良好、业绩优良的外商企业进入证券市场。另外,一些国际知名的风投公司利用我国资本市场实现更好的发展,促进我国企业得到较好的投资,有利于我国企业融资难问题的解决。

随着中国资本市场和法律制度的完善,与B股公司一样,外商投资企业作为A股公司上市,也是我国为国外投资者提供的一种有效的退出机制。

(二) 通过股份转让退出企业

股份转让是指公司股东依法将自己的股份让渡给他人。在中国现行的外商投资法律制度下,国外投资者可以通过向外商投资企业的其他股东或第三方转让所持有的股权而退出原有的投资。根据进行股权交易的主体不同,股份转让的退出机制包括离岸股权交易和国内股权交易两种情况。

1. 离岸股权交易

如前所述,境外投资者对中国内地投资时,通常首先在一些管制宽松和税负较轻的离岸法区注册一家控股公司,作为一个壳公司对中国内地进行投资,而投资者通过该壳公司间接持有在中国内地的外商投资企业的股权。

这种壳公司的设置为投资者日后对外商投资企业进行重组提供了制度方面的方便,投资者如果决定退出在外商投资企业中的投资,无须出让在中国内地的外商投资企业的股权和取得中国有关主管部门的批准,只需将用于对中国内地投资的境外壳公司或持有的壳公司的股权出售给其他投资者。这种股权交易通常称为"离岸股权交易"。

在上述股权交易安排下,发生股权变更的是外商投资企业的股东而非外商投资企业本身,所以只适用国外壳公司所在司法区的法律和接受该司法区的监管部门的管辖。

2. 国内股权交易

股份转让的第二种方式是投资者通过直接出售所持有的外商投资企业的股权而退出在中国的投资。股权交易的相对方,可以是其他国外投资者,也可以是国内的投资者。

对于外商投资企业的股份转让,有关中外合资企业、中外合作企业和外商投资企业的相关法律、法规都有明确的规定,在履行相应的审批和变更登记程序后即可完成股份转让。例如中外合资企业的股份转让,合营一方向第三者转让其全部或者部分股权的,须经合营他方同意,并报审批机构批准,向登记管理机构办理变更登记手续;合营一方转让其全部或者部分股权时,合营他方有优先购买权;合营一方向第三者转让股权的条件,不得比向合营他方转让的条件优惠,否则转让无效。

(三) 其他方式退出企业

除了上述退出机制之外,还有一些退出机制经常为一些境外投资者,特别是一些风险投资基金在决定投资时作为退出机制条款列入投资协议。这些退出机制主要有管理层收购(MBO)、股权回购和公司清算等。

1. 管理层收购

在近20年,管理层收购被视为减少公司代理成本和管理者机会风险成本的可行手段得到迅速发展，作为一种有生命力的金融制度，对创业型企业的管理层具有较强的吸引力。就近年的外资创业投资者在国内的投资情况来看，它们经常将管理层收购作为选择性的退出机制之一。管理层收购属于国内股权交易中的一种情况。在中国现行的法律制度下，由于禁止国内的自然人作为中方的合营者参与外商投资企业的设立，因此如果由公司的管理层成员直接收购外方合营者的股权，将违反法律的有关规定。但如果公司的管理层通过先设立一家投资性公司（壳公司）来受让外方合营者的股权，将会避开现有的法律障碍。

2. 股权回购

鉴于国内现行法律禁止股份有限公司收购本公司的股票和外商投资企业在合营期内不得减少其注册资本的规定，外商投资企业对投资者进行股权回购有一定的障碍和难度。但从现有的法律规定来看，国家并没有完全排除这种可能性。随着中国公司法律制度的完善，国家将通过修改有关法律而使股权回购制度合法化，从而为投资者提供一种新的退出机制。

3. 公司清算

通过公司解散和清算来退出投资是投资者的最后选择，因为任何投资者在决定投资时都不希望日后公司解散、破产和清算。但如果所投资的企业因经营失败等导致其他退出机制成为不可能时，对公司解散和清算将是避免更大损失的唯一选择。

第三节　小米创新不断，融资势头不停

2019年7月22日，美国《财富》杂志发布2019年世界500强排行榜，小米集团以总排名第468位，上榜中国企业中排名第112位，全球互联网企业中排名第7位的表现，首次登榜成功，是最年轻的世界500强企业。小米成立于2010年4月，从成立到登榜世界500强，小米只用了9年时间，小米的发展和成长速度令人咋舌。提到小米，那就不得不提创始人雷军，雷军可谓小米的灵魂人物，小米凭借雷军提出的著名互联网七字诀"专注、极致、口碑、快"和独创的小米商业模式，一举成为行业标杆。为什么小米发展得如此之快？下面将梳理小米发展过程中的几个融资故事，以分析小米掌门人雷军的资本运作经验。

小米，对中国人来说可谓家喻户晓，小米的 IPO 也引起了国际资本市场的普遍关注。2018 年 7 月 9 日上午，小米集团在香港证券交易所正式挂牌上市，成为香港证券交易所首个同股不同权试点企业，这将 2018 年以来的 IPO 推向了第一个高潮。小米成功上市，尽管股票一上市就遭到破发，但雷军依然精神抖擞，投资人也依然充满信心。其实，各大投资人关注小米已经很久了，甚至有的投资人跟随雷军已经多年。

《华尔街日报》曾在 2014 年 10 月 29 日报道：继阿里巴巴集团成功在美国纽约证券交易所上市后，银行家们开始四处寻找中国的下一个科技公司，只有 4 年创业历史的智能手机制造商小米或可能成为下一个阿里巴巴。小米已经从全球 29 家银行举借到 10 亿美元的贷款。这 29 家借贷银行包括德意志银行、摩根大通、摩根士丹利、巴西银行、日本三菱东京 UFJ 银行、瑞士信贷集团和高盛集团，等等。

该新闻报道小米最新估值达 500 亿美元。真的吗？只有 4 年发展史的小米公司估值 500 亿美元？你信吗？投资人可是信了！下面就让我们回顾一下小米是如何发展起来的，它又是如何一轮轮按照常人不敢相信的估值而成功融资的。我相信这个故事讲完后，必将让你在资本运作观念、视角与分析维度等方面发生质的改变！

一、从"小米工作室"到"小米科技"

北京小米科技有限责任公司正式成立于 2010 年 4 月，由谷歌、微软、金山等公司的前顶尖高手创建，是一家专注于 iPhone、Android 等新一代智能手机软件开发与热点移动互联网业务运营的公司。

小米手机、MIUI、米聊是小米创业初期的三大核心业务。"为发烧而生"是小米的产品理念。小米首创了用互联网模式开发手机操作系统、发烧友参与开发改进的模式。

2010 年 4 月，小米正式启动，获得知名天使投资人及风险投资机构晨兴、启明的巨额投资。2010 年年底，小米推出手机实名社区米聊，在推出半年内注册用户突破 300 万人。2011 年年底，小米手机首批开放购买 10 万台，其间日新增用户产生了爆发式增长。数据显示，小米手机在日新增 Android 用户排名前 10 机型中一直位于第四位，位于 Lenovo A60、Galaxy Ace 和 Galaxy SII 之后。

小米手机就像中国手机市场的一匹黑马，在短短两年的时间里就杀入了 Android 手机市场前 5 名，很多人忍不住要问，小米手机从哪儿来的？

2010 年 4 月，雷军的师弟李华兵给雷军发了一封邮件，推荐一个从德信无线出走的无线业务团队，这个团队希望做一款独立的手机硬件，此事得到了雷军的支持。随后这个团队更名为"小米工作室"，也就是小米公司的前身，而他们的计划目标就是制作一个完全的手机体系——"小米手机"。这个目标与雷军的创业目标不谋而合，雷军开始创业便决定选择移动互联网行业，大家都知道这将是一套高难度动作，而他却认为难度越高越难以复制。

雷军的名字在当时的中国互联网界并不陌生，甚至他成名已久，被互联网界称为"活化石"，他曾在金山软件服务十几年，曾任金山软件的执行董事和董事会副主席，同时他还是一位著名的天使投资人。雷军 1992 年加入金山软件，成为金山软件的第 6 名员工，从开发部经理到珠海金山的副总，再到金山软件的总经理、总裁、副董事长。2007 年，雷军 38 岁，金山软件在香港上市。也就是这一年，雷军辞去了金山软件的职务，离开了金山软件。他给出的解释是："我感觉身心疲惫，想休息一下，另外一个原因是，我扮演的是一个创业时期的 CEO，金山当时更需要一个上市之后守业的 CEO。不过我当时坚信，我还会再干点儿别的什么事情。"

雷军所说的这个"别的什么事情"是要去圆自己年轻时的一个梦想。雷军大学时期读《硅谷之火》的时候，就想创办一家世界一流的企业，想做一件伟大的事情。

所以 2010 年 4 月，雷军和几位合伙人创办了小米公司。2011 年 8 月小米发布第一款小米手机，2012 年 6 月公司估值就已经达到 40 亿美元，小米的崛起速度之快在全世界互联网企业中都没有先例。让我们一起领略一下小米从工作室崛起为小米科技的传奇历程。

1. 2010 年

4 月 6 日，小米公司正式成立，并入驻银谷大厦。8 月 16 日，MIUI 首个内测版推出。12 月 10 日，米聊 Android 内测版正式发布。

2. 2011 年

1 月 8 日，公司因扩张迅速，迁至新址望京卷石天地大厦。7 月 12 日，小米创始团队正式亮相，宣布进军手机市场，揭秘旗下 3 款产品：MIUI、米聊、小米手机。8 月 1 日，小米社区正式对外上线。8 月 16 日，国内首款双核 3G 手机——

小米手机正式发布。8月29日，小米手机1000台工程纪念版开始发售。9月5日，小米手机正式开放网络预订，半天内预订超30万台。

3. 2012年

5月29日，小米通过官网预订和销售小米手机电信版，售完10万台。6月26日，小米董事长兼CEO雷军宣布，小米已完成新一轮2.16亿美元融资，此轮融资小米估值达到40亿美元，投资方均为国际顶级投资公司。随后，小米手机发布会一个接一个，小米手机1S及小米手机2经过多轮网络发售，迅速赢得了国内消费者的青睐，挤进了苹果、三星等智能手机队列。

这就是雷军的思维和小米的速度！很多企业都在研究小米、学习小米，甚至希望复制小米，但正如雷军进入移动互联网时所想的那样，复制没那么容易，这也正是移动互联网的特性。

二、初创业数轮融资，市值价值相得益彰

2010年年底，小米完成A轮融资，金额为4100万美元，投资方为晨兴、启明和IDG，公司估值2.5亿美元左右。

2011年12月，小米完成第二轮9000万美元融资，公司估值10亿美元，投资方包括启明、IDG、顺为基金、淡马锡、高通、晨兴。

2012年6月底，小米宣布，完成第三轮2.16亿美元融资，公司估值40亿美元。

2013年8月，第四轮融资总金额超20亿美元，小米整体估值达100亿美元。

2014年10月29日，小米已经从全球29家银行举借到10亿美元的贷款，完成第五轮融资，公司估值500亿美元。

成立4年多，小米已完成5轮融资，保持着每年一次融资的节奏，且前3年几乎每年保持市值3倍增长。早在2012年，雷军宣称小米市值40亿美元时，人们都认为他疯了。然而雷军在创业之初就定下目标："我们要做100亿美元的企业。40亿美元离这个目标还有些距离。"

然而一年之后，小米完成又一轮融资时，市值已经由40亿美元飙升到100亿美元，这意味着小米已成为中国第四大互联网公司，排名仅在阿里巴巴、腾讯、百度之后。人们不再说雷军狂妄，但确实得承认小米公司是在疯狂地成长。如果

人们对这样的奇迹无法置信，那么就不难想象出在每一轮的融资过程中，说服投资方认可小米的估值时，雷军和小米曾遇到过多大的困难与挑战！

2009年11月，为了小米的第一轮融资，雷军和晨兴资本合伙人刘芹通了个漫长的电话。两人从晚上9点谈到第二天早上9点，雷军换了三块手机电池，刘芹换了三个手机。最后，刘芹答应加入，投资雷军这项未知的事业（这一点很值得企业界的朋友思考，你在融资的路上是否同样执着）。后来，雷军总结这次长达12个小时的谈判时，认为自己用四个字打动了刘芹。雷军说："我对创业仍有'敬畏之心'。"刘芹问："为什么敬畏？"雷军说："因为我看过太多人'死'了，不是因为我叫作雷军，就不会'死'。"雷军自己也是天使投资人，他有自己的投资哲学：第一，不熟不投；第二，只投人不投项目；第三，帮忙不添乱。雷军用自己的这套风投逻辑征服了投资人。

2013年的融资，从3月持续到8月才尘埃落定。相对来说，这一轮融资对小米来说是最难的，因为没有人相信，一家创办只有3年的公司有100亿美元市值，而且还是一家中国公司。很多投资人在接洽小米的时候往往当时就同意了，但一到董事局就会被否决，主要问题是100亿美元的估值挑战了所有人的心理预期。几乎所有的投资项目经理在当时的董事会上都得到了同样的质疑：小米的估值太高了！雷军也太狂了吧？100亿美元的小米，在中国的硬件公司排行中，仅次于联想。同时，这一市值超过了黑莓的52.93亿美元，差不多值两个黑莓。联想和黑莓奋斗了多少年才达到这样的市值，小米一家民营公司怎么可能在这么短的时间里达到100亿美元？

2014年3月30日，雷军在2014深圳IT领袖峰会上表示，小米2012年的销售额为126亿元，2013年为316亿元，2014年有机会做到800亿元（实际为743亿元），到2015年有机会过千亿元（当年数据未公布）。

小米的市场销售业绩让人们觉得小米似乎并不缺钱，那么小米为何还要融资？雷军这样解释小米的融资："原因非常简单，有合理的市场价钱后，就可以招募到更优秀的人，可以并购合适的公司，因为并购不仅仅需要现金来买，很多公司不一定是用钱买的，你可以花股份来买，不要等到你想花股份来买时，你发现你的股份根本买不了，所以小米需要进行价值重估。"

对于小米的历次融资，投资者对小米估值依靠的都不是传统的市盈率，而是"市梦率"，也就是说，大家赌的是小米能不能实现百亿美元公司的梦想。

三、3年暴涨39倍，投资者坚信小米价值

从2010年估值2.5亿美元，到2013年估值100亿美元，这样凶猛的增长不禁让人有些质疑，这100亿美元的估值是真金白银还是泡沫？

虽然阿里巴巴在金融领域的地位是独一无二的，无法将小米与阿里巴巴在同一标准上定义或看齐，但是小米一向强调硬件+软件+服务"铁人三项"的经营理念，在硬件业务可以支撑企业运转的情况下，在软件服务上继续投入，以争取用性价比满足用户的个性化诉求。在这一点上努力的创业公司不在少数，但成功案例却鲜有。而小米在互联网和手机领域互相占有的独特性扩展了投资者对小米未来的想象空间，因此，投资者认为100亿美元的高估值在情理之中。

四、成功源自世界对勤奋厚道人的默默奖赏

雷军曾在股票上市的前一天，致全员公开信中表示，这一切只是刚刚开始，上市从来不是小米的目标。小米奋斗不是为了上市，上市是为了更好地奋斗。世界会默默奖赏勤奋厚道的人。

2020年3月31日，小米集团发布的2019年年报显示，2019年全年总收入突破2000亿元，实现总收入达2058亿元，同比增长17.7%；2019年第四季度总收入565亿元，同比增长27.1%，是小米集团2019年营收最高的季度。2019年小米集团经调整净利润达到115亿元，同比增长34.8%。小米集团2019年手机业务表现突出，小米集团智能手机全年出货1.25亿部，稳居全球第四！

五、案例分析

小米不缺钱，但为什么还要不断地融资？

首先，我们要搞清小米融资的动机是："原因非常简单，有合理的市场价钱后，就可……所以小米需要进行价值重估。"通过雷军的讲话不难看出，小米的融资是为下一步并购扩张做准备。虽然我们无法确切了解小米的并购扩张战略，但通过雷军"我相信，用这样的模式经过5~10年，小米有机会成为世界第一的智能手机公司"的讲话，可以想象小米会有更精彩的未来。

那么，小米究竟拥有一种什么魔力让投资人做出大胆的决定呢？百亿美元估值的背后有何秘密？通过下文分析，相信投资者的决策是正确的。

自从小米举办首次手机发布会以来，小米手机能否成功就成为业界的一大热

点话题。在业界特别是手机界专业人士普遍看衰的情况下，小米手机的销售却异常火爆，始终处于供不应求的状态，前两轮开放购买都在短时间内将 10 万台的备货销售一空，第三轮开放购买更是引发了抢购热潮，截至 2012 年 3 月，小米手机的销量已超过百万台。

小米火热的市场表现超出了人们的想象，有人说小米手机的硬件配置是现有技术的组合，称不上重大技术创新。MIUI 操作系统是在 Android 基础之上改进的，而米聊虽然号称有数百万名用户，但比起当时的 QQ 来就是小巫见大巫。我们从硬件配置上找不到小米的过人之处，但当雷军将其拥有的资源整合在一起时，小米就拥有了一种神奇的力量。

投资人之所以看重小米，是因为它在营销模式、商业模式及竞争战略上做出了创新。

（一）营销模式创新

小米手机除了运营商的定制机外，只通过电子商务平台销售，最大限度地省去了中间环节。互联网直销这种营销方式采取按效果付费的模式，这样能大大降低小米的运营成本，从而最终降低小米产品终端的销售价格。

另外，小米创业的前 4 年，从未在电视媒体上做过广告，雷军说保持产品的透明度和良好的口碑是小米初步取胜的秘诀。从 MIUI 开始，小米就牢牢扎根于公众，让公众（尤其是发烧友）参与开发，每周五发布新版本供用户使用，开发团队根据用户反馈的意见不断改进，此后的米聊和小米手机皆如此，而且小米还鼓励用户、媒体拆解手机。

有人说发烧友是一个特定的用户群，不一定能代表广大用户，但这些人其实是最苛刻的用户，他们反馈的意见将推动小米手机不断改进用户体验。而且，数十万人的发烧友队伍是口碑营销的主要力量。小米成功依靠的是 MIUI、米聊用户，以及以发烧友为原点带动的口碑营销。

（二）商业模式创新

2011 年，所有手机厂商的商业模式都是靠销售手机赚钱，在商业模式上，小米也可以和传统手机厂商一样靠硬件盈利，但小米却把价格压到最低，把配置做到最高。作为一家互联网公司，小米更在意用户的口碑，只要有足够多的用户，盈利自然不是问题，最后也许小米只卖出了 100 万部手机，但是却吸引到了几千万名移动互联网用户。

谷歌的 Android 免费，是想通过搜索和广告赚钱，亚马逊的 Kindle Fire 亏本销售也是这个思路，只要用户足够多，以后通过终端销售内容和服务就可以盈利。大部分手机厂商没有经营用户的意识，只知道单纯地卖手机，没看到手机作为移动终端背后的庞大市场。

小米有自己的手机品牌，并且有系统级产品服务，这样用户就不仅是小米的手机用户，而且是小米的系统用户，这样发展起来的用户更有价值。其实从这一点上说小米与苹果已经很类似了，它们的区别是苹果的利润主要来自硬件，而小米却不靠硬件赚钱。

（三）竞争战略创新

大家都清楚，当一家小公司没有资源、品牌和用户时，它必须找到一个最适合的战场，让大公司看着眼馋却不敢进来。

显然，小米找到了一片这样的蓝海：在不靠硬件赚钱的模式下发展手机品牌，软硬件一体化，定位中档手机市场，价格向下看，配置向高端机看齐，甚至领先。基于对产品空间以及利润空间的考虑，其他厂商不太好进入这个市场。

另外，手机与移动互联网结合的模式也使得小米没有竞争对手，小米所有做 Android 开发的竞争对手都不是它做手机的竞争对手，所有做手机的竞争对手又都不是它做 Android 开发的竞争对手。就算竞争对手模仿跟进，也将遇到难以想象的困难和挑战。小米相对于一般的 Android 厂商的优势是它有多个差异化竞争手段（MIUI、米聊等）。

手机是目前人们唯一不可或缺的随身携带的电子设备，未来所有的信息服务和电子商务服务都要通过这个设备传递到用户手上，谁能成为这一入口的统治者谁就是新一代的王者。王者必须集硬件、系统软件、云服务三位于一体，雷军反复说的铁人三项赛就是指这三项。小米正是朝着这个方向走的，这就不难想象只有 10 岁的小米可以引起业界如此关注，并取得这样成绩的原因了。

第四节　京东前途可期，资本争先恐后

2020 年新春伊始，突如其来的新冠肺炎疫情严重影响了人类健康和经济发展，

全国人民上下一心，众志成城，共抗疫情。

1月21日，京东集团迅速启动了抗击疫情专项行动。截至2月2日，京东已累计投入人民币近2亿元，分别用于防护和医疗物资捐赠、驰援湖北专线运力投入以及针对湖北和其他疫情严重地区的民生保障投入等项目。京东物流在战"疫"最紧张的时刻，及时响应钟南山院士团队的需求，在黄埔区住建局的协调支持下，一天之内将100台制氧机送抵汉口医院，缓解了医院物资紧缺的问题。截至2月4日，京东物流已将来自全国超过1300吨防疫物资以及民生应急物资送往武汉及周边地区。

对京东物流认可的钟南山院士写道："感谢京东心系医疗救助一线，以最快的速度将急需医疗物资送达武汉！"

在这次抗疫中，京东物流不仅为疫区送去了物资，也为各大国际行业巨头带去了便利，很多行业巨头纷纷为京东物流点赞。人们对京东的物流速度和高度的社会责任感给予了赞美，京东商城和刘强东也再次刷新了人们的认知。

2019年，京东集团全年净收入为5769亿元（约829亿美元），同比增长24.9%。其中，全年净服务收入为662亿元（约95亿美元），同比增长44.1%；全年归属于普通股股东的净利润达到122亿元；全年自由现金流增长至195亿元；京东电商网站成交总额首次突破2万亿元。第四季度超过七成新用户来自下沉市场。京东商城已经成为中国B2C市场较大的3C网购专业平台，其以包装专业、物流迅速、产品评价比较真实等深受消费者喜爱。

京东不是做电商的吗？京东物流的速度为何如此之快？京东集团为何如此强大？

刘强东给人留下的印象可能是"鲁莽、强硬"。相信所有的网民都还记得2012年8月15日的那场电商大战。那场后来被称为"815大战"的电商之争，是由京东商城CEO刘强东挑起的，他在2012年8月14日上午10点连发两条微博：京东大家电3年内零毛利，所有大家电保证比国美、苏宁连锁店便宜10%以上。接着苏宁高管也放话：保持价格优势是我们对消费者最基本的承诺，苏宁易购包括家电在内的所有产品价格必然低于京东，任何网友发现苏宁易购价格高于京东，我们都会即时调价，并给予已经购买的反馈者两倍差价赔付。

一语激起千层浪，一时间，京东、苏宁、国美的网上电子商务平台迅速展开价格战，随后当当、易迅、一淘等网站也纷纷加入混战。

"815大战"结局输赢难判，虽然刘强东公开剖白一日亏两亿，令众网民咋舌，但有投资人道出资本真相：是赔是赚，不同的利益方各有自己的算账方式。京东大手笔"烧钱"，一度被传资金链将断，外部环境纷纷唱衰。然而，2013年2月16日，京东完成第四轮股权转让融资，"京东将死"的噪声才近绝迹。强势的刘强东，一路"烧钱"，一路亏损，却一路私募吸金，这其中奥妙何在？

一、非典转型，变道电商

刘强东，京东商城的创始人，并任京东商城董事局主席兼 CEO。

刘强东出生于江苏宿迁，在中国人民大学读书时就积极创业，他强势、凌厉的个人风格也贯彻在其创建的企业中。在利润问题上，多年以来，京东被认为掉进了"巨亏—融资—巨亏"的旋涡中，而他认为，价格战、巨资投入的物流体系等都是为了提升消费者满意度，消费者满意度就是企业的价值，有价值的企业不会赚不到钱。京东高速增长的销售额也足以给刘强东和投资人信心：从2004年的1000万元一路疯涨到2013年的约1200亿元。2014年5月，京东于美国纳斯达克上市。当时，有预测者认为，京东将成为下一个亚马逊。上市当天，京东商城的微博披露了刘强东给员工写的一封信，刘强东表达了对时代、消费者、供应商的感恩，也信心十足地说，要成就一个伟大的世界级企业。下面，我们来回顾一下京东的发展历程。

1998年6月18日，刘强东在北京中关村创办了京东公司，当时公司的业务是代理销售光磁产品。短短两年内，当时的京东公司就成为全国最具影响力的光磁产品代理商。

2003年，非典对传统零售业造成了重大冲击，刘强东果断放弃在全国扩张连锁店的计划，决定转战电子商务领域。

2004年1月，刘强东带领公司正式创办了"京东多媒体网"，即京东商城的前身。随后他在北京、上海创建了两家在线零售公司。

2006年11月，刘强东等人在英属维尔京群岛组建了海外控股公司 Star Wave Investments Holdings Limited，该公司在2014年1月改名为360buy京东公司。之后，360buy京东公司迁至开曼群岛，依开曼群岛法律成为一家豁免公司，并更名为 JD.com 公司。

2007年4月，刘强东在北京创建了京东全资子公司北京京东世纪贸易有限公司，简称京东世纪，之后又陆续成立了一系列从事批发零售、物流快递、产品研发和互联网金融的子公司。

2013 年,京东正式获得虚拟运营商牌照。

2014 年 5 月,京东集团在美国纳斯达克证券交易所正式挂牌上市。

2015 年 7 月,京东凭借高成长性入选纳斯达克 100 指数和纳斯达克 100 平均加权指数。

2016 年 6 月,京东与沃尔玛达成深度战略合作,1 号店并入京东。

2017 年 1 月 4 日,中国银联宣布京东金融旗下支付公司正式成为银联收单成员机构。2017 年 4 月 25 日,京东集团宣布正式组建京东物流子集团。2017 年 8 月 3 日,2017 年"中国互联网企业 100 强"榜单发布,京东排名第四位。

2019 年 7 月,京东位列 2019《财富》世界 500 强第 139 位。

二、模式创新叠加快速扩张,盈利可期赢得资本青睐

实际上,京东在融资的过程中一直以来均未真正实现盈利。这不禁让人慨叹:尚未盈利仍能不断融来巨额资金,京东是用什么秘密武器说服了高傲挑剔的投资人,而投资人又到底看中了京东的哪些价值?

投资人是否愿意投钱,关键是看这个企业有没有赚钱的本事,投资的目的无非是赚到更多的钱,只有能够赚钱,投资人才愿意投钱。道理说来简单,而在真正的融资过程中,投资人对投资对象的估值和风险预测则是一场复杂而残酷的资本博弈。

关于京东估值缩水的消息层出不穷。2012 年 5 月,京东在香港的上市推荐会上,邀请了高盛、美林、JP 摩根等券商,这些券商的分析师之间存在的最大分歧便是京东的估值问题。京东的期望值在 100 亿~120 亿美元,而券商讨论的估值结果则是 60 亿美元。

无论估值缩水之说是否属实,不可否认的是,并未实现盈利,是京东的一大硬伤。盈利能力是考量一家企业实力的重要指标,京东的电商之路已经铺开,实现盈利才能给投资者吃一颗定心丸,也是最能体现京东自身价值的证据。

刘强东是一个有鲜明个性魅力的电商创业者,他对京东一直充满信心,他一直向股东和投资商灌输一种理念:"今天花掉的每一分钱,将来都会 10 倍、100 倍地赚回来。"

刘强东如此自信的底气到底从何而来呢?

1. 京东速度让同行望尘莫及

投资者可能不喜欢刘强东的强势性格，但喜欢京东的强势发展势头。京东给人的想象空间实在诱人，根据京东公开的数据，2010年京东销售额约16亿美元，2012年则达到了97亿美元，是2010年的6倍。值得注意的是，2012年是电商环境大萧条的一年，很多B2C、团购网站因为资金链断裂而倒闭，萧条市场下，京东扮演了一个收割者的角色。许多业内人士看到京东2012年的年报数据时为之惊叹。

2. 京东模式，以平台盈利

刘强东并未将赌注全部押在投资商的钱和京东电子商务的销售表现上，他的目光远不止于此。当刘强东拿到7亿美元的融资时，他给京东内部所有员工发了一封邮件，告诉京东所有人，未来的电商纷争必然是平台之争，京东不想做电子商务公司，京东将陆续开放Web、物流、信息系统，同时布局金融业务。

三、巨额融资力促发展，驾驭资本不失控制

俗话说，天下没有免费的午餐。风投将巨额资本投入企业，以股权出让方式进行融资的企业要付出的代价便是某些权利的丧失或放弃。2011年4月，刘强东曾经表示，巨额融资之后，他对京东商城仍然拥有绝对的控制权。当时，京东商城一共有9个董事会席位，刘强东独拥5个。

完成D轮融资（2013年）之后，京东的投资方包括近10家机构及个人股东，这些股东之间的纷争和其与京东管理层之间的利害关系或成为京东绕不开的难题。

京东融资经历如下。

2007年8月，京东赢得国际著名风险投资基金——今日资本的青睐，首批融资1000万美元。

2009年1月，京东获得来自今日资本、雄牛资本以及亚洲著名投资银行家梁伯韬先生的私人公司共计2100万美元的联合注资。

2011年4月，京东获得俄罗斯的DST、老虎基金等6家基金和一些社会知名人士的投资，金额总计15亿美元。

2012年10月，京东获得加拿大安大略教师退休基金和老虎基金3亿美元的联合注资，两者分别投资2.5亿美元和5000万美元。

2013 年 2 月，京东完成新一轮 7 亿美元融资，投资方包括加拿大安大略教师退休基金等。

2014 年 3 月，京东获得腾讯 2.14 亿美元现金战略投资。

事实上，早在 2008 年，外界曾有传言，京东资金链将断，融资拿不到钱。刘强东在 2013 年的相关采访中，解释了当时的情况："实际情况是，我们要多少钱股东都会给我们，但我们希望找新风投，担心老股东拿太多股份。"也就是说，刘强东在每次融资中，都在谨慎规避股权失衡的风险。

从结果来看，京东在 2007 年 8 月至 2014 年 3 月期间，经过多轮资本运作，累计融资 27.45 亿美元，虽然刘强东个人持股比例持续下降，但依旧掌控着公司董事会。

2020 年 5 月 13 日，南方财富网报道[⊖]：2019 年年报显示，刘强东持有京东 4.46 亿股，相当于 15.1% 的股权，为公司第二大股东，但同时拥有公司 78.5% 的投票权。公司第一大股东为腾讯，持股 17.9%；公司第三大股东为沃尔玛，持股 9.8%。

四、志存高远，经略未来

2013 年 2 月 17 日，刘强东在拿到 7 亿美元的融资之后向公司内部员工发出一封邮件，内容如下。

> 各位同事，几年前我说过：能够为客户创造巨大价值的公司永远不会失败！如果我们 2007 年不开始投资物流和信息系统，那么我们 2007 年前都是盈利的，但那最多是个赚钱的成功个体电商而已！如果我们不进行品类扩张，我们 2010 年就可以实现微利！那只是一个成功的 3C 垂直电商而已！如果我们不在 10 年前就开始筹备 POP 业务，去年就可以实现季度盈利！那只是一个成功的电子商务公司而已！而我们真正做的是平台！！！一个和阿里完全不同的平台！！！
>
> 两年前我就说过：未来，我们所有业务都要平台化！所以后来我们陆续开放 Web、物流、信息系统，同时布局金融平台业务（这些业务前 3 年带来的都是亏损）！我们今天投资的所有业务都将向社会开放，都将成为一个又一个平台！最后形成一个庞大的平台网络！

⊖ 资料来源：http://www.southmoney.com/caijing/caijingyaowen/202005/5695412.html。

未来的商业纷争必然是平台之战，背后是价值之战！

谁到最后真正能够为客户带来最好的用户体验从而为客户创造更多价值，比拼的是最终谁能够保证产品质量、服务更好、价格最低；谁到最后真正能够为合作伙伴带来更低成本、更高效率从而他们创造更多价值，比拼的是供应链服务能力，等等。

谁到最后真正能够为社会创造更多价值，比拼的是有质量的就业、税收贡献等一切合法化、阳光化。谁能带来更多价值谁就能笑到最后！！！

我们会继续以价值为中心进行持续的投资，一切着眼未来进行投资！今天花掉的每一分钱，将来都会10倍、100倍地赚回来！

融资不是一项技术！没什么值得高兴的！有了钱未必行，但是没有钱万万不行！本轮融资已经到账，迄今我们的账户上最多已经拥有超过150亿元的现金储备！

依赖强劲的现金流，前面的十几亿美元一分钱都没少，还多了十几亿元人民币，这些钱将会保证我们不必顾及短期财务表现，立足未来进行长期投资！

可见，京东将以平台为发力点，为此京东已经布局良久。在外界看来，京东不断"烧钱"却未曾盈利，前景堪忧，而在刘强东看来，这是价值投资的精髓。京东可谓志存高远，经略未来。

五、持续融资不减公司控制权，不断创新终成国内前三名

北京时间2014年5月22日21:30，成立10年的京东商城登陆纳斯达克，开盘价为21.75美元/股，发行价为19美元/股，上涨了14%。按开盘价计算，京东市值为297亿美元，可融资20.4亿美元。京东上市是当时中国民营企业在美国最大的一单IPO，按市值计算，京东成为仅次于腾讯、百度的中国第三大互联网上市公司。

京东上市的效果让很多看空的机构诧异，一直没有盈利的京东为何受到如此热捧？以下三点分析回答了它们。

（一）多轮融资，话语权不减

在 IPO 之前，经过多轮股权融资，创始人的股份渐渐被稀释，但刘强东仍然持有京东 18.8% 的股份，为第一大股东；老虎基金持有 18.1% 的股份，排名第二；腾讯持有 14.3% 的股份，排名第三。在 IPO 之后，刘强东持有京东 20.5% 的股份，他的股份类型全部为 B 类股，根据京东 A、B 股投票权 1 比 20 的设置，刘强东拥有京东 83.7% 的投票权。

（二）名企入股，估值翻番

2014 年 1 月 30 日，京东商城正式向美国证券交易委员会提交上市文件。当时有机构预测京东上市估值约为 80 亿美元。

随后，京东与腾讯牵手。3 月 21 日，京东又递送了新的招股书，表示引入腾讯后，微信等腾讯移动流量资源给京东带来的价值为 10 亿美元。

同时，招股书显示，腾讯入股后京东的估值为 157.21 亿美元。也就是说，京东估值增长了 96.5%（按 1 月底估值 80 亿美元计算）。

毫无疑问，京东估值上升主要是因为与腾讯的合作，京东称，这一合作不仅扩展了京东的业务范畴，有利于京东业务的提升，而且可以使京东股票发行折扣率从 19% 降至 17.5%。

（三）美国人眼中的亚马逊

根据公开财报，2013 年，京东净营收约合 114.54 亿美元，亚马逊达 744.5 亿美元，是京东的 6.5 倍。截至 2014 年 5 月 13 日，亚马逊市值为 1393.76 亿美元，是京东市值（按开盘的 297 亿美元计算）的 4.7 倍。京东在美国上市路演中，一些美国人就已经把京东称为"中国亚马逊"。

由此可见，刘强东的智慧与胸怀得到了其投资者的肯定，他们对京东抱有足够的信心。

六、案例分析

（一）分散股权，规避风险

从刘强东对记者说"实际情况是，我们要多少钱股东都会给我们，但我们希望找新风投,担心老股东拿太多股份",可以看到刘强东在每次的融资中,都在谨慎规避股权失衡的风险。

(二)绝对的掌控力

投资者虽然不喜欢强硬的刘强东,但很喜欢强硬的京东股份,也很相信刘强东运筹帷幄的能力。在 IPO 之后,刘强东仅持有京东 20.5% 的股份,却拥有京东 83.7% 的投票权,绝对掌握着公司董事会的控制权。

(三)募资低迷期,可转债诱人

京东的早期投资者多为基金公司,它们更加注重长期收益性与稳定性。

在创投募资低迷的艰难环境下,京东还是成功获得融资,这说明投资人更加注重企业的长期收益性与稳定性。从安大略教师退休基金的背景看,它并不认为投资京东是一笔高风险投资。该基金不像一般的 PE(风险投资)、VC(私募股权投资)那样对单一项目表现激进活跃,而注重长期收益性与稳定性,该基金将资产管理与基础设施投资作为基金收益的主要来源。

京东的股权转让融资是以可转债的方式进行的,这种方式对于京东来说无疑是一个严峻的考验,虽然避免了短期股权的稀释,但增加了财务成本,并且在到期后还有需要进一步融资的风险。京东虽然可以在融资后逐步酝酿 IPO 之路,但谨慎的安大略教师退休基金以可转债方式投资京东,则是一个可攻可守的妙招,大大规避了京东股权贬值或者套现困难带来的风险。

(四)牵手名企,择机借势

《孙子兵法·势篇》有曰:"激水之疾,至于漂石者,势也;鸷鸟之疾,至于毁折者,节也。是故善战者,其势险,其节短。势如扩弩,节如发机。"这段内容的意思是:湍急的流水能移动大石,这是由于水势强大的缘故;凶猛的飞鸟,以极快的速度飞行,以致能捕获鸟兽,这是由于节奏恰当的缘故。所以,善于指挥作战的人,他所造成的态势是险峻的,他所掌握的行动节奏是短促而猛烈的。这种态势,就像张满的弓弩;这种节奏,犹如扣引弩机。

企业资本运作也是如此。京东在 2014 年 1 月 30 日正式向美国证券交易委员会提交上市文件后,迅速进行了上市前最后一次股权结构调整,及时吸引资本实力雄厚的腾讯入股，借机造势，吸睛投资者，为逆势 IPO 做好了战前准备。

(五) 逆势 IPO，获超额认购

2014 年以来，美国科技股的 IPO 市场已经降温，纳斯达克互联网股票指数累计下挫了 8%，与京东业务相似的美国公司亚马逊的股价下跌了 24%，推特股价下跌了 50%。京东是在投资者对科技股公司股票抱有强烈怀疑的背景下进行 IPO 的。

京东于 2014 年 5 月 12 日在香港启动全球首场 IPO 路演，获得美国科技基金足额认购，中国投资者、国际长期基金和主权财富基金也认购了京东股份；京东在美国的路演同样顺利，受到美国市场的欢迎，获得 15 倍超额认购，在美 IPO 价格定在 19 美元，超过此前预期。

京东逆势 IPO 获得资本市场热捧并不奇怪。国外资本市场将京东称为"中国亚马逊"，除了自营 B2C 业务外，京东也在拓展包括京东物流等在内的其他各项业务。

第七章
CHAPTER 7

项目融资

项目融资是针对某些大型建筑工程项目进行融资的一系列融资模式的统称。项目融资的主要特点是以项目自身投入的资产或以项目未来收益作为还款来源或股东分配来源，一般以项目公司的名义来筹集使用期限在一年以上的资金，用项目运营收入承担债务偿还责任。项目融资的具体操作模式有 PPP（公共私营合作制）、BOT（建设—运营—转让）、BT（建设—移交）、BOO（建设—拥有—运营）、BOOT（建设—拥有—运行—移交）、TOT（移交—经营—移交）和 ABS（资产支持证券）等多种。在实际运用中，项目融资与企业增资扩股或 IPO 相比，方法简单，操作灵活。

本章将重点阐述 PPP 融资、BOT 融资、资产证券化融资的运作模式。

基础知识

（一）PPP 融资

PPP 是英文 public-private-partnership 的缩写，意为公共私营合作制，它既是地方政府的一种项目运作模式，也是地方政府的一种融资模式。PPP 项目的运作是指政府与私人组织之间，为了合作建设城市基础设施项目，或是为了提供某种公共物品和服务，以特许权协议为基础，彼此之间形成一种伙伴式的合作关系，并遵循利益共享、风险共担的原则，通过合同来明确双方的权利和义务，以确保合作项目能顺利完成，最终使合作各方达到比预期更好的结果。

PPP 模式的内涵主要包括：① PPP 模式的魅力在于项目的预期收益较高、资产规模以及政府扶持措施的力度较大。② PPP 模式可以使社会各类资本更多地参与到政府项目中，减轻政府初期建设资金不足的困难和风险，快速为社会提供高质量的基础设施服务。③政府与社会资本以特许经营协议为基础进行全程合作，双方共同对项目运行的整个周期负责。④ PPP 模式可以在一定程度上保证社会资本的盈利需要。政府除了可给予社会投资者相应的政策补贴外，还会给予税收优惠、PPP 项目沿线土地优先开发权等，通过实施这些政策可提高社会资本投资城市基础设施项目的积极性。

（二）BOT 融资

BOT 是英文 build-operate-transfer 的缩写，通常直译为建设—运营—转让。BOT 的运营过程是：项目公司首先与政府签订特许经营协议，然后筹集资金并将其投入该项目的建设中，直到项目建成验收合格后投入运营；项目公司在运营期内向社会提供公共服务，运营期内所得收益归项目公司所有；待特许经营协议期限结束时，项目公司将该项目所有设施完好无损地无偿转让给政府。BOT 模式主要适用于建设收费公路、桥梁、发电厂、铁路、废水处理设施和城市地铁等基础设施项目。

BOT 融资的特点是：①减少项目对政府财政预算的影响，BOT 融资不构成政府外债。②把项目公司的经营机制和管理引入公用项目，可以极大提高项目建设质量并加快项目建设进度。③政府将项目建设和运营风险转移给了项目公司。④吸引外国投资并引进国外的先进技术和管理方法，对地方的经济发展会产生积极的影响。⑤引导民间资本投向公共基础设施建设，发挥民间资本的投资效用。

（三）资产证券化融资

资产证券化是指以基础资产未来所产生的现金流为偿付支持，通过结构化设计进行信用增级，在此基础上发行资产支持的证券（asset-backed-securities，ABS）的过程。它是以特定资产组合或特定现金流为支持，发行可交易证券的一种融资形式。自 1970 年美国的政府国民抵押协会，首次发行以抵押贷款组合为基础资产的抵押支持证券——房贷转付证券，完成首笔资产证券化交易以来，资产证券化逐渐成为一种被广泛采用的金融创新工具，从而得到了迅猛发展。

第一节　PPP 融资模式

近年来，PPP 融资模式在中国基础设施建设领域越来越受到青睐，社会资本的介入不仅解决了基础设施建设的资金短缺问题，而且可以降低成本和提高效率。但是，由于 PPP 是一种新生事物，对此我国政府和社会普遍缺乏经验，应用中也遇到了诸多实际问题，例如没收保函、重新谈判、出现竞争性项目、公众反对、市场需求变化、政府提前回购等，个别项目还走上了仲裁之路。PPP 失败的原因有很多，集中表现在项目双方当事人对 PPP 模式的内涵、运作程序以及潜在风险缺乏了解，草率签订合同，甚至政府监管失控等。本节将阐述 PPP 模式运营的基本原理、推广意义、融资分类和运作流程等基础层面的内容，希望大家和参与地方政府 PPP 项目运营的企业能从中受益。

一、PPP 模式运营的基本原理

（一）政府主导

PPP 模式的核心是政府主导，由企业进行实际操作，充分发挥企业的专业能力、资金优势和管理优势。社会资本的参与既可以补充政府建设资金，又可以解决运营效率低下的问题。同时，该模式下政府可以将更多的资源和精力投入宏观管理和监控，从而进一步提升城市管理效率和城市竞争力。

（二）契约精神

与其他运作模式相比，PPP 模式的最基本原理是基于公私部门互相合作的契约精神。通过合同的签署，公共部门和社会资本方确定一致的目标，各自的权限、经营范围和年限，在彼此认同的基础上形成合力。双方通过发挥各自优势，充分利用有限资源，建立长期合作关系，实现产品和服务的最优化，实现共生、共赢的效果。这种长期合作就是基于合作条款上的彼此信任，互相尊重，强调契约精神。

（三）利益共享，风险分担

该模式下，公私部门可以获得各自不同的利益，政府部门可以为社会提供优质的服务，解决好民生和经济发展问题，私营机构可以取得相对高而稳定的投资回报，同时双方合理地分配风险，共同承担。双方对项目的成败都负有共同的责任和义务，同时共同承担项目可能发生的各类风险。地方政府和与项目直接相关的部委要保证项目的财政承受力，避免举债过高。各国政府 PPP 投资占公共投资比例一般以不超过 15% 为宜，这样可以保证地方债务不会过重，避免出现债务危机。企业也要保证项目流畅的现金流，以及合理的股权和债权比例，避免出现资金链断裂的严重后果。

当项目运营良好，有较好的收益时，需要政府和社会资本方有一个有效可行的利润分配机制，以确保双方收益合理合法。由于 PPP 项目具有公共属性，因此要尽量避免项目过于逐利的行为。

（四）物有所值

物有所值是 PPP 项目最基本也是最重要的法则。由于 PPP 项目是公共项目，最终的支付方是政府和纳税人，因此需要对项目保持一种审慎、认真、负责的精神，将每一分钱都花到有用的地方，充分体现出钱的"价值"，而这种"体现出钱的价值"的过程就可以看作物有所值原理的雏形。物有所值原理，简单而言就是以最少的资源获得最大的利益，钱要花在刀刃上，要花得值得。PPP 项目必须遵循物有所值原理，所有项目必须通过物有所值测试才可以立项。物有所值原理反对在公共项目采购中只使用成本作为单一评价指标的方法，并提出要综合衡量项目的效益、效率和经济三个指标。

二、我国推广运用 PPP 模式的意义

PPP 模式可以加快我国城镇化发展进程。城镇化建设是随着一个国家或地区社会生产力的发展、科学技术的进步以及产业结构的调整，其社会由以农业为主的传统乡村型社会向以工业和服务业等非农产业为主的现代城市型社会逐渐转变的历史过程。城镇化建设是现代化的要求，也是稳增长、促改革、调结构、惠民生的重要抓手。立足国内实践，借鉴国际成功经验，推广运用政府和社会资本合作模式，是国家确定的重大经济改革任务，对于促进经济转型升级、提升国家治理能力、构建现代财政制度具有重要意义。

（一）促进经济转型升级

政府通过开放基础设施和公共服务项目，以 PPP 模式引入社会资本，可以拓

宽城镇化建设融资渠道，形成多元化、可持续的资金机制，有利于整合社会资源，盘活社会存量资本，激发民间投资活力，拓展企业发展空间，提升经济增长动力，促进经济结构调整和转型升级。

（二）提升国家治理能力

规范的政府和社会资本合作模式能够将政府的发展规划、市场监管、公共服务职能，与社会资本的管理效率、技术创新动力有机结合起来，减少政府对微观事务的过度参与，提高公共服务的效率与质量。政府和社会资本合作模式要求平等参与、公开透明，政府和社会资本按照合同办事，有利于简政放权，更好地实现政府职能转变，弘扬契约文化，体现现代国家治理理念。

（三）构建现代财政制度

根据财税体制改革要求，现代财政制度的重要内容之一是建立跨年度预算平衡机制，实行中期财政规划管理，编制完整体现政府资产负债状况的综合财务报告等。PPP模式的实质是政府购买服务，要求从以往单一年度的预算收支管理，逐步转向强化中长期财政规划，这与深化财税体制改革的方向和目标高度一致。

三、PPP模式运作的基本流程

（一）项目前期准备阶段

在PPP模式中，项目前期准备阶段包括项目发起和项目策划与论证两个部分。

1.项目发起

项目发起阶段的主要工作内容包括组建项目实施班子、制订整体工作计划、开展项目调研等。

实施PPP模式是一个系统工程，其复杂、专业程度极高。在项目发起阶段：一是要组建一个PPP项目实施团队，由市政府牵头，规划、建设、土地、发改、财政、审计、国资委、法制办等部门组成领导小组；二是要制订具体工作实施方案，明确部门责任分工、目标任务和实施工作计划安排等；三是要根据城市总体规划和近期建设规划，由政府组织相关部门或机构梳理城市基础设施领域拟新建项目和存量项目，决定可以通过PPP模式运作的具体项目清单，构建PPP项目库。

2. 项目策划与论证

项目准备阶段的主要工作是项目策划实施方案的研究和编制：一是聘请顾问团队；二是拟定项目协议；三是开展项目的前期论证，确定项目范围和实施内容（项目建设规模、主要内容和总投资）；四是进行前期沟通，研究项目模式，设计项目结构，编制项目实施方案；五是设计项目主要商业原则；六是财务分析，编制财务模型；七是确定投资人比选方式和原则（确定投资人应具备的条件和能力以及合作双方的主要权利和义务）；八是组织相关单位讨论方案；九是实施方案公示和报批。

在项目实施前，需要考虑项目的可融资方式以及财政是否负担得起，并评估传统方式与PPP方式之间的效率比较，分析该项目是否适合采用PPP方式。

(二) 项目招投标实施阶段

项目招投标实施阶段包括协议编制、竞争性程序、签署协议三个部分。

1. 协议编制

细化协议文件的编制：研究和分析项目的技术、商务边界条件（如投资、运营成本与收益测算、回购总价、回购期限与方式、回购资金来源安排和支付计划）；落实建设内容分工、投资范围（投资建设期限、工程质量要求和监管措施）；研究和编制项目协议等法律文件（项目移交方式及程序、项目履约保障措施、项目风险和应对措施等）；落实招标条件。

2. 竞争性程序

竞争性程序主要包括：发布项目信息和投标人；准备投标文件；制定评标标准、评标细则和评标程序；成立评标工作组，开标、组织评标；编写评标报告，推荐候选人；与候选人澄清谈判。

3. 签署协议

先草签项目协议，待中标人在约定时间内办理好项目公司成立的有关事宜，资金到位，政府配合完成资产交割及项目审批有关事宜后，再正式与项目公司签署正式合同。

PPP项目合同应载明下列事项。

（1）合作项目的名称、合作范围及内容、运作方式及合作期限等。

（2）政府承诺和保障。

（3）投融资期限及方式。

（4）项目建设、运营维护，以及服务质量的标准或者产出说明。

（5）社会资本取得收益的方式及标准。

（6）绩效评价标准及方式。

（7）履约担保机制。

（8）应急预案和临时接管预案。

（9）合作期结束后项目及资产的移交。

（10）项目合同变更、提前终止及终止补偿。

（11）违约责任、争议解决方式及法律、法规规定应当载明的其他事项。

（三）项目实施阶段

项目实施阶段包括项目建设和项目运营两个部分。

1. 项目建设

首先，项目公司与各联合单位签订正式合同，包括贷款合同、设计合同、建设合同、保险合同以及其他咨询、管理合同等；其次，项目公司组织各相关单位进行项目开发。在开发过程中，政府及相关部门对项目开发的过程进行监督，出现不符合合同的情况及时与项目公司沟通，并确定责任主体。工程验收试运营合格以后，开发阶段结束，项目进入运营阶段。

2. 项目运营

政府与项目公司签订特许经营协议，约定特许经营期限。在整个项目运营期间，项目公司应按照协议要求对项目设施进行运营、维护。为了确保项目的运营和维护按协议进行，政府、贷款人、投资者和社会居民都拥有对项目进行监督的权利。

（四）转移中止阶段

转移中止是项目运作的最后一个阶段，包括项目移交和项目公司清算等内容。

1. 项目移交

特许经营期满后，项目公司要将项目的经营权（或所有权与经营权同时）移交给政府。在移交时，政府应注意项目是否处于良好运营和维护状态，以便保证项目的继续运营和提供服务的质量。

2. 项目公司清算

项目移交以后，项目公司的业务随之中止。因此，项目公司应按合同要求及有关规定到有关部门办理清算、注销等相关手续。

第二节 京投PPP建地铁，公共融资开先河

2009年9月28日，正值新中国60华诞前夕，北京地铁四号线作为国庆献礼的巨作，历经5年的艰苦奋战正式投入运营。这条纵贯首都南北的地下交通大动脉全长28.177公里，穿越丰台、西城和海淀三个城区，工程总投资153亿元。当人们乘坐舒适、快捷的地铁四号线出行时，恐怕没有多少人知道这是我国国内首个以PPP模式建设的大型基础设施项目。

北京地铁四号线项目的创新投融资模式开创了我国PPP模式的先河，更重要的是它的建成和运营为国内其他大型基础设施项目的融资探索出一个崭新的、可以借鉴的模式。

一、公私合营各显所能，PPP融资互惠双赢

PPP模式的组织形式非常复杂，既包括营利性企业、私人非营利性组织，又包括公共非营利性组织（如政府）。合作各方之间不可避免地会产生不同层次和类型的利益与责任的分歧。只有政府与私人部门形成相互合作的机制，才能使合作各方的分歧模糊化，在求同存异的前提下，完成项目目标。

PPP模式不同于传统的承包做法，后者是让私人部门来运营一个曾经为公共部门运营的项目，在这种情况下，私人部门没有提供任何资本，承包的过程中也没有任何责任和控制权的转移。PPP模式也不同于完全的私有化，在私有化的情况下，除去一些必要的规制外，是不需要政府参与的，或者政府在项目中的重要性应该是最小化的，而在大多数PPP项目中，政府一般扮演着重要的角色。

在过去的40年里，我国面临着对公共服务需求的增长和巨大的财政压力。虽然政府财政资金的缺乏是PPP模式出现的主要原因，但是PPP模式不仅仅意味着

从私人部门融资。PPP 模式最主要的目的是为纳税人实现"货币的价值"(value for money),或者说提高资金的使用效率。PPP 模式能够通过许多途径使纳税人的"货币"更有价值:①私人部门在设计、建设、运营和维护一个项目时通常更有效率,能够按时按质完成,并且更容易创新;②伙伴关系能够使私人部门和公共部门各施所长;③私人部门合作者通常会关联到经济中的相关项目,从而实现规模经济效应;④能够使项目准确地为公众提供其真正需要的服务;⑤由于投入了资金,因此私人部门会保证项目在经济上的有效性,而政府则为保证公众利益而服务。

风险分担是 PPP 模式的一个突出特点。经验表明,合适的风险分担对一个项目的成功至关重要,PPP 模式关于风险分担的理念是不断变化的。在英国早期的 PFI(民间主动融资)阶段,强调的是将风险全部转移到私人部门。但是通过一段时间的实践,人们发现让各方面承担其所能承担的最优风险将会更有利于项目的发展。PPP 模式的风险分担理念解决了传统公共部门建设不能处理好项目风险的问题。

简而言之,PPP 模式的最大特点是:将私人部门引入公共领域,从而提高公共设施服务的效率和效益,消除公共基础设施项目建设超额投资、工期拖延、服务质量差等弊端。同时,项目建设与经营的部分风险由特殊目的公司(special purpose vehicle,SPV)承担,分散了政府的投资风险,适当有组织的 PPP 项目还能使政府更好地进行财政控制。利用私人部门所拥有的专业技能,通过 PPP 项目,公众可以得到设计得更好的公共基础设施。另外,从宏观的角度看,PPP 模式通过让私人部门在传统的政府领域扮演比原来更为重要的角色,刺激了经济活动。PPP 模式也使得在一个市场中获得的经验和技巧能够为其他市场所共享,提高了市场的运作效率,为经济的长期发展提供了动力。

二、建设融资举步维艰,PPP 设想显露雏形

2001 年 7 月 13 日,北京申办 2008 年奥运会获得成功。随后,为了实现奥运承诺及缓解首都地面交通压力,北京市政府决定大力发展轨道交通,并明确了新建 200 公里、总投资达 600 多亿元的投资建设任务。轨道交通项目具有建设周期长(一般在 4 年以上)、投资大、回收期长、公益性强、盈利能力弱等显著特点,这使轨道交通的建设与投融资问题成为世界性难题。

2003 年 11 月 17 日,为解决轨道交通建设的资金瓶颈问题,北京市委、市政

府从建设科学的体制机制和建立现代企业制度上入手，将原北京地铁集团公司改组，分别成立了北京市基础设施投资有限公司（以下简称"京投公司"）、北京市轨道交通建设管理有限公司（以下简称"建管公司"）和北京市地铁运营有限公司（以下简称"运营公司"），科学划分和界定三家公司的职能定位：赋予京投公司承担北京市基础设施项目的投融资和资本运营任务，让京投公司作为北京市轨道交通业主，委托建管公司建设轨道交通新线项目，地铁线路建成后委托运营公司运营。北京市委、市政府的目的很明确，就是要通过专业化的分工协作，使三家公司各司其职，共同推动北京市轨道交通的快速发展。

三、探究 PPP 理念精髓，实践中国本土模式

在从事轨道交通投融资工作之初的 2001 年，地铁四号线建设相关项目团队开始研究 PPP 模式在中国的应用。从构思、模型、研究、开发，解决政策、财务、技术、法律实际问题等方面着手，用了整整两年时间编制出一套完整的理论体系。专家认为，实现轨道交通 PPP 模式中国化的前提是必须解决轨道交通定性、定量和实物载体三个层面的关键问题。

首先是定性的问题，即分析判断轨道交通的性质。轨道交通不是纯公共产品，而属于准公共产品，该项目具有公益性和可经营性两部分内容。对于公益性，我们可以称之为 A 部分，从经济责任上来讲，它须由政府来承担。对于可经营性，我们可以称之为 B 部分，它可以由国有企业或社会民间资本来承担。

其次是定量的问题，即要研究确定 A 部分和 B 部分的基础比例关系。通过对世界各城市轨道交通运营成本、客流和票价结构的分析研究和对相关数据统计的分析，专家建立了轨道交通项目寿命期现金流量模型。以经营期 30 年、回报率 10% 为假设条件，项目组发现新建地铁项目 30 年财务净现值的总额约占项目总投资的 30%，另外约 70% 的投资不具有市场价值，应作为公益性投资。也就是 A 部分和 B 部分的基础比例关系应为 7∶3。

最后是实物载体的问题，即 A 部分和 B 部分的实物对应关系。在轨道交通建设过程中，前期工作、征地拆迁、洞体等土建投资和建设，约占总投资的 70%，剩下包括车辆、信号、自动售检票系统等机电设备的投资和建设，约占总投资的 30%。根据基础比例关系，A 部分应对应征地拆迁、洞体等土建投资和建设，B 部分应对应车辆、信号、自动售检票系统等机电设备的投资和建设。

明确上述问题后，设计具体 PPP 运作模式的工作就有了重要基础。地铁四号线的建设创立了两种 PPP 运作模式，即前补偿模式（SBOT）和后补偿模式（BSOT）。

所谓前补偿模式又称建设期补偿模式，即政府在建设期一次性承担 A 部分投资以及还本付息的对应经济责任，社会资本承担 B 部分的投资任务。项目建成后，A 部分以一定价格租给 B 部分，赋予 B 部分一定期限特许经营权，票款和多种经营收入由 B 部分优先获得，以此构成一种盈利模式。北京地铁四号线就是这一模式的实践产物。

所谓后补偿模式又称运营期补偿模式，即政府在建设期没有相应的资金和融资能力，A 部分和 B 部分的投资建设由 PPP 项目公司完成，政府在项目建成后赋予 PPP 项目公司一定的特许经营期限，并承诺按年度以运营补贴方式承担相对应的经济责任，以此构成另一种运作模式。当然，在这两种模式基础上还可以有很多灵活变形，如委托运营、租赁经营等。

就这样，经过自主研发，结合中国轨道交通内在特点、行业规律和国外先进理念的具有中国特色的 PPP 模式便成功问世了。

四、理论付诸实践，PPP 喜结硕果

理论是实践的基础，更是实践的指南。2004 年，北京地铁四号线的领导团队编制招商文件，组织了四次大型推介会，进行国际招商。香港地铁公司、西门子、新加坡地铁公司等 10 余家公司表达了投资意向。考虑到轨道交通行业的特点、社会投资者的投资能力与城市轨道交通运营经验和能力，项目组最后将目光锁定在"西门子－中铁建联合体"和"香港地铁－首创集团联合体"两家。通过与两家联合体的多轮竞争性谈判，经北京市政府有关部门同意，最终"香港地铁－首创集团联合体"凭借良好的资信、雄厚的资金实力、丰富的运营经验、先进的管理理念等被选定为 PPP 模式中的社会投资者。

2005 年 2 月 8 日，北京市交通委代表市政府与"香港地铁－首创集团联合体"草签《特许经营协议》；2006 年 1 月 16 日，经国家发展改革委和商务部正式批准，北京京港地铁取得工商营业执照。功夫不负有心人，中国化的 PPP 模式终于结出硕果，京投公司为北京地铁四号线成功引入了"香港地铁－首创集团联合体"的 55 亿元建设投资，这是我国内地第一个特许经营的地铁项目，也是京港合作最大的一个投资项目。

五、PPP 模式开创先河，创新融资缔造价值

新的投融资理论既为北京地铁四号线项目解决了融资难题，又为政府节省了巨额的项目后期运营补贴费用。同政府全额投资相比，北京地铁四号线为政府节省了 55 亿元的地铁 B 部分投资，同时京港地铁还承担了四号线建设投资增加风险和 2 亿元的开通费用。此外，30 年经营期内，不但 32 亿元的更新改造费由京港地铁承担，而且京港地铁每年还向政府上缴 4250 万元租金。综合算来，四号线项目总体可节约北京市政府财政支出 100 多亿元。

从理论研究到模型设计，再到项目融资成功，直至项目最后建成投入运营，地铁 PPP 模式实现了从概念引进到完成实践的全过程，前后历时长达 8 年。该模式在北京地铁四号线的成功应用，为国内其他诸多基础设施项目的投融资提供了一个可以借鉴的方法。在 PPP 模式下，政府部门和社会投资者之间可以取长补短，发挥政府公共机构和社会机构各自的优势，弥补对方的不足，不但有利于转变政府职能，减轻财政负担，提高项目运作效率，而且能提高公众的社会福利，从而实现公共设施服务质量的提高。

创新缔造价值。京投公司的经营团队成功运作的项目刷新了多项业界纪录：成功运作国内基础设施领域第一个 PPP 项目，吸引社会投资 55 亿元；成功运作国内轨道交通行业第一个 BT 项目，应用于地铁奥运支线，节省投资 3.35 亿元；成功发行 2000 年企业债券实行额度审批以来第一只以轨道交通企业作为发行主体的企业债券——"04 京地铁债"，累计发行 60 亿元；成功运作国内金融领域第一个人民币贷款利率期权项目，融资 80 亿元；成功发行国内轨道交通领域第一只短期融资债券，累计融资 90 亿元；成功运作国内轨道交通行业第一个银行竞标贷款额度项目，累计融资近 1600 亿元；成功运作国内轨道交通行业第一个固息贷款项目；成功运作国内轨道交通行业第一个出口信贷项目；成功在国内轨道交通行业首次利用信托方式引入 10 亿元社保基金；成功运作国内最大一笔股权信托项目；成功获批保险债券投资计划，总规模 30 亿元，成为原保监会 2009 年 4 月颁布相关政策后获批的第一家将保险资金引入轨道交通领域的企业。

这些在全国同行业首创的融资方式为京投公司圆满完成北京轨道交通建设的巨额融资任务奠定了坚实的基础。截至 2009 年 10 月，京投公司累计落实资金 2800 多亿元，提前 6 年完成北京市轨道交通建设的融资任务，可节约资金成本

200 多亿元。

PPP 模式为北京地铁四号线的投融资发挥了重要的作用，同时也改写了我国重大基础设施项目只能由政府部门投资及运营管理的历史，为我国其他重大基础设施项目的投融资提供了一个可以借鉴的崭新模式。

六、案例分析

PPP 模式的兴起和发展为世界各国政府在组织建设公共设施的过程中提供了更多思路和融资便利，尤其在之前重大公共设施的投资建设中私人部门被排斥在外，通过 PPP 模式私人部门开始进入公共设施的投资建设领域并且显现其优势。京投公司利用 PPP 模式引进私人部门进行地铁四号线的投资建设，就是应用这一模式的典型案例。

进入 21 世纪，北京交通压力巨大，轨道交通是缓解北京交通压力的重要手段。因此，加快地铁的建设是北京市公共建设规划当中强力推动的部分，北京地铁集团的成立和改组为地铁投资建设以及运营的整个过程搭建好了平台，但是第一环节的投资从一开始就成了最大的难题。京投公司面对如此重大的项目不得不开始放眼国际，寻求国际上进行重大公共设施投资建设的运作经验。

公共设施尤其是大型基础设施的投资建设通常需要巨额的资金投入和相当长周期的运作，长期以来都是由政府承担公共设施的投资建设，这主要是因为：其一，政府的服务职能所系；其二，在经济体系不完善、社会经济发达程度不高的时期，私人部门自有资金实力的薄弱和管理运作经验的缺乏导致它们无力承担这些项目的投资建设。而在市场经济逐步发展和成熟的现阶段，私人部门凭借其不断增强的资金实力、逐步积累的行业经验、卓越超群的业务能力和科学高效的管理运作已经完全有实力承担公共设施的投资建设。此时开放私人部门进入公共领域的投资建设，当属必然的选择。PPP 模式充分利用了政府和私人部门的各自优势，在公共设施投资建设中引入竞争与合作，利用私人部门的专业优势加速投资建设、保证项目质量，并且能够分散政府的资金风险、建设风险以及运营风险。该模式的成功应用将为国内大型公共设施的投资建设提供可借鉴的范本，为充分配置社会资金、合理进行市场分工、有效控制项目风险、不断发展公共融资手段起到极大的推动作用。

第三节　BOT 融资模式

20 世纪 80 年代以来，为了解决基础设施落后制约我国经济发展的问题，国家加大了基础设施建设的投资力度，并尝试引用 BOT 模式吸引外国资本和我国民营资本，成功地完成了许多高速公路、发电厂、大型水利工程等建设项目，为我国发展地方经济，全面提高经济发展速度开辟了一条新的融资渠道。各地政府在与社会各类资本合作的过程中总结了大量的成功经验和失败教训。

BOT 融资模式非常简单，投资人与政府签订合作协议，获得特许经营权，然后实施投资建设、组织运营，到期后将相关设施无偿转让给政府。本节对 BOT 模式的产生与发展、项目实施过程和风险防范等问题加以阐述，帮助大家更深入地了解 BOT 模式。

一、BOT 模式的发展历程

BOT 这种投资与建设模式被一些发展中国家用来进行基础设施建设并取得了一定的成功，之后引起了世界各国政府的关注与应用，它自出现至今已有至少 300 年的历史。

比较典型的案例是 17 世纪英国的领港公会，它负责管理海上事务，包括建设和经营灯塔，并拥有建造灯塔和向船只收费的特权。但是据罗纳德·科斯（Ronald Coase）的调查，领港公会从 1610 年到 1675 年连一座灯塔都未建成，而同期私人建成的灯塔至少有 10 座。这种私人建造灯塔的投资方式与现今所说的 BOT 遵循同样的原理，即私人首先向政府提出关于准许建造和经营灯塔的申请，申请中必须包括许多船主的签名以证明将要建造的灯塔对他们有利并且表示愿意支付过路费，也就是证明该私人组织有能力经营这项业务；在申请获得政府的批准以后，私人向政府租用建造灯塔必须占用的土地，在特许经营期内管理灯塔并向过往船只收取过路费；特权经营期满以后由政府将灯塔收回并交给领港公会管理和继续收费。到了 1820 年，英国总共有 46 座灯塔，其中 34 座是私人投资建造的。可见 BOT 模式在当时的投资效率远高于行政部门。

BOT 模式经历了一个漫长的实践过程，直到 20 世纪 80 年代，在我国改革开放的大背景下，出于经济发展的需要，地方政府要大力建设基础设施和公共设施，从而将 BOT 推到经济舞台上。从此，BOT 融资模式成为我国地方政府融资的一种新渠道。

二、BOT 项目的参与人

首先，我们要了解 BOT 项目的参与人都有哪些。一个典型的 BOT 项目的参与人有政府、项目公司、投资人、银行或财团以及承担设计、建设和经营的有关公司。

政府是 BOT 项目的控制主体。政府决定是否设立此项目，是否采用 BOT 模式。在进行 BOT 项目协议合同内容谈判时，政府占据主导地位，它有权在项目进行过程中对必要的环节进行监督。在项目特许运营期满时，政府具有无偿收回该项目的权利，甚至有些项目涉及民生或重大城市规划改造时，政府有权提前收回特许经营权，但在提前收回特许经营权的情况下，政府会给予适当补偿。

项目公司即 BOT 项目的执行主体，它处于中心位置。BOT 项目的筹资、分包、建设、验收、经营管理体制建设以及还债和偿付利息等都由项目公司负责。通常大型基础设施项目才会专门设立项目公司，以项目公司为业主，协同设计公司、建设公司、制造厂商以及经营公司等把基础设施建设好和经营好。

投资人是 BOT 项目的风险承担主体。他们以投入的资本承担有限责任，尽管原则上讲政府和投资人共同分担风险，但实际上各国在操作中差别很大。

银行或财团通常是 BOT 项目的主要出资人。对于中小型 BOT 项目，一般单个银行足以为其提供所需的全部资金，而大型 BOT 项目往往使单个银行感觉力不从心，从而组成银团共同提供贷款。由于 BOT 项目的负债率一般高达 60%～80%，因此贷款往往是 BOT 项目的最大资金来源。

三、BOT 项目实施过程

BOT 模式多用于投资额度大且期限长的项目。一个 BOT 项目自确立到特许期满往往有十几年或几十年的时间，下面将这整个期间分为立项、招标、投标、谈判、履约五个阶段加以分述。

（1）立项阶段。在这一阶段，政府根据中长期的社会和经济发展计划列出新建和改建项目清单一并公之于众。民营企业可以根据该清单上的项目结合本机构的业务发展方向做出合理计划，然后向政府提出以 BOT 模式建设某项目的建议，并申请投标或表明承担该项目的意向。

（2）招标阶段。如果该项目确定采用 BOT 模式建设，则首先由政府或其委托机构发布招标广告，然后对报名的民营企业进行资格预审，从中选择数家民营企业作为投标人并向其发售招标文件。对于确定以 BOT 模式建设的项目也可以不采用招标方式而直接与有承担项目意向的民营企业协商。

（3）投标阶段。BOT 项目标书的准备时间较长，往往在 6 个月以上，在此期间受政府委托的机构要随时回答投标人对项目要求提出的问题，并考虑投标人提出的合理建议。投标人必须在规定的日期前向招标人呈交投标书，招标人开标、评标、排序后，选择前两三家进行谈判。

（4）谈判阶段。特许合同是 BOT 项目的核心，它具有法律效力并在整个特许期内有效，它规定了政府和 BOT 项目公司的权利和义务，决定双方的风险和回报。所以，特许合同的谈判是 BOT 项目的关键一环。

（5）履约阶段。这一阶段涵盖整个特许期，可以分为建设阶段、经营阶段和移交阶段。业主是这一阶段的主角，承担履行合同的大量工作。

四、如何防范 BOT 融资风险

BOT 项目投资大、期限长，且条件差异较大，所以风险也较大。风险的规避和分担也就成为 BOT 项目的重要内容之一。

BOT 项目开展的整个过程中可能出现的风险大致有五种。

（一）政治风险

政局不稳定、社会不安定会给 BOT 项目带来政治风险，这种风险是跨国投资的 BOT 项目公司需要特别考虑的。例如，2011 年利比亚爆发内战，卡扎菲政权覆灭。利比亚在此次内战中，人员伤亡惨重，基础设施遭到严重损毁。其政局动荡也对我国在利比亚承包工程的企业造成相当大的影响。合同搁浅、项目停止、驻地遭袭、大规模撤侨等，利比亚局势动荡给中国企业带来的损失显而易见。据估算，中国在利比亚政局动荡中损失近 200 亿美元。

走出去的中国企业，在国外投资 BOT 项目时首先要考虑的就是政治风险，而这种风险仅凭经济学家和经济工作者的经验是难以评估的。项目公司可以在谈判中获得政府的某些特许以部分抵消政治风险，如在项目国以外开立项目资金账户。美国的海外私人投资公司（OPIC）和英国的出口信贷担保部（ECGD）就对本国企业跨国投资的政治风险提供担保。

（二）市场风险

在 BOT 项目较长的特许期中，供求关系变化和价格变化时有发生。在 BOT 项目回收全部投资以前，市场上有可能出现更廉价的竞争产品，或更受大众欢迎的产品，以致对 BOT 项目的产出需求大大减少，此谓市场风险。在市场经济体制中，新技术出现、市场环境发生巨大变化以及政府服务理念改变等，相应地会给项目公司带来一些影响，甚至带来经济上的损失。一般来说，纯粹的市场风险应由企业自己承担，但由政府行为改变带来的风险，则由政府与企业协商共同承担。至于工程超支风险，项目公司在做预算时就应充分考虑到货币的时间价值，以及未来一段时间内物料价格上涨、人力成本提升等动态变化所带来的一系列问题，在 BOT 项目合同签订时便应留有余地。

（三）技术风险

在 BOT 项目推进过程中，由于项目公司的管理者对制度上的细节问题安排不当带来的风险，称为技术风险。技术风险主要是项目公司在与承包商进行工程分包时约束不严或监督不力造成的，所以项目公司应完全承担责任。对于工程延期和工程缺陷应在分包合同中做出规定，将其与承包商的经济利益挂钩。有经验的项目公司会在工程费用以外留下一部分维修保证金或质量保证金，以便顺利解决工程缺陷问题。对于影响整个工程进度和关系整体质量的控制工程，项目公司还应进行较频繁的期间监督。

（四）融资风险

融资风险有两类：一类是由于汇率、利率和通货膨胀率的预期变化带来的融资成本提高的风险；另一类是由于融资渠道的错误选择或操作方式不当带来的资金短缺风险、道德风险、欺诈风险或信用风险等。

无论是基础设施还是公共设施的 BOT 项目，融资问题是贯穿始终的一项重要内容。融资由项目公司作为主体进行操作，风险也完全由项目公司承担。融资渠道与方法决定了融资成本和项目费用的高低。债权融资与股权融资的比例应做恰当的考虑，债权比例过大或过小都对企业发展不利。至于债权与股权的比例也没有绝对的标准，有的企业股权占 20%，有的企业股权占 40%，每个企业因发展阶段或所处环境不同而不同。

在工程建设过程中分步投入的资金应分步融入,即按工程进度和资金预算分期分批投入资金,否则会大大增加资金使用成本。另外,在约定产品价格时应从动态的角度分析宏观形势的变化、供需关系的变化和资本市场的变化等,从而确定采购量、采购价格和结算方式等。若是从国外引入投资的 BOT 项目,应考虑货币兑换问题和汇率的预期。

(五) 不可抗力风险

BOT 项目和其他项目一样,要承担地震、火灾、台风、海啸、山体滑坡、火山爆发等自然灾害,以及战争、武装冲突、骚乱、暴动等异常事件等不可抵抗而又难以预计的外力的风险。所以 BOT 项目公司可以依靠保险公司分散部分风险,在项目合同中政府和项目公司还应约定该风险的分担方法。

在市场经济中,政府可以分担 BOT 项目中的不可抵抗外力的风险,保证货币兑换或承担汇率风险,其他风险皆由项目公司承担。

第四节 资产证券化融资模式

资产证券化作为最重要的金融工具被广泛运用于发达国家金融市场,以增强市场的流动性,分散市场风险。自 1970 年美国的政府国民抵押协会发行首笔以抵押贷款组合为基础资产的抵押支持证券以来,资产证券化作为一种创新金融工具在国际市场迅速发展起来。

我国资产证券化试点之路颇为漫长。2005 年,央行和原银监会联合发布《信贷资产证券化试点管理办法》,随后建设银行和国家开发银行获准进行信贷资产证券化首批试点。在央行和原银监会主导下,我国基本确立了以信贷资产为融资基础、由信托公司组建信托型 SPV、在银行间债券市场发行资产支持证券并进行流通的证券化框架。后受累于美国次贷危机,试点中途暂停,2011 年正式重启试点,此后随着监管的逐步发展和完善以及市场需求的扩大,资产证券化市场于 2014 年下半年开始进入快速发展时期。2015 年随着监管政策的逐步放开及备案制的实施,资产证券化产品发行效率显著提升,融资成本明显降低,发行产品规模和数量也迅速上升。

资产证券化在我国经过十几年的发展,已经逐步成为我国资本市场不可忽视的金融工具之一。本节主要对资产证券化运作原理、当事人作用、发起意义、操作流程、融资优势等方面加以阐述,以便大家迅速理解和基本掌握,为日后深入探讨和实施运作具体项目奠定良好基础。

一、资产证券化运作原理

资产证券化是指以基础资产未来所产生的现金流为偿付支持,通过结构化设计进行信用增级,在此基础上发行资产支持证券的过程。

(一) 定义

广义的资产证券化是指某一资产或资产组合采取证券资产这一价值形态的资产运营方式,它包括以下四类:①实体资产证券化,即实体资产向证券资产的转换,是以实物资产和无形资产为基础发行证券并上市的过程。②信贷资产证券化,就是将一组流动性较差的信贷资产,如银行的贷款、企业的应收账款,经过重组形成资产池,使这组资产所产生的现金流收益比较稳定并且预计今后仍将稳定,再配以相应的信用担保,在此基础上把这组资产所产生的未来现金流的收益权转变为可以在金融市场上流动、信用等级较高的债券型证券进行发行的过程。③证券资产证券化,即证券资产的再证券化过程,就是将证券或证券组合作为基础资产,再以其产生的现金流或与现金流相关的变量为基础发行证券。④现金资产证券化,是指现金的持有者通过投资将现金转化成证券的过程。

狭义的资产证券化是指信贷资产证券化。按照被证券化资产种类的不同,信贷资产证券化可分为住房抵押贷款支持的证券化 (mortgage-backed securitization, MBS) 和资产支持的证券化。

(二) 分类

资产证券化大致可以按如下三种方法分类:根据基础资产分类,可以分为不动产证券化、应收账款证券化、信贷资产证券化、未来收益证券化、债券组合证券化;根据资产证券化的地域分类,可以分为境内资产证券化和离岸资产证券化;根据证券化产品的属性分类,可以分为股权型证券化、债券型证券化和混合型证券化。

2011 年以来,我国已经在多个行业领域开展了不同项目的资产证券化实践,基础设施类如城市轨道交通、电信、铁路、高速公路（桥），能源类如水力发电、火力发电、电网建设，公共设施类如污水处理、自来水、收费有线电视网络项目、电信网络，租赁类如医疗设备、飞机、轮船、机械车床、写字楼出租，其他项目如应收账款、财政收费、BT项目回购、出口退税等。

（三）运作原理

资产证券化的基本原理是出售资产及其未来收益权，即把缺乏流动性但具有未来现金流收入的资产收集和汇总起来，以资产未来所产生的现金流为支持，对资产的收益和风险进行分离与重组，将该组资产预计现金流的收益权转化成可以在金融市场上出售和流通、信用级别较高的债券型证券，最终出售证券实现融通资金的技术与操作过程。

假设 W 是在未来能够产生现金流的资产，甲是 W 的原始所有者，乙是枢纽（受托机构）SPV，丙是投资者。

甲把 W 卖给了乙，乙对 W 进行改良、风险隔离和信用增级等，然后以证券的方式销售给丙。在这个过程中，甲因出售 W，其资产变现了，获得融资；乙获得了能产生可见现金流的优质资产并能获得合理的收益；丙在购买以后可获得预期投资回报。投资者丙之所以愿意购买此产品，是因为 W 是被认定为在将来的日子里能够变现的资产。SPV 是个中枢，主要负责持有 W，将 W 与破产等麻烦隔离开来，并维护投资者的利益。SPV 进行资产组合，对不同的 W 在信用评级或增级的基础上进行改良、组合、调整，目的是吸引投资者，顺利发行证券。

二、当事人作用

资产证券化是一项大型且交易比较复杂的经济活动，涉及的当事人较多。一般而言，下列当事人在证券化过程中具有重要作用。

（1）发起人。发起人也称原始权益人，是证券化基础资产的原始所有者，通常是金融机构或大型工商企业。

（2）特定目的机构或特定目的受托人。这是指接受发起人转让的资产，或受发起人委托持有资产，并以该资产为基础发行证券化产品的机构。选择特定目的机构或受托人时，通常要求满足所谓破产隔离条件，即发起人破产对其不产生影响。

（3）资金和资产存管机构。为保证资金和基础资产的安全，SPV 通常聘请信誉良好的金融机构进行资金和资产的托管。

（4）信用增级机构。此类机构负责提升证券化产品的信用等级，为此要向SPV收取相应费用，并在证券违约时承担赔偿责任。有些证券化交易中，并不需要外部增级机构，而是采用超额抵押等方法进行内部增级。

（5）信用评级机构。如果发行的证券化产品属于债券，那么债券发行前必须由评级机构进行信用评级。

（6）承销人。承销人是指负责证券设计和发行承销的投资银行。如果证券化交易涉及金额较大，可能会组建承销团。

（7）证券化产品投资者，即证券化产品发行后的持有人。

除上述当事人外，证券化交易还可能需要金融机构充当服务人，服务人负责对资产池中的现金流进行日常管理，通常可由发起人兼任。

三、发起意义

（一）增强流动性

从发起人的角度来看，资产证券化提供了将相对缺乏流动性、个别的资产转变成流动性高、可在资本市场上交易的金融商品的手段。通过资产证券化，发起人能够补充资金，用来进行另外的投资。一方面，对于流动性较差的资产，通过证券化处理，将其转化为可以在市场上交易的证券，在不增负债的前提下，商业银行可以多一些资金来源，加快银行资金周转，提高资产流动性。另一方面，资产证券化可以使银行在流动性短缺时获得除中央银行再贷款、再贴现之外的救助手段，为整个金融体系增加一种新的流动性机制，提高了流动性水平。

（二）低成本融资

资产证券化还为发起人提供了更加有效的、低成本的筹资渠道。通过资产证券化市场筹资比通过银行或其他资本市场筹资的成本要低许多，这主要是因为：发起人通过资产证券化发行的证券具有比其他长期信用工具更高的信用等级，等级越高，发起人付给投资者的利息就越低，从而降低筹资成本。

投资者购买的是由资产担保类证券构成的资产组合，并且对这种资产组合的整体信用质量要求较高，而不是仅凭资产担保类证券发起人的信用质量。同时，资产证券化为发起人增加了筹资渠道，使它们不再局限于股权和债券这两种筹资方式。

(三) 降低风险

资产证券化有利于发起人将风险资产从资产负债表中剔除，有助于发起人改善各种财务比率，提高资本的运用效率，提高资本充足率，从而更好地满足监管要求。

(四) 便于资产管理

资产证券化还为发起人提供了更为灵活的财务管理模式。这使发起人可以更好地进行资产负债管理，取得精确、有效的资产与负债的匹配。借短贷长的特点使商业银行不可避免地要承担资产负债期限不匹配风险，通过资产证券化市场，商业银行既可以出售部分期限较长、流动性较差的资产，将所得投资于高流动性的金融资产，又可以将长期贷款的短期资金来源置换为通过发行债券获得的长期资金来源，从而实现了风险合理配置，改善了银行的资产负债管理。

总之，资产证券化为发起人带来了传统筹资方法没有的益处，并且随着资产证券化市场的不断深入发展，益处将愈加明显。

四、操作流程

(一) 汇集证券化资产

发起人（发放贷款的金融机构或应收账款权益人，即原始权益人）根据自身资产状况和融资需求，确定资产证券化目标，对自己拥有的能够产生未来现金收入的基础资产进行清理、估算和考核，并对组合后的现金流平均水平做出基本判断。确定借款人或应收账款对象的信用、抵押品价值等，并将应收和可预见现金流资产进行组合，根据证券化目标确定资产数量，最后将这些资产汇集成一个资产池。

(二) 组建 SPV，完成破产隔离

SPV（特设信托机构，相当于实现资产转化成证券的中介机构，是完成破产隔离的重要角色）是一个以资产证券化为唯一目的的、独立的信托实体，也可以由发起人设立，注册后，原始权益人将汇集的证券化资产出售给 SPV，完成破产隔离。SPV 的活动受法律的严格限制，资本化程度很低，其资金全部源于发行证券的收入。

(三) 完善交易结构和增加信用级别

为完善资产证券化的交易结构，SPV 要完成与发起人指定的资产池服务公司签订服务合同，与发起人一起确定托管银行并签订托管合同，与银行达成必要时提供流动性支持的周转协议，与券商达成承销协议等一系列程序。同时，SPV 对证券化资产进行风险评估，采取控制措施等以降低可预见的信用风险，提高资产支持证券的信用等级。

(四) 信用评级

对资产支持证券进行信用评级，即为投资者提供选择证券的依据，这是资产证券化的一个重要环节。评级由国际资本市场上广大投资者认可的独立私营评级机构进行，评级主要考虑资产的信用风险，而不考虑由利率变动等因素导致的市场风险。

(五) 销售证券

向投资者公布信用级别后，由承销商负责销售资产支持证券。SPV 从承销商处获取证券发行收入后，按约定的购买价格支付给发起人。至此，发起人的筹资目的已经达到。

(六) 上市交易及管理

资产支持证券发行完毕后到证券交易所申请挂牌上市。发起人要指定一个资产池管理公司或亲自对资产池进行管理，负责收取、记录由资产池产生的现金收入，并将这些收入全部存入托管行的收款专户。

资产证券化专项计划的推行还需要一些中介机构参与、提供服务、进行资产评估、进行信用评级、提供担保、进行资金托管等，通过资产组合、风险隔离、信用增级等一系列工作，才能将基础资产的未来现金收益权转变为可在金融市场上流通的、信用等级较高的证券。

五、融资优势

与传统融资方式相比，资产证券化这一金融创新工具的优势有以下几点。

(1) 资产证券化是以企业拥有的能够产生可预计现金流的基础资产作为支持

的，而不是企业的整体信用。所以，即使企业整体资产质量不好，但只要有部分资产在未来能够产生稳定的现金流，就可以通过设置 SPV 以资产证券化的形式进行融资。资产证券化产品建立于资产信用之上，对发行主体的企业限制较小。

（2）从融资成本来看，证券化产品的信用级别往往优于企业的整体信用，从而有利于降低企业融资成本。目前已发行的资产证券化产品平均收益率在 3%～5%，期限为 1～5 年不等，加上中间费用，融资成本也远低于同期银行贷款。

（3）对于有着较大比例应收账款的企业而言，将应收账款资产证券化可以把应收账款迅速变成现金，改善其财务状况。

（4）资产证券化所募集的资金的用途不受限制，可以用于生产经营，也可以用于偿还已有的债务来减少财务成本，降低资产负债率。

（5）资产证券化对发行该产品的企业信息披露要求较低，企业只需要披露这些资产和与这些资产相关的信息，而不需要披露整个公司的情况，企业的信息披露成本较低。

（6）就产品风险而言，资产证券化产品在美国被视为仅次于美国国债的金边债券，由于经历了真实出售、破产隔离、信用增级等技术处理，与原始权益人实现了风险隔离，因此其风险已经远远小于一般意义上的企业债券风险。

第八章
CHAPTER 8

贸易融资

2020年6月15日,商务部综合司和国际贸易经济合作研究院联合发布《中国对外贸易形势报告(2020年春季)》(以下简称《报告》)。《报告》回顾了2019年及2020年前5个月中国外贸运行情况,分析了2020年中国外贸发展环境。2019年,在全球经贸整体放缓背景下,中国对外贸易逆势增长,规模创历史新高,实现稳中提质,高质量发展取得新成效。2020年以来,在新冠肺炎疫情全球蔓延、国际市场需求大幅下降、贸易下行压力加大的背景下,前5个月中国外贸进出口增速有所回落,但3月以来进出口降幅有所收窄,外贸高质量发展持续推进。

《报告》认为,2020年外贸发展面临环境的不确定性增多,挑战和压力显著增大。世界经济衰退风险上升,产业链供应链循环受阻,国际贸易投资萎缩。国内企业特别是中小微企业困难凸显,就业压力增大,中国外贸发展面临的风险挑战异常复杂严峻。同时也要看到,随着国内疫情影响逐步缓解,经济生产活动逐步恢复正常,稳住全年外贸基本盘、实现外贸促稳提质仍然具有坚实基础和有力支撑。

贸易融资是外向型中小企业的重要融资工具之一,但很多外贸企业并没有掌握运用好,影响了自身发展,也制约了我国国际贸易业务的发展。因此,梳理国际贸易融资渠道,汇总提炼融资工具,为外贸企业开展国际贸易、开拓国际市场提供融资解决方案,对促进我国经济发展具有重要意义。

贸易融资是指在商品交易中,运用结构性短期融资工具,基于商品交易中的存货、预付款、应收账款等资产进行的资金融通模式。贸易融资具有高流动性、短期性和重复性的特点，适应主体资质偏低的中小企业，有利于形成银行与企业之间长期稳定的合作关系。贸易融资通过实施资金流和物流的控制，有利于对风险的动态把握。中小外向型企业融资往往具有金额小、次数多、周转速度快等特点，而贸易融资恰能满足这些要求。

本章内容主要包括外向型企业融资渠道、信用证融资、国际保理融资等，希望广大外贸企业的管理者能够全面理解和运用好这些融资工具，逆境中再创辉煌！

基础知识

（一）票据

票据，是指汇票、本票和支票。

汇票是出票人签发的，委托付款人在见票时或者在指定日期无条件支付确定的金额给收款人或者持票人的票据。汇票的出票人必须与付款人具有真实的委托付款关系，并且具有支付汇票金额的可靠资金来源，不得签发无对价的汇票用以骗取银行或者其他票据当事人的资金。出票人签发汇票后，即承担保证该汇票承兑和付款的责任。汇票必须记载下列事项：表明"汇票"的字样；无条件支付的委托；确定的金额；付款人名称；收款人名称；出票日期；出票人签章。

本票是出票人签发的，承诺自己在见票时无条件支付确定的金额给收款人或者持票人的票据。本票的出票人必须具有支付本票金额的可靠资金来源，并保证支付。本票必须记载下列事项：表明"本票"的字样；无条件支付的承诺；确定的金额；收款人名称；出票日期；出票人签章。

支票是出票人签发的，委托办理支票存款业务的银行或者其他金融机构在见票时无条件支付确定的金额给收款人或者持票人的票据。支票必须记载下列事项：表明"支票"的字样；无条件支付的委托；确定的金额；付款人名称；出票日期；出票人签章。支票的出票人所签发的支票金额不得超过其付款时在付款人处实有的存款金额。

（二）承兑汇票

承兑汇票指办理过承兑手续的汇票，即在交易活动中，售货人为了向购货人索取货款而签发汇票，并经付款人在票面上注明承认到期付款的"承兑"字样及签章。付款人承兑以后成为汇票的承兑人。经购货人承兑的称"商业承兑汇票",经银行承兑的称"银行承兑汇票"。

银行承兑汇票是由债权人开出的要求债务人付款的命令书。当这种汇票得到银行的付款承诺后,即成为银行承兑汇票,银行承兑汇票作为短期的融资工具,期限一般为30~180天,90天的最普遍。银行承兑汇票由在承兑银行开立存款账户的存款人出票。对出票人签发的商业汇票进行承兑是银行基于对出票人资信的认可给予的信用支持。

商业承兑汇票是出票人签发的,委托付款人在指定日期无条件支付确定的金额给收款人或持票人的票据,由银行以外的付款人承兑的即为商业承兑汇票。商业承兑汇票可以由付款人签发并承兑,也可以由收款人签发交由付款人承兑。商业承兑汇票的出票人,为在银行开立存款账户的法人以及其他组织,与付款人具有真实的委托付款关系,具有支付汇票金额的可靠资金来源。商业承兑汇票不附带利息。

(三)信用证

信用证是适用于国内外贸易的一种支付结算方式,是银行根据买方的请求,开给卖方的一种保证承担支付货款责任的书面凭证。在信用证结算方式下,银行授权卖方在符合信用证所规定的条件下,以该行或其指定的银行为付款人,开具不得超过规定金额的汇票,并按规定随附装运单据,按期在指定地点收取货款。

(四)追索权

追索权指汇票到期被拒绝付款的,持票人可以对背书人、出票人以及汇票的其他债务人行使追索的权力。汇票到期日前,有下列情形之一的,持票人也可以行使追索权:汇票被拒绝承兑的;承兑人或者付款人死亡、逃匿的;承兑人或者付款人被依法宣告破产的或者因违法被责令终止业务活动的。持票人行使追索权时,应当提供被拒绝承兑或者被拒绝付款的有关证明。持票人提示承兑或者提示付款被拒绝的,承兑人或者付款人必须出具拒绝证明,或者出具退票理由书。未出具拒绝证明或者退票理由书的,应当承担由此产生的民事责任。

(五)押汇

押汇又称买单结汇,是指议付行在审单无误的情况下,按信用证条款买入受益人(外贸公司)的汇票和单据,从票面金额中扣除从议付日到估计收到票款之日的利息,将余款按议付日外汇牌价折成人民币,拨给外贸公司。

进口押汇是指银行应进口商要求,代其垫付其进口项下货款的一种短期融资方式,适用于各种进口结算方式。进出口双方签订买卖合同之后,进口商请求进口地某个银行向出口商开立保证付款文件,大多数为信用证。然后,开证行将此文件寄送给出口商,出口商见证后,将货物发送给进口商。商业银行为进口商开立信用保证文件的这一过程,称为进口押汇。进口押汇的功能是进口信用证开证申请客户无力按时对外付款时,可由开证银行先行代其付款,从而获得短期的资金融通。客户申请办理进口押汇,须向银行出具押汇申请书和信托收据,将货物的所有权转让给银行,银行凭此将货权凭证交予客户,并代客户付款。

出口押汇是出口商将全套出口单据交到业务银行,银行按照票面金额扣除从押汇日到预计收汇日的利息及相关费用,将净额预先付给出口商的一种短期资金融通。它包括信用证项下即期押汇、远期押汇、贴现和托收押汇。

第一节 外向型企业特有的融资渠道

由于外向型企业主要是做进出口贸易,在融资方式上除了可以采用其他行业的融资渠道与方法外,同时还有其独特的外贸企业融资渠道。为方便大家更轻松地学习和掌握国际贸易融资渠道,本节以平安银行的国际贸易融资金融产品为范例,按照出口贸易类、进口贸易类和进出口单证类的分类方法,主要介绍打包贷款、出口信用证押汇、减免保证金开证、以单换证等融资方法,期望能为进出口贸易企业融资带来新的启发。

平安银行的国际贸易融资业务为进出口企业提供信用证、托收、T/T 项下的各项授信融资业务,具体的融资渠道与方法介绍如下。

一、出口贸易类

(一) 打包贷款

打包贷款是出口地银行向出口商提供的短期资金融通,是出口地银行应出口商的请求,凭以其为受益人的国外银行开来的信用证正本向出口商提供的用于组织货源及装运的短期资金融通。它适用于已经收到进口商银行开立的信用证,但备货资金短缺的出口企业。打包贷款的优点是：可快速获得银行贷款，解决备货资金困难；有利于出口商提高供应能力，扩大经营规模；有利于稳定和维护国际贸易关系。

具体做法是：出口商与国外进口商签订买卖合同后，准备组织货物出口；出口商用进口地银行向其开立的信用证，或者其他保证文件，连同出口商品或半成品一起，交付出口地银行作为抵押，借入款项。打包贷款的额度一般为出口货物总值的 50%～70%。

（二）出口信用证押汇

出口信用证押汇又称出口押汇，是出口地银行提供给出口商的一种短期贷款。它是出口地银行凭出口商提交的全套单证相符的单据作为质押，参照票面金额将款项垫付给出口商，然后向开证行寄单索汇，并向出口商收取押汇利息和银行费用并保留追索权的一种短期出口融资业务。它的特点是：帮助客户加快资金周转，部分解决客户现金流不足的问题；企业融资风险小，融资门槛低；审批手续简单快捷，单证相符押汇不占用客户授信额度。

（三）福费廷

福费廷，又称买断，是指出口商所在地的银行根据客户（信用证受益人）或其他金融机构的要求，在开证行、保兑行或其他指定银行对信用证项下的款项做出付款承诺后，针对出口商提供的融资。它适用于以远期信用证方式结算的出口商。它的特点是：对出口商来说，无追索权地收到银行付款，解除了国家风险、汇率风险、利率风险及进口商信用风险四大风险；不占用授信额度，即可获得100%融资；可提前办理出口核销和出口退税手续；有助于改善企业资产负债表的质量，可以减少企业的应收账款，增加现金流量；可在商务谈判中为国外进口商提供延期付款的信用条件，从而提高出口产品的竞争力。

（四）以单换票

以单换票指出口商将符合平安银行出口押汇条件的出口信用证项下单据提交平安银行，平安银行凭以开立国内银行承兑汇票的业务。它的特点是：出口商无须承担贷款利息，节约财务费用；有利于降低成本，增强产品竞争力；融资条件宽松，申请手续简便。

（五）出口托收押汇

出口托收押汇是指采用托收结算方式的出口商在提交单据，委托出口地银行代向进口商收取款项的同时，要求托收行先预支部分或全部货款，待托收款项收妥后归还银行垫款的融资方式。出口托收押汇也称出口跟单托收押汇。它的特点是：帮助出口商加速资金周转，扩大销售额；帮助提前结汇，规避人民币升值风险；额度内可根据资金周转需要申请出账，节约财务费用。

（六）出口 T/T 押汇

出口 T/T 押汇又称出口发票融资，是指在汇入汇款结算方式下，出口商向境外进口商出运货物后，出口地银行应出口商的申请，先垫付货款予出口商，出口商以其出口收汇款归还银行押汇款项的贸易融资方式。它的特点是：帮助出口商加速资金周转，拓展海外市场；帮助提前结汇，规避人民币升值风险；额度内可根据资金周转需要申请出账，节约财务费用。

（七）国际保理

国际保理是一种新型的国际贸易结算方式，分为出口保理与进口保理。出口保理指出口商以赊销（O/A）、承兑交单（D/A）为付款条件，由保理商向其提供包括对进口商资信调查、坏账担保、贷款催收、销售分类账管理以及贸易融资等的综合性金融服务。它的特点是：由保理商为进口商的信用提供担保，帮助出口商规避进口商风险；出口商以更具竞争力的付款条件参与国际竞争，有利于其专心拓展海外市场；出口商可能获得银行更灵活的贸易融资；为出口商节约成本，增强其盈利能力；手续简便，易于操作。

（八）出口信用保险融资

出口信用保险融资，全称为短期出口信用保险项下贸易融资，是指出口地银行对已为进口商取得保险公司核准短期出口信用保险额度的出口商，在出口货物发出、保费缴纳和权益转让后，按照保险公司确认的付款方式（信用证——L/C、付款交单——D/P、承兑交单——D/A 或赊销——O/A）办理相关出口结算业务时，凭其提供的短期出口信用保险单据、出口商业单据及权益转让凭证等给予的与结算方式相一致的出口融资。

（九）出口代付

该业务是出口信用证、出口代收项下的一种融资方式。当出口商向出口地银行提出出口信用证、代收押汇需求，而出口地银行亦无外币资金头寸向其提供融资时，出口地银行可借助代理行给予出口地银行的授信额度由其代为提供头寸。代理行将按照出口地银行指示将资金支付给出口商，待约定到期，出口商收到出口项下资金后，将资金支付给出口地银行，再由出口地银行偿还代付行。

二、进口贸易类

（一）减免保证金开证

减免保证金开证是平安银行贸易融资的主流产品之一，是指平安银行免收或者部分免收进口商开证保证金，为进口商开出信用证的一种贸易融资业务。进口商申请减免保证金开证需要有授信额度，开证时扣减额度，信用证付汇时恢复额度。减免保证金开证大致可分为如下种类。

（1）按信用证期限，可分为即期信用证和远期信用证。即期信用证因客户付款赎单，风险相对较小；远期信用证因承兑放单后，平安银行不掌握货权，风险相对较大。

（2）按授信类型，可分为综合授信方式、单笔授信方式、无敞口风险开证方式。

综合授信方式，指授信审批部门对开证申请人进行综合评估后，授予其一定期限、一定规模的授信额度用于进口开证的方式。

单笔授信方式，指申请人在平安银行无综合授信额度，或综合授信额度已用完，每笔开证都按照平安银行授信流程的规定进行审批的一种授信方式。单笔授信额度用完即失效，不可循环使用。

授信审批部门批准的无敞口风险开证方式包括：平安银行接受并经确认的银行承兑汇票质押，平安银行认可的大额存单全额质押等。

（二）提货担保

提货担保业务中，在信用证项下正本货运单据尚未到达而进口货物已到港时，为减少货物堆放码头的滞港费用，进口商向进口地银行申请开立提货担保函，交给承运公司，请其凭以先行放货，待进口商取得正本单据后，再以正本单据换回原提货担保函。该业务适用于进口贸易中因航程过短，货已抵港而单据未到的情况，进口地银行应进口商的申请开立提货担保函，进口商将其交给承运单位凭以及时提货。该业务既可避免货物压仓、减少货物滞留码头的仓储费，又可使进口商避免因货物行情变化及货物品质变化遭受损失。

（三）进口代付

进口代付也叫海外代付，是进口信用证、进口代付、汇出汇款项下的一种融资方式。当进口商向平安银行提出信用证、进口代付、汇出汇款押汇需求，而平安银行亦无外币资金头寸向其提供融资时，平安银行可借助代理行给予平安银行的授信额度由其代为提供头寸。代理行将按照平安银行指示进行即期付款，待约定到期，进口商偿还平安银行后，平安银行再向代理行偿还头寸。

（四）进口信用证押汇

进口信用证押汇又称进口押汇，是开证行给予开证申请人（进口商）的短期资金融通业务。它通常是开证申请人由于资金短缺或周转困难，无法向银行付款赎单，以其进口项下的货物作为抵押，向银行申请进口押汇，并在规定的期限内向银行偿还贷款本金、利息及费用的一种短期贸易融资方式。

（五）进口 T/T 押汇

进口 T/T 押汇又称进口发票融资或进口汇出汇款融资，是指在进口商收到进口货物，进口货物销售货款回笼之前，向进口银行申请资金融通用以对外支付进口货款的业务。

（六）备用信用证

备用信用证又称担保信用证，是指不以清偿商品交易的价款为目的，而以贷款融资或担保债务偿还为目的所开立的信用证。

开证行保证在开证申请人未能履行其应履行的义务时，受益人只要凭备用信用证的规定向开证行开具汇票，并随附开证申请人未履行义务的声明或证明文件，即可得到开证行的偿付。备用信用证是集担保、融资、支付及相关服务为一体的多功能金融产品，因其用途广泛及运作灵活，在国际商务中得以普遍应用。

备用信用证具有不可撤销性、独立性、跟单性和强制性等特点。

三、进出口单证类

（一）以单换证

平安银行以客户提交的出口信用证项下单据所代表的应收账款做质押，为其开立进口信用证，以出口单据收汇做进口信用证付汇保证。在风险可控的情况下，以单换证可采用滚动式操作，即原质押的出口单据收汇时，可用新交出口单据替换，将出口收汇款解付给客户，满足客户资金计划安排的需要。该品种适用于信用证结算方式的进出口企业。它的特点是：帮助客户节约银行融资利息支出，满足客户理财需要；滚动式以单换证与滚动式以证换证相结合，对客户更实惠、更有吸引力。

（二）以证换证

平安银行在客户（出口商）备货装运前，以境外银行开来的有效信用证正本为质押，为其开立进口信用证，以出口信用证交单收汇做进口信用证付汇保证。在风险可控的情况下，以证换证可采用滚动式操作，即出口信用证项下交单后，可办理新的"以证换证"业务，即以新的出口证为质押，开立新的进口证。它的特点是：以证换证实现滚动式操作，有效简化操作程序，提高融资效率；以"以单换证"方式替换"以证换证"，实际扩大了融资金额；进出口信用证业务连动操作，为客户减少融资利息支出，满足客户理财需要；充分利用出口业务取得银行融资，不占用企业融资额度和资金。

第二节 信用证融资

一、信用证融资概述

在国际贸易活动中，由于买卖双方互不信任，买方担心预付款后卖方不按合同要求发货，卖方也担心在发货或提交货运单据后买方不付款，因此需要相关开户银行作为买卖双方的保证人，代为收款交单，以银行信用代替商业信用。银行在这一活动中所使用的工具就是信用证。信用证在国际贸易中较为常用，深受交易双方的青睐。

信用证是银行用以保证进口方有支付能力的凭证。信用证是一种开证银行根据进口方的要求和申请，向出口方开立的有一定金额、在一定期限内凭汇票和出口单据，在指定地点付款的书面保证。信用证是开证行向出口方做出的付款承诺，使出口方有了收款的保障，因此是对出口方有利的支付方式。但是出口方只有在按信用证规定提供了信用证要求的单据时才能得到款项，因此信用证是银行有条件的付款承诺。

信用证方式有三个特点：一是信用证不依附于买卖合同，银行在审单时强调的是信用证与基础贸易相分离的书面形式上的认证。二是信用证是凭单付款，不以货物为准。只要单据相符，开证行就应无条件付款。三是信用证是一种银行信用，它是银行的一种担保文件。

信用证包括以下几种。

（1）以信用证项下的汇票是否附有货运单据划分为跟单信用证、光票信用证。

（2）以开证行所负的责任为标准可以分为不可撤销信用证、可撤销信用证。

（3）以有无另一银行加以保证兑付，可以分为保兑信用证、不保兑信用证。

（4）根据付款时间不同，可以分为即期信用证、远期信用证、假远期信用证。

（5）根据受益人对信用证的权利可否转让，可以分为可转让信用证、不可转让信用证。

（6）循环信用证，分为自动式循环、非自动循环。

（7）对开信用证。

（8）对背信用证，又称转开信用证。

（9）预支信用证。

（10）备用信用证。

信用证支付的程序：①买卖双方当事人应在买卖合同中，明确规定采用信用证方式付款。②买方向其所在地银行提出开证申请，填具开证申请书，并缴纳一定的开证押金或提供其他保证，请银行（开证银行）向卖方开出信用证。③开证银行按申请书的内容开立以卖方为受益人的信用证，并通过其在卖方所在地的代理行或往来行通知卖方。④卖方在发运货物，取得信用证所要求的装运单据后，按信用证规定向其所在地银行议付货款。⑤议付行议付货款后即在信用证背面注明议付金额。

二、备用信用证

在阐述备用信用证之前，我先给大家分享一个案例。

一天下午，我在清华大学继续教育学院为总裁班授课，课间休息时我发现手机未接听电话中有7个是同一个号码打来的，我想对方一定是有特别紧急的事情，于是马上回拨了过去。果然，电话一接通确认了身份后对方就马上跟我说："吴教授，我好像被人骗了，您在北京吗？……今晚无论如何都要见到您……"通过简短沟通，我初步认定他是被骗了，于是跟他约好时间地点，等我下课后见面进一步了解确认。

原来，对方是一位云南某地级市煤炭销售公司的董事长兼总经理，他带上公司所有的融资相关资料和公章从昆明乘飞机来北京，准备第二天在北京某个所谓的律师楼里签署投融资协议书、保证书、企业经营鉴定书等相关文件。这位董事长在昆明机场候机时买了一本《融资有道：中国中小企业融资操作技巧大全与精品案例解析》，在飞往北京的途中一直在阅读这本书，当看到企业融资风险防范的相关章节时，深深感觉到书上描写的投融资骗局恰好发生在自己身上，于是从作者简介中找到了我的电话号码打了过来。

当天晚上见面后，我简单询问了他的融资经历，仔细查看了他与投资人之前签署的相关投融资文件和即将在第二天签署的投融资协议书、保证书等相关文件后，我肯定地说："你百分之百上当了。还好，这本书帮你止损了。明天的文件不要签了，之前交的20万元恐怕也要不回来了。"

他很惊讶地问我："您怎么这样肯定？虽然他们的行为与骗子有些像，但万一不是骗子我岂不是错过了好机会？"

我把协议中相关条款的陷阱解释给他听，一开始他还不信，我说那你现在就给你的那位同学（他公司所在地的建设银行副行长，是他中学时期的同学）打电话，问问他们银行能否做到"壹个工作日内以融资备用信用证做抵押办理银行贷款5亿元人民币的全部手续"，如果他说做不到，就等于你将不能履行保证书上相关条款的承诺，到那时就是你的公司违约，你就得承担由此而带来的一切后果。

他的同学回答说："怎么可能？就算事先准备好了所有贷款申请材料，5个亿这么大的额度要拿到省行去批，至少也得1个星期的时间。再说你们公司经营规模那么小，与贷款5亿元的额度比差距太大……报上去也不会批下来。"

最后，看他还是不肯放弃"这次机会"，我就建议修改一下条款内容，"拾个工作日内以融资备用信用证做抵押办理银行贷款5亿元人民币的全部手续，但是，如果银行没有批准，双方都不承担任何责任"。他欣然接受了。

第二天，与投资人见面不到 30 分钟后这位董事长给我打电话，说："他们真就是个大骗子……"

备用信用证是一种多功能的金融产品，集担保、融资、支付及相关服务为一体，因而在国际商业活动中被普遍应用。但在我国外向型企业中，对备用信用证的认知度并不高，个别企业由于资金紧张盲目融资，险些被所谓的境外投资者欺骗，更有甚者被卷入国际金融诈骗案中。鉴于此，多了解备用信用证的法律性质及功能，并予以合理应用，无疑有助于企业更有效率地参与国际竞争。

三、备用信用证的适用领域

根据备用信用证的应用实践，将其划分为履约备用信用证、预付款备用信用证、招标/投标备用信用证、对开备用信用证、融资备用信用证、直接付款备用信用证、保险备用信用证、商业备用信用证等 8 种类型，其基本功能和适用领域如下。

（一）国际担保

资信担保之所以在国际商务中广为应用，是因为当事人不但可将其用作商务支付的保证手段，还可将其作为制裁违约方、保护守约方，进而促成合约履行的法律手段。作为一种具有双重性质的金融工具，备用信用证在国际工程承包、BOT 项目、补偿贸易、加工贸易、国际信贷、融资租赁、保险与再保险等国际经济活动中广泛应用，只要基础交易中的债权人认为商业合约对债务人的约束尚不够安全，即可要求债务人向一家银行申请开出以其（债权人）为受益人的备用信用证，用以规避风险，确保债权实现。

（二）国际融资

备用信用证是一种国际通行的融资工具。合理利用其融资支持功能，对于已经在国外投资的中国企业拓展国际融资途径具有积极意义。

第一，融资备用信用证的应用。融资备用信用证主要支持包括偿还借款在内的付款义务的履行，广泛用于国际信贷融资安排。境外投资企业可根据所有权安排及其项目运营需要，通过融资备用信用证获得东道国的信贷资金支持。实践中，账户透支是一种较好的筹资选择。其优势在于：借贷手续简捷，运作方便、灵活；

企业可根据实际资金需求和现金流量把握筹资的规模与期限，从而最大限度地减少闲置资金，降低融资成本，规避利率与市场风险，减少信用额度占用，改善负债结构。

境外投资企业可要求本国银行或东道国银行开立一张以融资银行为受益人的融资备用信用证，并凭以作为不可撤销的、独立性的偿还借款的支持承诺，向该银行申请提供账户透支便利。根据融资协议，企业应在规定的额度和期限内循环使用、归还银行信贷资金。如果其正常履约，融资备用信用证则"备而不用"；如果其违约，融资银行作为融资备用信用证的受益人有权凭规定单据向开证人索偿，后者有义务偿付申请人所欠透支信贷资金。由于融资备用信用证的受益人为东道国商业银行，其信用度较商业受益人更高，风险相对较小，加之规范备用信用证运作的国际规则已相当完备，所以，银行通常乐于提供账户透支融资支持。在其他形式的商业信贷以及官方支持的出口信贷融资中，融资备用信用证的应用也相当广泛。

第二，直接付款备用信用证的应用。直接付款备用信用证主要支持与融资备用信用证有关的基础付款义务的履行，实践中普遍地用于商业票据融资支持。商业票据融资是国际短期资金市场最通行的直接融资方式，跨国企业因兼并、收购或其他经营活动而在短期内产生大量现金需求时，多以此解决。美国拥有全球最大的商业票据市场，投资者通常为金融机构、地方政府以及一些非营利组织。

企业利用这一融资手段的益处在于：由于利率水平低于一般商业贷款利率，发行主体信用度高，加之发行手续较简便，中间费用少，故筹资成本相对较低；在约定期限内，发行人可根据资金需求状况，灵活选择发行金额与发行时间，用款比较便利；成功的票据发行具有良好的广告效应，有利于提高企业的市场知名度，为中长期筹资奠定基础。

在美国资本市场上，比较流行公司利用直接付款备用信用证进行筹资，既可免受评估结果的限制，又避免了进行信用评估所需等待的时间、费用以及企业财务状况的披露。具体做法是：当企业以发行商业票据等方式筹资时，由一家当地银行开立直接付款备用信用证，为企业提供资信担保，并承担付款责任。当债务到期时，由开证银行直接以该备用信用证项下的资金进行支付，投资者主要依据开证银行的资信等级即可对该项投资的信用风险做出判断，而无须过多考虑实际借款人的信用级别。

（三）国际贸易结算

我国进出口贸易结算中，信用证等传统支付方式仍居重要位置，而在国际范围内，赊销、承兑交单、保理等支付方式已经非常普遍了。随着国际贸易法律规范的完善，国际金融服务的升级，大数据、电子商务等科技进步，现代国际贸易运作的理念发生了较大变化，时空、地域已变得不那么重要，债务清偿的安全性也不再是交易者首先考虑的支付条件，效率、成本、便捷等因素的影响力与日俱增，变革与创新成为国际支付领域中的必然，特别是备用信用证的应用尤为突出。

四、备用信用证的法律性质及运作原理

（一）备用信用证的法律性质

从法律的角度考虑，备用信用证具有以下特点。

（1）不可撤销性。备用信用证一经开立，除非有关当事人同意或备用信用证内另有规定，开证人不得撤销或修改其在该备用信用证项下的义务。

（2）独立性。备用信用证一经开立，即作为一种自足文件而独立存在。其既独立于赖以开立的申请人与受益人之间的基础交易合约，又独立于申请人和开证人之间的开证契约关系。基础交易合约对备用信用证无任何法律约束力，开证人完全不介入基础交易的履约状况，其义务完全取决于备用信用证条款和受益人提交的单据是否表面上符合这些条款的规定。

（3）单据性。备用信用证亦有单据要求，并且开证人付款义务的履行与否取决于受益人提交的单据是否符合备用信用证的要求。备用信用证的跟单性质和商业信用证并无二致，但后者主要用于国际贸易货款结算，其项下的单据以汇票和货运单据为主；而备用信用证则更普遍地用于国际商务担保，通常只要求受益人提交汇票以及声明申请人违约的证明文件等非货运单据。

（4）强制性。不论备用信用证的开立是否由申请人授权，开证人是否收取了费用，受益人是否收到、相信该备用信用证，只要其一经开立，即对开证人具有强制性的约束力。

备用信用证的四个法律性质相辅相成，共同造就了这一金融产品的优异特质："不可撤销性"锁定了开证人的责任义务，进而更有效地保障了受益人的权益；"独立性"传承了信用证和独立性担保的"独立"品格，赋予了其既定的法律属性；"单

据性"则将开证人的义务限定于"凭单"原则的基准之上，有益于"独立性"的实施；"强制性"则是对开证人义务履行的严格规范，它与"不可撤销性"的融合充分体现了开证人责任义务的约束性和严肃性，有助于杜绝非正常因素的干扰。基于这些关键的法律性质，备用信用证融合了商业信用证和独立性担保之特长，在实践中体现出独特的功能优势。

（二）备用信用证的运作原理

从备用信用证运作原理的角度看，其特点如下。

（1）开证申请人（基础交易合同的债务人）向开证人（银行或非银行金融机构）申请开出备用信用证。开证人严格审核开证申请人的资信能力、财务状况、交易项目的可行性与效益等重要事项，若同意受理，即开出备用信用证，并通过通知银行将该备用信用证通知受益人（基础交易合同的债权人）。

（2）若开证申请人按基础交易合同约定履行了义务，开证人不必因开出备用信用证而必须履行付款义务，其担保责任于信用证有效期满解除；若开证申请人未能履约，备用信用证将发挥其支付担保功能。在后一种情形下，受益人可按照备用信用证的规定提交汇票、申请人违约证明和索赔文件等，向开证人索赔。

（3）开证人审核并确认相关索赔文件符合备用信用证规定后，必须无条件地向受益人付款，履行其担保义务。

最后，开证人对外付款后，向开证申请人索偿垫付的款项，后者有义务予以偿还。

第三节　国际保理融资

在目前的经济环境下，出口企业比以往更加关心出口收汇的安全性和汇率风险，国际保理业务正是适应出口赊销企业多种需求的金融产品。在出口保理中，保理商为出口企业提供了包括融资和坏账担保在内的多项综合性服务，解决了非信用证出口的难题，既能有效地解决企业融资困难，又可以大大降低出口收汇的不良率。企业将更多的应收账款转变为现金，从而改善了财务报表，特别是在当前国际贸易环境下，通过及早收回货款规避汇率风险是广大出口企业理想的财务管理方法。

一、保理的产生

货币是商品交换发展到一定阶段的产物。随着商品经济的发展，信用关系在交易双方或多方中渐渐产生并衍生成金融工具。一些投资人或机构组织就会利用自身的资金、信用、网络优势等资源在经济活动中通过向交易双方提供应收账款融资服务来分享商品交换与增值成果。在 18 世纪的欧洲，有一些原先在寄售方式下的商务代理逐渐演变成了提供短期贸易融资的保理商，即从原负责销售商品的商业代理人通过接受卖方转让应收账款而成为债权人，使原来的委托人和代理人之间的关系变成了债权转让人和受让人之间的新型民商法律关系。

19 世纪后半叶，保理制度作为国际贸易活动中一种融资结算的方式和法律性制度，得到了长足发展。到了 20 世纪，保理制度在英国、美国、法国、日本等发达国家有了更为普及性的发展，保理业由适用于一般的国内贸易和个别领域扩张至国际贸易和金融等敏感领域，并且设立了对应的专门法律制度。这种被称作"应收账款融资"的业务在美国随着《统一商法典》在除路易斯安那州以外的美国各州颁布实施而得到迅速的发展，至今仍在继续。保理从传统行业向外发展的主要动力来自国际贸易的需要。从国际贸易市场的融资结算手段来讲，保理已经成为绝大多数参与国际贸易活动主体的一种较为常用的融资结算形式和手段。1968 年，在荷兰阿姆斯特丹以 100 多家银行所属的保理公司组成了"国际保理商联合会"（FCI），使保理这项国际结算业务有了自己的规范运作秩序。保理又称保付代理，曾有过"应收账款收买业务""承购应收账款业务""应收账款管理服务"等多种不同译称。应用于国际的保理业务称为国际保理业务。

1991 年 4 月底，应 FCI 邀请，中国对外经济贸易部计算中心（现商务部国际贸易经济合作研究院）和中国银行组织联合考察组，赴荷兰、德国和英国考察国际保理业务。经考察组集体研究决定，正式向 FCI 发函确认将 factoring 一词的中文译名确定为"保理"，从此中文"保理"一词被全球广泛使用。

截至 2017 年年底，FCI 有近 400 家会员，来自 90 个国家和地区，为促进跨境保理提供合作网络。FCI 统计数据显示，2019 年，全球保理业务总量为 2.92 万亿欧元，较 2018 年增长 5%。从全球保理业务的增长趋势来看，保理行业未来的发展会保持一个稳定的增长趋势。

二、我国商业银行保理业务的相关规定

我国《商业银行保理业务管理暂行办法》于 2014 年 4 月 3 日经原银监会正式公布实施。《商业银行保理业务管理暂行办法》对保理业务的定义是：保理业务是以债权人转让其应收账款为前提，集应收账款催收、管理、坏账担保及融资于一体的综合性金融服务。债权人将其应收账款转让给商业银行，由商业银行向其提供下列服务中至少一项的，即为保理业务：①应收账款催收。商业银行根据应收账款账期，主动或应债权人要求，采取电话、函件、上门等方式或运用法律手段等对债务人进行催收。②应收账款管理。商业银行根据债权人的要求，定期或不定期向其提供关于应收账款的回收情况、逾期账款情况、对账单等财务和统计报表，协助其进行应收账款管理。③坏账担保。商业银行与债权人签订保理协议后，为债务人核定信用额度，并在核准额度内，对债权人无商业纠纷的应收账款，提供约定的付款担保。④保理融资。保理融资，即以应收账款合法、有效转让为前提的银行融资服务。

《商业银行保理业务管理暂行办法》第十条对保理业务的分类做了如下规定：①国内保理和国际保理。按照基础交易的性质和债权人、债务人所在地，分为国际保理和国内保理。国内保理是债权人和债务人均在境内的保理业务。国际保理是债权人和债务人中至少有一方在境外（包括保税区、自贸区、境内关外等）的保理业务。②有追索权保理和无追索权保理。按照商业银行在债务人破产、无理拖欠或无法偿付应收账款时，是否可以向债权人反转让应收账款、要求债权人回购应收账款或归还融资，分为有追索权保理和无追索权保理。有追索权保理是指在应收账款到期无法从债务人处收回时，商业银行可以向债权人反转让应收账款、要求债权人回购应收账款或归还融资。有追索权保理又称回购型保理。无追索权保理是指应收账款在无商业纠纷等情况下无法得到清偿的，由商业银行承担应收账款的坏账风险。无追索权保理又称买断型保理。③单保理和双保理。按照参与保理服务的保理机构个数，分为单保理和双保理。单保理是由一家保理机构单独为买卖双方提供保理服务；双保理是由两家保理机构分别向买卖双方提供保理服务。买卖双方保理机构为同一银行不同分支机构的，原则上可视作双保理。商业银行应当在相关业务管理办法中同时明确作为买方保理机构和卖方保理机构的职责。有保险公司承保买方信用风险的银保合作，视同双保理。

然而，在实际运用中，保理业务有多种不同的操作方式，以及明保理和暗保理与折扣保理和到期保理之分。

明保理是指供货商在债权转让的时候应立即将保理情况告知购货商，并指示购货商将货款直接付给保理商。目前在国内银行所开展的保理业务都是明保理。暗保理是指将购货商排除在保理业务之外，由银行和供货商单独进行保理业务，在到期后供货商出面进行款项的催讨，收回之后再交给保理商。供货商通过开展暗保理可以隐瞒自己资金状况不佳的情况。

折扣保理又称融资保理，是指当供货商将代表应收账款的票据交给保理商时，保理商立即以预付款方式向供货商提供不超过应收账款80%的融资，剩余20%的应收账款待保理商向债务人（购货商）收取全部货款后，再行清算。这是比较典型的保理方式。到期保理是指保理商在收到供货商提交的、代表应收账款的销售发票等单据时并不向供货商提供融资，而是在单据到期后，向供货商支付货款。无论到时候货款是否能够收到，保理商都必须支付货款。

保理的收费主要有两方面：①服务佣金。一般是承担服务发票金额的1%～1.5%。②进口商的资信调查费。对于每次信用额度申请，无论批准与否、批准多少，保理商都收取一定的资信评估费用（一般为50美元）。此外，如果保理商向供货商提供融资，还要收取一定的融资利息。

采用国际保理业务，出口商虽然可能增加一定的费用，但因此而获得的信用风险担保、资金融通以及管理费用的降低等带来的收益足以抵销保理费用的开支，而进口商也可以免除开信用证或托收的费用，减少资金的占压。这也是国际保理业务在欧美等发达国家和地区得以蓬勃发展的原因。

2019年10月18日，中国银保监会发布《关于加强商业保理企业监督管理的通知》（以下简称《通知》）。《通知》从依法合规经营、加强监督管理、稳妥推进分类处置、严把市场准入关、压实地方监管责任、优化营商环境六个方面指导各地加强商业保理企业的事中、事后监管。一是依法合规经营。明确商业保理经营原则、内部管理、业务范围、融资方式和负面清单，督促商业保理企业严守底线，规范经营，防范风险，引导商业保理企业专注主业、回归本源。二是加强监督管理。明确商业保理企业各项监管指标，规范非现场监测和现场检查等监管措施，建立重大事项报告制度。三是稳妥推进分类处置。按照经营风险情况、违法违规情形，将商业保理企业划分为正常经营、非正常经营和违法违规经营三类，稳妥有序对存量企业实施分类处置。对于接受并配合监管、在注册地有经营场所且登录"商业保理信息管理系统"或地方金融监管局指定信息系统完整填报信息的企业，分批分次进行公示，纳入监管名单。四是严把市场准入关。清理存量，严控增量。要求各地方金融监管局协调市场监管部门严控商业保理企业登记注册。确有必要新设的，要与市场监管部门建立会商机制。严格控制注册地址和股权变更，禁止跨省、自治区、直辖市、计划单列市变更注册地址。五是压实地方监管责任。明确地方政府监管职责，建立分级监管和专职监管员制度，完善跨部门、跨地区监管协作机制。六是优化营商环境。从支持政策、与银行保险机构合作、行业自律等方面引导商业保理企业更好为中小微企业提供服务。

三、国际保理服务内容

（一）进口商的资信调查及信用评估

中小出口企业一般有几个至几十个长期或经常性的贸易客户，大型出口企业可以有几百个这样的贸易客户。掌握这些客户的资信变化状况，以控制切合实际的信用销售限额和采取必要的防范措施，避免或减少存在的收汇风险，对出口企业来讲是一项至关重要但自己并不擅长的工作。而对大多数专业生产经营某类产品的出口商来说，要建立四通八达、渠道畅通的情报网来收集信息，以便制定相应的经营策略，是力所不及的。但保理商可利用国际保理商联合会广泛的网络和官方与民间的咨询机构，也可利用其母银行的分支机构和代理网络，通过各种渠道，收集有关进口商的背景、实力、潜在的发展机会等信息，以及对进口商资信有直接影响的外汇管制、外贸体制、金融政策、国家政局变化等最新动态资料。保理商本身也有高效率的调研部门及企业信息数据库，拥有专业的经验丰富的资信人才和信贷专家，这些便利条件，使保理商能够迅速及时掌握进口商资信变化情况，并对企业资信做出权威、专业、迅捷的评估，并应出口商要求，提供商资报告。在此基础上，对出口商的每个客户核定合理的信用销售额度，并将坏账风险降至最低。

（二）债款回收

几乎所有的贸易公司在向海外客户收取债款时，都会遇到同一难题，即如何在不损害彼此良好关系的情况下收回债款。彼此间的语言隔膜,加上商业程序和法律制度互异,往往导致收债效果不佳,从而使大量的营运资金被束缚在应收账款上。而企业资金周转不灵,又会给企业正常营运带来巨大阻碍。这些问题在保理业务中可得到妥善解决。保理商有一批训练有素的专业收账专家和法律顾问,拥有一套完整有效的追债程序,知道何时用何种方式向何人收债,处理起来得心应手。可见,使用保理业务既节省了出口商的营运资金,又免除了因收款而产生的忧虑。

(三) 销售分户账管理

销售分户账是出口商与债务人(进口商)交易的记录。在保理业务中,出口商可将其管理权授予保理商,从而可集中力量进行生产、经营管理和销售,并减少了相应的财务管理人员和办公设备,从而缩小了办公占用面积。保理商可利用其完备的账户管理制度和先进的办公设备,利用电脑自动进行诸如记账、催收、清算、计息收费、打印等工作,向出口商提供各种统计报表和往来账户对账单。由于保理商负责收取货款、寄送账单和查询催收工作,因此供应商还可节省大量的管理费用。

(四) 信用风险担保

保理业务有一个十分重要的功能,也是出口商特别看重的一点,就是保理商对已核准的应收账款提供100%的坏账风险担保。通常在保理协议生效前,出口商要填写信用额度申请表,如实填报进口商概况、出口产品、预计出口总额、价格条件、付款条件等,请求为自己的客户核定一个信用销售额度。保理商以书面通知核准的应收账款为已核准应收账款,对此保理商提供100%的坏账担保。

(五) 贸易融资

保理商应出口商要求,可在信用额度内预付发票金额70%~80%的货款,这种保理下的融资方式,有以下特点。

(1) 在通常情况下,这70%~80%的货款融资是一种丧失追索权的融资。因此,出口商可将其作为正常销售收入对待,而不必像银行贷款那样记录在资产负债表的负债方,从而可以优化财务报表,改善资产结构,提高速动比率,有利于出口商提高资信等级和清偿能力,并进一步融资。

(2) 保理融资总额与出口商发票金额成正比,二者保持同步增长。这样,一方面可自动调整,满足出口商渐渐加大的资金需求,保证资金供应和商品销售同步增长;另一方面也可有效地防止处于发展时期的企业超营运资金运营。

(3) 融资方式手续简便、简单易行。它既不像信用放款那样需要办理复杂的审批手续,也不像抵押放款那样需要办理抵押品的移交和过户手续,供应商在发货或提供技术服务后,凭发票通知保理商就可立即获得不超过发票金额80%的无追索权的预付款融资。

以上所述的各项服务项目,出口商可根据本公司和具体业务的实际情况,要求提供全部和部分服务,因此,保理具有相当的灵活性。

四、国际保理融资优势

由于国际保理业务为进出口商双方以及银行都带来了一定的利益,因此发展比较迅速,特别是我国改革开放以后,外向型企业的迅猛发展也推动了国际保理业务较快发展。

(一) 对出口商的益处

(1) 扩大出口业务量。一方面,通过保理业务,出口商向海外客户提供赊销的优惠付款条件,增强了其出口竞争力,有利于拓展海外市场;另一方面,由于保理商熟知海外市场情况,因此还经常向中小出口商提出建议,替它们寻找买主与代理商,协助其打进国际市场。出口商借助保理商对进口商的信用控制和对海外市场的了解,制订和调整营销计划,亦有利于打进国际市场。

(2) 降低经营成本。一般情况下,出口商需设置某部门或专人负责调查买方资信,管理销售账户,追收债款,这需要投入高额的固定成本。而在国际保理业务中,这些工作均由保理商负责完成,出口商只需要根据销售额支付一定的手续费。这部分费用是根据实际的销售量而变动的,即前述固定成本转变为可变成本,整体降低了经营成本。

(3) 规避收汇风险。国际保理业务不仅使出口商向进口商提供了优惠的付款条件,而且也保障了出口商的收汇安全。由于保理商承担了100%的买方信用风险,只要出口商在保理商核定的信用额度内履行合同,就可从保理商处获得无追索权的融资，将信贷风险和汇价风险都转嫁给保理商。

（4）增强现金流动性。保理商收到代表应收账款的销售发票后，根据出口商的融资要求，可以立即以预付款方式提供不超过发票净额 80% 的无追索权融资给出口商，而该融资无须出口商提供担保或抵押，剩余 20% 的收购价款于货款收妥后再行清算，因此增强了出口商的资金流动性。

（5）改善资产负债比率。对于出口商而言，一般的银行贷款作为企业的负债，而保理业务中获得的无追索权的预付款则可作为正常的销售收入，这降低了企业的资产负债比率，改善了企业的财务状况，有利于企业的有价证券上市和扩展企业融资渠道。

（6）简化手续。国际保理业务可免除信用证方式下的催证、审证、改证等烦琐的手续，而且避免了因"单证不符"遭拒付所带来的麻烦。另外，出口商与本国的保理商之间也免去了语言及法律方面的障碍，使工作效率得到提高。

（二）对进口商的益处

（1）加速资金周转，降低进口成本。保理业务可使进口商免缴信用证方式下的开证保证金及有关的银行费用，而且利用赊销的优惠付款方式，进口商可以在收到货物甚至将货物出售后再行付款。这样，避免了资金占压，加快了资金流动，降低了营运成本。

（2）不需抵押即可扩大购买能力。保理业务可使进口商无须抵押，单纯依靠公司的信誉和良好的财务表现获得 100% 的买方信贷，以有限的资本购进更多的货物，扩大营业额。

（3）简化进口手续。保理业务使进口商无须办理开证、改证等繁杂手续，大大简化了进货手续，提高了效率。

（三）对银行的益处

（1）拓展市场，增加收益。银行开办保理业务，不仅丰富了业务品种，拓宽了市场范围，而且可以从中获得更多利润。作为出口保理商的银行，除了可以获得佣金外，还可通过向出口商预支货款得到融资收益；作为进口保理商的银行，由于承担买方信用风险，因此佣金较高，一般为发票金额的 1%～1.5%。此外，银行还可收取 30 美元左右的银行费用及一定的单据处理费。

（2）推进国际化建设。银行从事国际保理业务，加入国际保理商联合会，将与各国的银行、保理公司进行业务往来，可以积累国际业务经验，提高国际形象。

例如，北京建工国际泰国有限公司是北京建工集团下属企业，在泰国承接曼谷水岸地标项目工程。该项目在融资方面对专业和效率要求极高，经多方比较，北京建工集团最终选择平安银行上海自贸试验区分行作为保理商，通过自由贸易（FT）账户办理工程项下保理融资，保证了该项目的顺利实施。

此次曼谷水岸地标项目在融资模式上实现了有效创新，采用了项目融资和有追索权保理相结合的交易结构，该结构有利于减轻承包商的融资负担。同时，该项目由北京建工集团提供全额担保，并通过"项目物权担保+资金封闭管理"保证了中方（含工程企业和银行）对项目的有效控制，缓释了风险。近年来，国际工程竞争已趋于白热化，中国的对外承包企业可利用本案例中的融资模式更好地与国外公司展开竞争。

第九章

CHAPTER 9

上市融资

2020年2月18日，新浪财经综合报道：截至2019年年底，全球上市的中国企业有5392家（不含股转系统），合计发行股票5594只，较2018年增加246只，总市值约88万亿元，较2018年增加21万亿元，约占全球所有上市企业总市值的14.2%，仅次于美国，已经成为全球资本市场重要组成部分。从行业分布来看，全球上市的中国企业在工业、可选消费、信息技术、原材料等行业数量较多，合计发行3783只股票，具有明显的行业集中性；电信业务、能源、公用事业等行业的上市企业较少。这一方面是经济结构的反映，另一方面也与能源、电信、公用事业等行业龙头企业的业务高度集中有关。

在经济加速转型和调整的过程中，一些中小企业进入高速发展阶段，面临着重大的投资机遇。这些中小企业需要通过上市低成本向大众融资从而募集到大笔资金，使企业顺利实现战略转移，并且通过上市使企业产权清晰化，形成完整的现代企业公司治理结构和以股权稀释方式来分散经营风险。因此，将会有更多的中国中小企业跨入上市企业的行列。

上市融资是指股份制企业通过向社会公开发行股票而募集资金的一种融资方式。企业的股票上市工作是一项非常复杂而烦琐的工作，比如企业需要做上市准备、上市申请和接受证券监督管理部门的核准，并且企业行为受《公司法》《证券法》等相关法律约束等。企业的主要股东与管理团队主要成员应事先考虑诸如企业该不该上市，什么时机以什么方式上市，适合主板上市还是创业板上市，是选择在境内上市还是境外上市，上市具体程序有哪些，上市前应做哪些准备等问题。

根据上市前企业普遍存在的问题和我国现阶段企业管理状况，本章将重点介绍股票发行与上市、上市准备、企业股改、国内外主要证券交易所和经典案例解析等内容，为大家提供最有参考价值的股票上市内容。

基础知识

（一）股票

股票是一种有价证券，是股份公司在筹集资本时向出资人发行的股份凭证，代表着其持有者（即股东）对股份公司的所有权，持有者可参加股东大会，投票表决，参与公司的重大决策，收取股息或分享红利差价等，同时也要承担公司运作所带来的风险。由于股票包含有经济利益，且可以上市流通转让，因此股票是一种有价证券。我国有四个证券交易所：上海证券交易所、深圳证券交易所、香港证券交易所及台湾证券交易所。

（二）普通股

普通股是指在公司的经营管理和盈利及财产的分配上享有普通权利的股份，代表满足所有债权偿付要求及优先股股东的收益权与求偿权要求后对公司盈利和剩余财产的索取权，它构成公司资本的基础，是股票的一种基本形式，也是发行量最大、最重要的股票。

在上海和深圳证券交易所交易的股票都是普通股。普通股股票持有者按其所持有股份比例享有以下基本权利。

（1）公司决策参与权。普通股股东有权参与股东大会，并有建议权、表决权和选举权，也可以委托他人代表其行使股东权利。

（2）利润分配权。普通股股东有权从公司利润分配中得到股息。普通股的股息是不固定的，由公司盈利状况及其分配政策决定。普通股股东在优先股股东取得固定股息之后才有权享受股息分配。

（3）优先认股权。公司因扩张而增发普通股股票时，现有普通股股东有权按其持股比例，以低于市价的某一特定价格优先购买一定数量的新发行股票，从而保持其对公司所有权的原有比例。

（4）剩余资产分配权。当公司破产或清算时，若公司的资产在偿还欠债后还有剩余,其剩余部分按先优先股股东、后普通股股东的顺序进行分配。

(三) 优先股

优先股是相对于普通股而言的,主要指在利润分红及剩余财产分配的权利方面,优先于普通股。优先股有两种权利:在公司分配盈利时,拥有优先股的股东比持有普通股的股东分配在先,而且享受固定数额的股息,即优先股的股息率是固定的,普通股的红利是不固定的,视公司盈利情况而定,利多多分,利少少分,无利不分,上不封顶,下不保底。在公司解散、分配剩余财产时,优先股在普通股之前分配。

(四) 绩优股

绩优股是指那些业绩优良,但增长速度较慢的公司的股票。这类公司有实力抵抗经济衰退,但并不能带来振奋人心的利润。因为这类公司业务较为成熟,不需要花很多钱来扩展业务,所以投资这类公司的目的主要是拿股息。另外,投资这类股票时,市盈率不要太高,同时要注意股价在历史上经济不景气时波动的记录。

(五) 后配股

后配股是在利益或利息分红及剩余财产分配时相对于普通股处于劣势的股票,一般是在普通股分配之后,对剩余利益进行再分配。如果公司的盈利巨大,后配股的发行数量又很有限,则购买后配股的股东可以取得很高的收益。发行后配股,一般所筹措的资金不能立即产生收益,投资者的范围又受限制,因此利用率不高。后配股一般在下列情况下发行。

(1) 公司为筹措扩充设备资金而发行新股票时,为了不减少对旧股的分红,在新设备正式投用前,将新股票作为后配股发行。

(2) 公司兼并时,为调整合并比例,向被兼并公司的股东交付一部分后配股。

(3) 在有政府投资的企业里,私人持有的股票股息达到一定水平之前,把政府持有的股票作为后配股。

(六) 主板

主板也称一板市场,指传统意义上的证券市场(通常指股票市场),是一个国家或地区证券发行、上市及交易的主要场所。主板市场又分为多级市场。

一级市场也称发行市场，它是指公司直接或通过中介机构向投资者出售新发行的股票的市场。所谓新发行的股票包括初次发行和再发行的股票，前者是公司第一次向投资者出售的原始股，后者是在原始股的基础上增加的新份额。

二级市场也称股票交易市场，是投资者之间买卖已发行股票的场所。这一市场为股票创造流动性，即能够迅速脱手换取现值。

二级市场通常可分为有组织的证券交易所和场外交易市场，同时也出现了具有混合特性的第三市场和第四市场。

第三市场是指原来在证券交易所上市的股票移到场外进行交易而形成的市场，换言之，第三市场交易的是在证券交易所上市、在场外市场交易的股票，不同于一般含义的柜台交易。

第四市场是指大机构（和富有的个人）绕开通常的经纪人，彼此之间利用电子通信网络直接进行证券交易而形成的市场。

（七）创业板

创业板也称二板市场，其规范名称为"第二交易系统"，是一些小型高科技公司的上市场所，是与现有主板相对应的一个概念。

二板市场的特征：市场具有前瞻性，上市标准低，市场监管更加严格，推行造市商制度，实行电子化交易。

第一节　股票发行与上市概述

股份有限公司将资本划分为等额股份，股份采取股票的形式。股票是公司签发的证明股东所持股份的凭证。股份的发行，实行公平、公正的原则，同种类的每一股份应当具有同等权利。

公司发行的股票，可以为记名股票，也可以为无记名股票。公司向发起人、法人发行的股票，应当为记名股票，并应当记载该发起人、法人的姓名或者名称，不得另立户名或者以代表人姓名记名。

公司发行记名股票的，应当置备股东名册，记载下列事项：①股东的姓名或者名称及住所；②各股东所持股份数；③各股东所持股票的编号；④各股东取得股份的日期。发行无记名股票的，公司应当记载其股票数量、编号及发行日期。

公司经国务院证券监督管理机构核准公开发行新股时，必须公告新股招股说明书和财务会计报告，并制作认股书。

股票上市是一种法律行为，是指拟上市公司已经发行的股票经证券交易所批准后，在交易所公开挂牌交易的行为。股票上市是连接股票发行和股票交易的"桥梁"，股票公开发行后即获得上市资格。公司通过股票上市将可能募集到巨额资金，为公司下一步发展增加资本动能。

股票发行是公司新股票的出售过程。新股票一经发行，应募人认购后即成为股东。这一过程一般没有固定集中的场所，或由公司自己发行，较普通的是由投资银行、信托公司、证券公司和经纪人等承销经营。发行股票有两种情况：①新公司成立，首次发行股票；②已成立的公司增资发行新股票。股票在上市发行前，上市公司与股票的代理发行证券商签订代理发行合同，确定股票发行方式，明确各方面的责任。

一、发行方式

股票发行按照是否限制认购人的范围，可分为公开发行和不公开发行；按是否经过承销机构代理发行，可分为直接发行和间接发行；按在发行股票时是否收取股金，可分为有偿增资发行、无偿增资发行和有偿无偿并行增资发行。

（一）公开发行和不公开发行

公开发行也叫公募发行，不公开发行也叫定向发行。公开发行是指公司向社会公众招股，不以特定人为发行对象；不公开发行是指不向社会公众招股募集，只向公司内部和与公司有来往的其他公司或机构发行股票。公开发行的方式较为常见。

（二）直接发行和间接发行

直接发行是指股份公司自己承担股票发行的一切事务和发行风险，直接向认购者推销出售股票的方式。采用直接发行方式时，要求发行者熟悉招股手续，精通招股技术并具备一定的条件。当认购额达不到计划招股额时，新建股份公司的发起人或现有股份公司的董事会必须自己认购未售出的股票。直接发行的好处是节约发行费用，但是发行风险较大。所以，通常采用间接发行方式发行股票。

间接发行就是把发行股票的一切手续都移交承销商办理。承销的机构，可以是一家，也可以是多家。一般讲，承销分为三种方式。第一种叫代销，就是发起人或股份公司把销售股票的事务委托承销商代办，发行人承担发行中的风险。第二种是助销，这种方式是股份公司将股票发行业务交给承销商，双方签订承销合同，合同书上写明当承销商不能销售全部股票时，剩余部分要由承销商全部买下。这种方式的好处在于把一部分股票发行的风险转移给了承销商，也降低了股票发行费用。助销的方式多为西方国家所采用。第三种方式叫包销，其具体操作程序是承销商先对发行股票的公司进行资信调查，当认为其各方面条件适合自己业务需要时，与发行公司签订包销合同，承销商以自己的名义买下全部发行的股票，并垫支相当于股票发行价格的全部资金，等待有利机会，将股票上市出售。

（三）有偿增资发行、无偿增资发行和有偿无偿并行增资发行

1. 有偿增资发行

有偿增资发行是指投资者按股票票面金额或股票市场价格用现金或实物购买股票。其具体做法又分以下三种。

第一种是股东配股，即以本公司原股东为发行对象，按一定的比率（旧股与新股之比）给予新股认购权，准其优先认购新股份的方法。为了让老股东在股市看涨的情况下能获得一定利益，准许老股东转让认购新股权。这种办法实际上是公司内部发行。

第二种是公司内部配股，即股份公司对本公司的职工、顾客、往来银行等友好关系保持者给予新股认股权。公司发行这种股票的原因一般有两个：一是如果按股东配股的方法出卖股票，认购股东人数不多，而公开对外发行又有很多困难，倒不如干脆将股份配给内部职工；二是公司股票发行价高，以酬劳股之名配给职工也表示了公司对员工的关怀。

第三种是公募发行，即通过承销机构公开对外发行。公募发行时，内部职工和股东也可参加，但有一定比例限制，因为股东和职工过多认购会改变公募性质，所以法律上具有相关限制性的原则性规定。

2. 无偿增资发行

这种方法是股东不向公司缴纳现金或实物，无代价地从公司取得股票。这

部分股票资金来自公司公积金积累或盈余结存，公司把这些钱划分成一定比例的股份发给原股东。公司采用这种方法的目的并不是筹集资金，而是调整本公司的资本结构，增强公司社会信用，增加股东入股信心。无偿增资常见的做法有以下两种。

一是法定公积金转为资本配股。所谓法定公积金，是指按《公司法》规定必须从纯利润中按一定比例提存的资金。这部分资金，按规定可弥补亏损，也可转为资本，但不能用作红利分配。公司采用此种做法发行新股，要按股东持股数平等摊配。

二是股票派息，也叫股票分红。这是公司把应分派给股东的利润转为资本，发行新股分配给股东，代替现金派息的一种增资方法。这种做法的优点是：通过配股，股东们参与了盈利分配，同时免缴个人所得税；派息股票价格按面额计算，所以市价高时仍有增派股息的含义。

3. 有偿无偿并行增资发行

这种方法指的是公司发行新股配给股东时，股东只需缴纳一部分现金就可得到一定数量的新股票，其余部分由公司从公积金中支付。

以上各种方式，公司要根据自己的实际情况选用。

二、发行价格

股票发行价格是指股份有限公司在筹集股本和发行新股时确定的价格，也就是投资者认购股票时所支付的价格。股票发行价格通常由发行公司根据股票面额、股市行情和其他有关因素决定。以募集设立方式设立的公司首次公开发行的股票，价格由发起人决定；公司增资发行的新股，价格由股东大会做出决议。股票的发行价格一般有以下四种。

（一）平价发行

平价发行是指股票的发行价格与股票票面金额相同，也叫等价发行。这种做法，可以确切判断每一股在公司占有的比例。这种发行价格一般在股票初次发行或股东内部分摊增资的情况下采用。平价发行的好处：一是不受市场价格变动影响；二是方法简便易行；三是发行费用低。其缺点是公司得不到溢价发行的好处，不能根据市场行情调整价格。一般公司刚成立时多采用这种做法。

（二）时价发行

时价发行即按股票市场价发行股票。例如，原先发行的面额为 20 元的股票，现在市场价格为 80 元，这样，公司发行新股票时价格可以接近或确定为 80 元，这就是时价发行。采用这种方法的公司，大多是经营较好的公司。

时价发行的好处：对发行公司来说，这是一个很好的市场机会，这时发行股票，既可以有效地筹措资金，又可以降低发行成本；对投资者来讲，买到时价股票一般红利较多，投资效益乐观。另外，投资者以后还可看准机会将股票转让，大多能获得更大经济效益。

但是，按时价发行股票，价格的确定是个关键。一是价格不能定得太高，否则，会造成股票出手受阻；二是价格不能定得太低，如果定价偏低，会造成对原有股票价格的冲击，这样对股东和公司都不利。

（三）折价发行

折价发行是指发行公司把股票以低于票面面额的价格承包给承销商，以保证承销商包销股票时能获得一定的包销利润。比如一种股票面额为 100 元，折扣率为 6%，这种股票发行给承包商的价格就是 94 元。一般不采取向投资者发行折价股票的做法。

（四）中间价发行

中间价发行是指股票的发行价格在股票面额和市场价格之间确定。这种方法不改变原股东构成，一般在以股东分摊形式发行股票时采用。实行中间价发行，必须经过股东大会特别决议认可。

我国《公司法》规定，股票发行价格可以等于票面金额，也可以超过票面金额，但不得低于票面金额。

三、发行时机

为了股票一上市就给公众一个大有潜力、蒸蒸日上的深刻印象，上市公司在选择股票上市的时机时，经常会考虑以下几方面的因素。

（1）在筹备的当时及可预计的未来一段时间内，股市行情看好。

（2）要在为未来一年的业务做好充分铺垫，使公众普遍能预计到公司来年会比今年更好的情况下上市，要让公众明显判断出该公司是一个未来发展空间很大的成长型公司。

（3）要在公司内部管理制度，派息、分红制度，职工内部分配制度已确定，未来发展大政方针已明确以后上市，这样会给交易所及公众一种公司稳定的感觉，否则会影响股票上市的进程，严重的还可能造成暂停上市。

股票发行人必须是具有股票发行资格的股份有限公司，股份有限公司发行股票，必须符合一定的条件。我国《股票发行与交易管理暂行条例》对新设立股份有限公司公开发行股票，原有企业改组设立股份有限公司公开发行股票、增资发行股票及定向募集公司公开发行股票的条件分别做出了具体的规定。

四、上市原则

股份公司发行的股票，在经有关部门批准后，就可以在股票市场（证券交易所）公开挂牌进行上市交易活动。

股票要上市交易必须具备一定的条件，并按一定的原则和程序进行运作。为了有效保护投资者的利益，不损害公共利益，股票在上市过程中一般要遵循以下几个原则。

（1）公开性。公开性原则是股票上市时应遵循的基本原则。它要求股票必须公开发行，而且上市公司需连续地、及时地公开公司的财务报表、经营状况及其他相关的资料与信息，使投资者能够获得足够的信息进行分析和选择，以维护投资者的利益。

（2）公正性。公正性原则是指参与证券交易活动的每一个人、每一个机构或部门，均须站在公正、客观的立场上反映情况，不得有隐瞒、欺诈或弄虚作假等误导他人的行为。

（3）公平性。公平性原则是指股票上市交易中的各方，包括各证券商、经纪人和投资者，在买卖交易活动中的条件和机会应该是均等的。

（4）自愿性。自愿性原则是指在股票交易的各种形式中，必须以自愿为前提，不能硬性摊派、横加阻拦，也不能附加任何条件。

五、发行程序

（一）发行准备

在发行准备这一阶段的主要任务是完成股票发行的基础工作、股票发行与上市的辅导、各种募股文件的准备。首先,公司或拟设立的股份公司要制订股票发行计划,股票发行计划的内容包括股票发行的前景与可能的影响因素、发行成本、股票种类、发行时间、发行数量、发行价格、中介机构的聘请等。其次,聘请中介机构并进行股票发行与上市辅导。现阶段我国的股票发行只能采取包销方式,因此要聘请承销商,此外还需要聘请会计师事务所、律师事务所等中介机构帮助发行人准备各种法律文件。由于我国很多企业对股份制与证券市场的了解不多,因此需要承销商对这些准备发行股票的公司或企业进行规范化培训、辅导与监督,期限为一年。另外,承销商、会计师事务所、律师事务所还要给发行人准备招股说明书或配股说明书、资产评估报告、审计报告、盈利预测审核意见、法律意见书与律师工作报告以及辅导报告等文件或材料。

(二) 申请与审批

在完成发行股票的准备工作之后,发行人要向有关部门提出发行申请,并须得到批准。申请与审批一般要经过下述程序:①拟发行股票的发行人在获得地方政府或中央企业主管部门的同意后,向所在地的中国证监会派出机构提出公开发行股票的申请;②中国证监会的派出机构对发行人所提交的申请报告进行审核,汇总后初步审定发行人的预选资格;③在获得中国证监会的核准后,发行人向证券交易所提交有关材料,提出上市申请,证券交易所审查通过后,出具上市承诺书;④中国证监会派出机构对申报材料的完整性、有效性、准确性、真实性以及合法性等方面进行全面的审查,通过后报中国证监会复审;⑤证监会发行部对申报材料进行初审,通过后,交由证监会发行审核委员会复审,证监会发行审核委员会以投票方式对发行人的股票发行申请进行表决,并提出审核意见;⑥证监会发行审核委员会通过后,由中国证监会出具批准发行的有关文件,并就股票发行方案进行审核。

(三) 公开发行

经过中国证监会核准后,发行人即可公开发行股票,步骤包括发出发售股票的要约(即招股说明书),投资者向发行人认购,发行人与承销商依据一定的规则确认有效认购的投资者,发行人与认购者相互交付款项与交割股份。具体的发行办法主要有发售认股权证、储蓄存单、全额预缴比例配售、上网定价发行和上网竞价发行等。我国以前较多地采用前四种办法,而现在则主要采用上网定价发行和上网竞价发行这两种发行办法。在发行日，投资者在各自开户的证券公司向发行人与承销商申购，然后由发行人与承销商按照预定的规则确认有效申购，即投资者的认购资格，具有认购资格的投资者在规定的期限内将认股款交到发行人或承销商指定的账户上，发行人收到认股款后，即在规定时间内将股票交给投资者。之后，对股东进行登记，发行人将有关发行事项进行公告。

六、上市条件

（一）上海证券交易所上市条件

上海证券交易所规定，首次公开发行股票并上市的有关条件与具体要求如下。

（1）主体资格：①股票经中国证监会核准已公开发行；②公司股本总额不少于人民币5000万元；③公开发行的股份达到公司股份总数的25%以上；公司股本总额超过人民币4亿元的，公开发行股份的比例为10%以上；④公司最近3年无重大违法行为，财务会计报告无虚假记载；⑤上海证券交易所要求的其他条件。

（2）公司治理：发行人已经依法建立健全股东大会、董事会、监事会、独立董事、董事会秘书制度，相关机构和人员能够依法履行职责；发行人董事、监事和高级管理人员符合法律、行政法规和规章规定的任职资格；发行人的董事、监事和高级管理人员已经了解与股票发行上市有关的法律法规，知悉上市公司及其董事、监事和高级管理人员的法定义务和责任；内部控制制度健全且被有效执行，能够合理保证财务报告的可靠性、生产经营的合法性、营运的效率与效果。

（3）独立性：应具有完整的业务体系和直接面向市场独立经营的能力；资产应当完整；人员、财务、机构以及业务必须独立。

（4）同业竞争：与控股股东、实际控制人及其控制的其他企业间不得有同业竞争；募集资金投资项目实施后，也不会产生同业竞争。

（5）关联交易（企业关联方之间的交易）：与控股股东、实际控制人及其控制的其他企业间不得有显失公平的关联交易；应完整披露关联方关系并按重要性原则恰当披露关联交易，关联交易价格公允，不存在通过关联交易操纵利润的情形。

（6）其他要求。发行人首次公开发行股票的申请获得中国证监会核准发行后，应当及时向上海证券交易所提出股票上市申请，并提交下列文件：①上市申请书；②中国证监会核准其股票首次公开发行的文件；③有关本次发行上市事宜的董事会和股东大会决议；④营业执照复印件；⑤公司章程；⑥经具有执行证券、期货相关业务资格的会计师事务所审计的发行人最近3年的财务会计报告；⑦首次公开发行结束后发行人全部股票已经中国证券登记结算有限责任公司上海分公司托管的证明文件；⑧首次公开发行结束后，具有执行证券、期货相关业务资格的会计师事务所出具的验资报告；⑨关于董事、监事和高级管理人员持有本公司股份的情况说明和《董事（监事、高级管理人员）声明及承诺书》；⑩发行人拟聘任或者已聘任的董事会秘书的有关资料；⑪首次公开发行后至上市前，按规定新增的财务资料和有关重大事项的说明（如适用）；⑫首次公开发行前已发行股份持有人，自发行人股票上市之日起一年内持股锁定证明；⑬控股股东和实际控制人应当承诺，自发行人股票上市之日起36个月内，不转让或者委托他人管理其直接和间接持有的发行人首次公开发行股票前已发行股份，也不由发行人回购该部分股份；⑭最近一次的招股说明书和经中国证监会审核的全套发行申报材料；⑮按照有关规定编制的上市公告书；⑯保荐协议和保荐人出具的上市保荐书；⑰律师事务所出具的法律意见书；⑱上海证券交易所要求的其他文件。

另外，要求发行人及其董事、监事、高级管理人员应当保证向上海证券交易所提交的上市申请文件真实、准确、完整，不存在虚假记载、误导性陈述或者重大遗漏；发行人首次公开发行股票前已发行的股份，自发行人股票上市之日起一年内不得转让。

（二）深圳证券交易所中小企业板上市条件

（1）主体资格：合法存续的股份有限公司；自股份公司成立后，持续经营时间在3年以上，但经国务院批准的除外；最近3年内主营业务和董事、高级管理人员没有发生重大变化，实际控制人没有发生变更。

（2）独立性：具有完整的业务体系和直接面向市场独立经营的能力；资产完整、人员独立、财务独立、机构独立、业务独立；发行人的业务独立于控股股东、实际控制人及其控制的其他企业，与控股股东、实际控制人及其控制的其他企业间不得有同业竞争或者显失公平的关联交易。

（3）规范运作：依法建立健全股东大会、董事会、监事会、独立董事、董事会秘书制度；内部控制制度健全且被有效执行；发行人最近36个月内无重大违法违规行为，或严重损害投资者合法权益和社会公共利益的其他情形；公司章程明确对外担保的审批权限和审议程序，不存在为控股股东、实际控制人及其控制的其他企业进行违规担保的情形；有严格的资金管理制度，不得有资金被控股股东、实际控制人及其控制的其他企业以借款、代偿债务、代垫款项或者其他方式占用的情形。

（4）财务与会计：最近3个会计年度净利润均为正数且净利润累计大于3000万元，净利润以扣除非经常性损益前后较低者为计算依据；最近3个会计年度经营活动产生的现金流量净额累计大于5000万元，或最近3个会计年度营业收入累计大于3亿元；发行前股本大于或等于3000万股；最近一期末无形资产占净资产的比例小于或等于20%；最近一期末不存在未弥补亏损；内部控制在所有重大方面有效，会计基础工作规范，财务会计报告无虚假记载；不存在影响发行人持续盈利能力的情形。

（5）募集资金运用：募集资金应当有明确使用方向，原则上应当用于主营业务；募集资金数额或投资项目应与发行人现有生产经营规模、财务状况、技术水平和管理能力等相适应；募集资金投资项目应当符合国家产业政策、投资管理、环境保护、土地管理以及其他法律、法规和规章的规定；募集资金投资项目实施后，不会产生同业竞争或者对发行人独立性产生不利影响；发行人应当建立募集资金专项存储制度，募集资金应当存放于董事会决定的专项账户。

（6）股本及公开发行比例：发行后总股本小于4亿股，公开发行比例须大于或等于25%；发行后总股本大于4亿股，公开发行比例须大于或等于10%。

如公司存在H股流通股，则公开发行比例以H股、A股流通股合计值为计算依据。

（7）股东承诺：控股股东和实际控制人应当承诺，自发行人股票上市之日起36个月内，不转让或者委托他人管理其直接或者间接持有的发行人公开发行前已发行的股份，也不由发行人回购其直接或者间接持有的发行人公开发行前已发行的股份。

（三）深圳证券交易所创业板上市条件

（1）主体资格：依法设立且持续经营3年以上的股份有限公司（有限责任公司按原账面净资产值折股整体变更为股份有限公司的，持续经营时间可以从有限责任公司成立之日起计算）；发行人应当主要经营一种业务，生产经营活动符合法律、行政法规和公司章程的规定，符合产业政策及环保政策；发行人最近 2 年内主营业务和董事、高级管理人员均没有发生重大变化，实际控制人没有发生变更。

（2）规范运作：股权清晰，控股股东和受控股股东、实际控制人支配的股东所持发行人的股份不存在重大权属纠纷；依法建立健全股东大会、董事会、监事会以及独立董事、董事会秘书、审计委员会制度、股东投票计票制度；内部控制制度健全；发行人及其控股股东、实际控制人最近 3 年内不存在损害投资者合法权益和社会公共利益的重大违法行为。

（3）财务与会计：最近 2 年连续盈利，最近 2 年净利润累计不少于 1000 万元，或者最近一年盈利，最近一年营业收入不少于 5000 万元（净利润以扣除非经常性损益前后孰低者为计算依据）；最近一期末净资产不少于 2000 万元，且不存在未弥补亏损；发行后股本总额不少于 3000 万元；会计基础工作规范，内部控制制度健全有效，财务会计报告无虚假记载。

（4）信息披露：分析并完整披露对其持续盈利能力产生重大不利影响的所有因素；披露已达到发行监管对公司独立性的基本要求；凡是对投资者做出投资决策有重大影响的信息，均应当予以披露。

第二节　企业上市准备

企业上市准备包括企业的组织准备、业绩准备、财务会计准备、制度建设准备等几方面。

一、组织准备

上市工作是一项纷繁复杂的工作，这项工作涉及面广，工作量大，周期长，一般需要 2～3 年，因此必须调配专门的人才，成立专门的组织机构来从事这项工作。一般应成立上市委员会（或上市领导小组）及上市工作小组。上市委员会一般由 3～7 人组成，应该包括股东代表、主要董事会成员、主要高管成员，也可以聘请上市顾问加入上市委员会。上市委员会的主要职责是负责企业整个上市进程中所有重大问题的决策，领导、指挥上市工作小组实施上市工作计划，圆满完成上市工作。

上市委员会下设日常工作机构即上市工作小组，上市工作小组一般由总经办、人事行政部门、财务部门及其他相关部门选派 3～5 人组成。上市工作小组在上市委员会的领导下开展上市的各项具体工作,主要包括配合上市顾问、券商、律师、会计师、评估师等中介机构工作,按照要求提供系列详尽资料,完成各机构安排的各项工作。

另外,董事会秘书的选择对企业整个上市过程也非常重要。这个角色是企业上市的先行官,是上市计划的具体执行者。在企业上市前,董事会秘书在上市运作的整个过程中都应以上市公司董事会秘书的工作标准来要求自己,接受董事会秘书的专业培训,熟悉相关法规政策,厘清思路,找准方向,审时度势,为企业拟定上市规划并报企业决策层审议通过后操作实施,同时配合中介机构进场协同作战,确保上市计划的有效实施。

如果企业一时没有合适的董事会秘书人选,也可以由财务总监兼任。企业也可聘请一家专门负责策划企业上市的顾问公司或一些全职的专业人士来负责上市的统筹工作。

二、业绩准备

企业业绩是决定企业能否成功上市的关键,良好的经营业绩是企业成功上市的重要保证。此外,经营业绩也是企业成功上市后决定其股价的主要因素。因此,企业要想上市,必须在业绩方面有一个精细的筹划。

首先,拟上市企业必须做到主业突出,只有主业突出的企业才有希望获准上市。因此,企业应该对其近期内的经营结构及其业绩进行分析,如果发现企业近期内是多角经营,而且不同性质的业务经营规模差异不大,就必须在上市顾问的指导之下调整经营范围,选择好主业并强化其经营,剥离或弱化非主业,保留 1～2 个主营业务。

其次,经营规模是决定企业上市的一个主要指标,企业应根据所经营产品的市场占有情况合理规划经营规模,企业的经营规模应保持每年有一定幅度的增长,一般应根据企业所经营的产品的市场生命周期进行规划,最好能够做到每年增长 30% 以上。

最后,企业的盈利能力直接影响上市后的股价,因此盈利能力是企业上市的关键指标。上市企业的盈利能力主要是指企业主营业务的盈利能力,主营业务的盈利能力又主要体现在企业所经营产品的毛利率上,一般来讲,上市企业的毛利率应高于同行业平均毛利率。企业的毛利率在一定时期内要相对平稳,没有异常波动。同时,企业每年剔除非经常性损益后的税后净利也要保持一定幅度的增长,一般来讲,上市前每年的增长幅度应在30%以上。

三、财务会计准备

企业要想成功上市,首先必须保证企业申报期内的财务报表顺利通过有上市审计业务资格的会计师事务所审计,获得无保留意见的审计报告。因此,企业的财务管理、会计核算是否规范,涉税事项的处理是否规范,是企业能否成功上市的关键。

(1)账务规范。一般而言,我国较多民营企业在上市前都存在财务不规范的现象。有的企业财务设两套账,一套税务账,一套内部管理账。税务账只是应付税务报税和税务检查需要而设,大都没有反映企业真实的经营情况和财务状况,而内部管理账虽然记录和反映了企业的全部经营活动,但其记录的原则和方法往往与会计准则要求不一致。因此,企业一旦决定上市,就必须请专业的会计师对其会计账务进行清理和规范,使其符合上市要求,以便顺利通过有上市业务执业资格的会计师事务所的上市审计。

(2)税务规范。税务规范与财务规范相似,企业上市前必须对本企业近几年的所有涉税事项进行清理,确认是否存在偷漏税或其他违反税法的行为。这项工作也可以通过聘请专业的会计师或税务师协助完成。

四、制度建设准备

企业要想成功上市,必须在各方面规范运作,要做到规范运作,首先必须建立健全符合企业自身发展特点的管理制度体系。如果没有一套规范化的制度体系,企业运作就没有依据。在建立起完善的规范管理制度体系并贯彻实施后,企业必然能良好地规范运作。所以,为了企业的稳步发展,建立起一套完整、规范的管理制度体系是相当重要的。就一般企业而言,完善的制度体系主要包括组织系统、行政系统、人力资源系统、财务管理系统、下属机构管理体系、市场营销管理制度等。

(1)组织系统(由总经理办公室或行政部门负责),一般包括公司介绍、公司文化、公司大事记、公司章程、公司组织架构、公司各部门职责等。

（2）行政系统，一般包括办公室管理制度、出差管理制度、会议管理制度、文书管理制度、档案管理制度、保密管理制度、办公用品管理制度、车辆管理制度、安全保卫制度、食堂管理制度、宿舍管理制度等。

（3）人力资源系统。企业的人力资源管理涉及企业的方方面面，内容较为复杂，人力资源系统一般包括以下几个方面。

1）人力资源制度基础文件（人力资源方面不便列为制度的文件可统一到此文件下管理），主要包括组织架构图、各部门岗位设置及人员编制、公司级别层次表（含薪金等级表）、职位说明书、公司章程等。

2）考勤及休假管理制度。

3）招聘管理制度。

4）晋升及调任制度。

5）员工培训管理制度（培训的资料可单独整理，并不断扩充），重点是内部与外部培训师的选拔、培训、考核、评定。

6）薪资管理制度。

7）员工福利制度（社保、住房公积金、午餐、住宿、生日、节日、探病等）。

8）股权激励与绩效考核管理制度。

9）奖惩制度。

10）合理化建议制度。

11）员工离职管理制度。

（4）财务管理系统，主要包括资金管理制度、财产管理制度、财务控制制度、报销管理制度、会计核算制度、会计档案制度、审计工作制度等。

（5）物料采购及仓储系统，包括仓储管理制度（含货物进出程序、手续、流程图）、盘点制度、计算机使用管理制度。

（6）下属机构管理体系（包括控股子公司、分公司、各地办事处等）：

1）凡下属机构适合与上市主体公司采用同一制度体系的，则统一。

2）凡下属机构和上市主体公司制度差别不大的，在主体公司制度基础上适当修改。

3）凡下属机构和上市主体公司业务差别较大的，由各下属主体机构自行编制，报主体公司备案。

（7）新产品、技术研发制度，包括新产品研发制度、新产品试制制度、新产品鉴定要求、产品开发周期管理、新产品成果评审与报批、新产品移交投产管理等。

（8）市场营销管理制度，包括市场营销组织机构的设置及职责与任务、市场营销计划、市场调查及预测、市场营销策略、市场营销渠道的选择、订单及客户管理、营销人员管理及营销业绩考核与奖惩。

（9）内部控制制度，主要包括内部控制基本要求、货币资金内部控制、采购与付款内部控制、存货内部控制、对外投资内部控制、固定资产与无形资产内部控制。

第三节　企业股改及辅导阶段的主要工作内容

企业从股改、辅导到申报上市材料的过程中有很多工作内容，下面分类阐述。

一、股改阶段工作内容

企业改制、股票发行上市牵涉的问题较为广泛复杂，一般在企业聘请的专业机构的协助下完成。企业首先要确定券商，之后尽早选定其他中介机构。股改所涉及的主要中介机构有证券公司、会计师事务所、律师事务所、资产评估机构。

1. 各有关机构的工作内容

（1）拟改制企业。拟改制企业一般要成立改制小组，企业主要负责人全面统筹，小组由企业抽调办公室、财务及熟悉企业历史、生产经营情况的人员组成，其主要工作包括：全面协调企业与省市各有关部门、行业主管部门、中国证监会派出机构以及各中介机构的关系，并全面督察工作进程；配合会计师及评估师进行会计报表审计、盈利预测编制及资产评估工作；与律师合作，处理上市有关法律事务，包括编写公司章程、承销协议、各种关联交易协议、发起人协议等；负责投资项目的立项报批工作和提供项目可行性研究报告；完成各类董事会决议、公司文件、申请主管机关批文，并负责新闻宣传报道及公关活动。

（2）券商。制订股份公司改制方案；根据股份公司设立的股本总额、股权结构、招股筹资、配售新股制订发行方案并进行操作指导和业务服务；推荐具有证券从业资格的其他中介机构，协调各方的业务关系、工作步骤及工作结果，充当企业改制及股票发行上市全过程总策划与总协调人；起草、汇总、报送全套申报材料；组织承销团包销 A 股，承担 A 股发行上市的组织工作。

（3）律师事务所。协助公司编写公司章程、发起人协议及重要合同；负责对股票发行及上市的各项文件进行审查；起草法律意见书、律师工作报告；为股票发行上市提供法律咨询服务。

（4）会计师事务所。对各发起人的出资及实际到位情况进行检验，出具验资报告；负责协助企业进行有关账目调整，使企业的财务处理符合规定；协助企业建立股份公司的财务会计制度、财务管理制度；对企业前三年经营业绩进行审计，以及审核企业的盈利预测；对企业的内部控制制度进行检查，出具内部控制制度评价报告。

（5）资产评估事务所。在需要的情况下对各发起人投入的资产进行评估，出具资产评估报告；土地评估机构对纳入股份公司股本的土地使用权进行评估。

2. 确定方案

券商和其他中介机构向发行人提交审慎调查提纲，由企业根据提纲的要求提供文件资料。通过审慎调查，全面了解企业各方面的情况，确定改制方案。审慎调查是为了保证向投资者提供的招股资料全面、真实、完整而设计的，也是制作申报材料的基础，需要发行人全力配合。

3. 分工协调会

中介机构经过审慎调查阶段对企业进行了解后，发行人与券商将召集所有中介机构参加分工协调会。协调会由券商主持，就发行上市的重大问题，如股份公司设立方案、资产重组方案、股本结构、财务审计、资产评估、土地评估、盈利预测等事项进行讨论。协调会将根据工作进展情况不定期召开。

4. 各中介机构开展工作

根据协调会确定的工作进程，确定各中介机构工作的时间表，各中介机构按照上述时间表开展工作，主要包括对初步方案进一步分析、财务审计、资产评估及各种法律文件的起草工作。

5. 取得国有资产管理部门对资产评估结果及资产折股方案的确认，以及土地管理部门对土地评估结果的确认

国有企业相关投入资产的评估结果、国有股权的处置方案需经过国家有关部门的确认。

6. 准备文件

企业筹建工作基本完成后，向市经济体制改革办公室正式申请设立股份有限公司，需要准备的文件主要包括：发起人协议书；公司章程；企业改制可行性研究报告；资金运作可行性研究报告；资产评估报告；资产评估确认书；土地使用权评估报告书；国有土地使用权评估确认书；发起人货币出资验资证明；固定资产立项批准书；三年财务审计及未来一年业绩预测报告等文件。市经济体制改革办公室初核后出具意见转报省经济体制改革办公室审批。

7. 召开创立大会，选举董事会和监事会

省经济体制改革办公室对上述有关材料进行审查论证，如无问题，公司将获得省政府同意股份公司成立的批文，公司组织召开创立大会，选举产生董事会和监事会。

8. 工商行政管理机关批准股份公司成立，颁发营业执照

在创立大会召开后30天内，公司组织向省工商行政管理局报送省政府或中央主管部门批准设立股份公司的文件、公司章程、验资证明等文件，申请设立登记。工商局在30日内做出决定，颁发营业执照。

二、辅导阶段工作内容

在取得营业执照之后，股份公司依法成立，按照中国证监会的有关规定，拟公开发行股票的股份有限公司在向中国证监会提出股票发行申请前，均须由具有主承销资格的证券公司进行辅导，辅导期限至少3个月。

1. 企业辅导的主要内容

（1）股份有限公司设立及其历次演变的合法性、有效性。

（2）股份有限公司人事、财务、资产及供、产、销系统独立完整性。

（3）对公司董事、监事、高级管理人员及持有5%以上（含5%）股份的股东（或其法人代表）进行《公司法》《证券法》等有关法律法规的培训。

（4）建立健全股东大会、董事会、监事会等组织机构，并实现规范运作。

（5）依照股份公司会计制度建立健全公司财务会计制度。

（6）建立健全公司决策制度和内部控制制度，实现有效运作。

（7）建立健全符合上市公司要求的信息披露制度。

（8）规范股份公司和控股股东及其他关联方的关系。

（9）公司董事、监事、高级管理人员及持有 5% 以上（含 5%）股份的股东持股变动情况是否合规。

2. 辅导机构应当向派出机构提交的材料

辅导机构及辅导人员的资格证明文件（复印件）；辅导协议；辅导计划；拟发行股票上市公司基本情况资料表；最近两年经审计的财务报告（资产负债表、利润表、现金流量表等）。

辅导协议应明确双方的责任和义务。辅导费用由辅导双方本着公开、合理的原则协商确定，并在辅导协议中列明，辅导双方均不得以保证公司股票发行上市为条件。辅导计划应包括辅导的目的、内容、方式、步骤、要求等内容，辅导计划要切实可行。

第四节　国内外主要证券交易所简介

一、上海证券交易所

上海证券交易所（以下简称"上交所"）成立于 1990 年 11 月 26 日，同年 12 月 19 日开业，由中国证监会监督和管理。上交所致力于创造规范、透明、开放、有活力、有韧性的市场环境，其主要职能包括：提供证券集中交易的场所、设施和服务；制定和修改上交所的业务规则；按照国务院及中国证监会规定，审核证券公开发行上市申请；审核、安排证券上市交易，决定证券终止上市和重新上市等；提供非公开发行证券转让服务；组织和监督证券交易；组织实施交易品种和交易方式创新；对会员进行监管；对证券上市交易公司及相关信息披露义务人进行监管，提供网站供信息披露义务人发布依法披露的信息；对证券服务机构为证券上市、交易等提供服务的行为进行监管；设立或者参与设立证券登记结算机构；管理和公布市场信息；开展投资者教育和保护；法律、行政法规规定的及中国证监会许可、授权或委托的其他职能。

上交所下设办公室（党委办公室、理事会办公室）、人力资源部（党委组织部）、党建办公室（党委宣传部）、纪检办公室、交易运行管理部、发行上市服务中心、科创板上市审核中心、上市公司监管一部、上市公司监管二部、科创板公司监管部、监管执行部、巡回审理协作部、会员部、债券业务中心、国际发展部、产品创新中心、交易监管部、市场监测部、法律部、投资者服务部、企业培训部、技术管理部、信息管理部、北京中心、财务部、内审部（监事会办公室）、资本市场研究所、博物馆保障部、香港办事处、伦敦办事处等30个内设部门，基建工作小组（与竹园公司合署）、阿布扎比国际交易所项目筹备组、自贸区交易平台筹备工作小组等3个临时工作小组，以及上交所技术有限责任公司、上证所信息网络有限公司、上海上证金融服务有限公司、上证数据服务有限责任公司、上海中证博物馆运营有限公司、中国投资信息有限公司、上证信息技术有限责任公司等7家控股子公司，通过其合理分工和协调运作，有效担当起证券市场组织者、监管者的角色。此外，上交所还参股了22家公司（机构）。

经过30年的快速成长，上交所已发展成为拥有股票、债券、基金、衍生品四大类证券交易品种，拥有可支撑上海证券市场高效稳健运行的交易系统及基础通信设施，拥有可确保上海证券市场规范有序运作、效能显著的自律监管体系，市场结构较为完整的证券交易所。依托这些优势，上海证券市场的规模和投资者群体也在迅速壮大。

2018年11月5日，国家主席习近平在首届中国国际进口博览会上宣布，在上交所设立科创板并试点注册制。

2019年1月23日，中央全面深化改革委员会第六次会议审议通过《在上海证券交易所设立科创板并试点注册制总体实施方案》《关于在上海证券交易所设立科创板并试点注册制的实施意见》。

截至2019年年末，沪市上市公司数量达1572家，总市值35.6万亿元；2019年全年股票累计成交金额54.4万亿元，日均成交2229亿元，股市筹资总额5145亿元；债券市场挂牌只数15 368只，托管量10.1万亿元，累计成交221.79万亿元；基金市场上市只数达292只，累计成交6.9万亿元；衍生品市场全年累计成交3389亿元。沪市投资者开户数量已达24 398万户。

二、深圳证券交易所

深圳证券交易所（以下简称"深交所"）于1990年12月1日开始营业，是经国务院批准设立的全国性证券交易场所，受中国证监会监督管理。深交所履行市场组织、市场监管和市场服务等职责，主要包括：提供证券集中交易的场所、设施和服务；制定和修改深交所的业务规则；审核、安排证券上市交易，决定证券暂停上市、恢复上市、终止上市和重新上市；提供非公开发行证券转让服务；组织和监督证券交易；组织实施交易品种和交易方式创新；对会员进行监管；对证券上市交易公司及相关信息披露义务人进行监管；对证券服务机构为证券上市、交易等提供服务的行为进行监管；设立或者参与设立证券登记结算机构；管理和公布市场信息；开展投资者教育和保护；法律、行政法规规定的以及中国证监会许可、授权或者委托的其他职能。

深交所是实行自律管理的会员制法人。在深交所党委统一领导下，其治理架构包括：一是会员大会，为权力机构。二是理事会，对会员大会负责，下设战略发展、会员自律管理、市场风险、上市培育、技术发展、薪酬财务、上诉复核等7个专门委员会。三是经理层，负责日常管理工作，下设上市、纪律处分等2个专门委员会，设有技术管理、上市公司监管、产品与参与人管理、培育发展、风险管理等5个专业管理委员会。四是监事会，为监督机构。五是设有29个部室和5家下属机构。

深交所立足服务实体经济和国家战略全局，经过29年的发展，初步建立起板块特色鲜明、监管规范透明、运行安全可靠、服务专业高效的多层次资本市场体系。截至2019年12月底，深交所共有上市公司2205家，其中主板471家、中小板943家、创业板791家，总市值23.74万亿元；挂牌债券（含资产支持证券）5998只，挂牌面值2.08万亿元；挂牌基金530只，资产净值1933亿元。2019年，深市各类证券成交总额达100.8万亿元，股票筹资额5089亿元，固收产品融资额1.75万亿元，沪深300ETF期权成功上市交易，深市多元化产品体系建设进一步完善。

深交所坚持贯彻新发展理念，深化金融供给侧结构性改革，完善市场基础制度，防范化解金融风险，推进高水平对外开放，增强金融服务实体经济能力，有效发挥多层次资本市场平台作用和资源配置功能，推动提高上市公司质量，促进科技创新企业、民营企业、成长型企业做大做强，全力打造国际领先创新资本形成中心，建设世界一流证券交易所，为打造规范、透明、开放、有活力、有韧性的资本市场贡献积极力量，在建设粤港澳大湾区和中国特色社会主义先行示范区中发挥更大作用。

三、香港证券交易所

香港证券交易最早见于19世纪中叶。到1891年香港经纪协会成立时，香港始有正式的证券交易市场。该会于 1914 年易名为香港经纪商会。香港第二间交易所——香港股份商会于 1921 年注册成立。两所于 1947 年合并成为香港证券交易所，并合力重建第二次世界大战后的香港股市。此后，香港经济快速发展，促成另外三家交易所的成立——1969 年的远东交易所、1971 年的金银证券交易所以及 1972 年的九龙证券交易所。

在加强市场监管和合并四所的压力下，四所时代于 1986 年 3 月 27 日划上历史句号，香港联合交易所有限公司（以下简称"联交所"）在 1980 年注册成立并于 1986 年 4 月 2 日开始运作。联交所与香港期货交易所（以下简称"期交所"）于 2000 年前实行股份化，于 2000 年 3 月 6 日与香港中央结算有限公司合并于单一控股公司香港交易及结算所有限公司旗下，并在同年 6 月 27 日以介绍方式在联交所上市，成为世界首批上市的交易所集团之一。

香港交易所集团经营证券和衍生产品，并提供相关的交易及结算服务，上市证券品种丰富，有现货、期货和期权交易等市场，是香港上市公司的前线监管机构。集团的全资子公司还包括全资控股的国际性金属交易所——伦敦金属交易所（London metal exchange，LME）。

2019 年年底港股总市值约为 38.2 万亿港元，较 2018 年年底的 29.9 万亿港元，约净增 28%（新股计算在内）。2019 年共计 183 家新股公司上市，首次公开发行筹资额达 3129 亿港元，较 2018 年的 2880 亿元上升 8.6%，成为全球最大的 IPO 市场。

四、纽约证券交易所

纽约证券交易所（New York stock exchange，NYSE）位于美国纽约州纽约市百老汇大街 18 号，在华尔街的拐角南侧。2006 年 6 月 1 日，纽约证券交易所宣布与泛欧证券交易所合并组成纽交所－泛欧证交所公司（NYSE Euronext）。

在美国证券发行之初，尚无集中交易的证券交易所，证券交易大都在咖啡馆和拍卖行里进行，纽约证券交易所的起源可以追溯到 1792 年 5 月 17 日，当时 24 个证券经纪人在纽约华尔街 68 号外一棵梧桐树下签署了梧桐树协议，协议规定了经纪人的"联盟与合作"规则，通过华尔街现代老板俱乐部会员制度交易股票和高级商品，这也是纽约证券交易所的诞生日。1817 年 3 月 8 日，这个组织起草了一项章程，并把名字更改为"纽约证券交易委员会"。1863 年改为现名，即纽约证券交易所。从 1868 年起，只有从当时老成员中买得席位方可取得成员资格。

纽约证券交易所的第一个总部是1817年一间月租200美元，位于华尔街40号的房间。1865年交易所才拥有自己的大楼。坐落在纽约市华尔街11号的大楼是1903年启用的。交易所内设有主厅、蓝厅、"车房"等三个股票交易厅和一个债券交易厅，是证券经纪人聚集和互相交易的场所。场内共设有16个交易亭，每个交易亭有16~20个交易柜台，均装备有现代化办公设备和通信设施。交易所经营对象主要为股票，其次为各种国内外债券。除节假日外，交易时间每周5天，每天5小时。自20世纪20年代起，它一直是国际金融中心，这里股票行市的暴涨与暴跌，都会在其他资本主义国家的股票市场产生连锁反应，引起波动。现在它还是纽约市最受欢迎的旅游名胜之一。

交易所在第一次世界大战发生后不久（1914年7月）就被关闭了，但是在这一年的11月28日重新开放，使得各种债券自由交易以支持作战。1929年10月24日，"黑色星期四"，美国股票市场崩溃，股价下跌引起的恐慌又导致了大萧条。

2018年12月，世界品牌实验室发布"2018世界品牌500强"榜单，纽约证券交易所排名第372位。

纽约证券交易所的上市要求比较严格，对美国国内公司的上市要求主要包括以下几个方面。

（1）公司最近一年的税前盈利不少于250万美元。

（2）社会公众拥有该公司的股票不少于110万股。

（3）公司至少有2000名投资者，每个投资者拥有100股以上的股票。

（4）普通股的发行额按市场价格计算不少于4000万美元。

（5）公司的有形资产净值不少于4000万美元。

作为世界性的证券交易场所，纽约证券交易所也接受外国公司挂牌上市，上市条件较美国国内公司更为严格，主要包括以下几个方面。

（1）最低公众持股数量和业务记录：公司最少要有2000名股东（每名股东拥有100股以上），或2200名股东（上市前6个月月平均交易量为10万股），或500名股东（上市前12个月月平均交易量为100万股）；至少有110万股的股数在市面上为投资者所拥有（公众股110万股）。

（2）最低市值：公众股市场价值为4000万美元，有形资产净值为4000万美元。

（3）盈利要求：上市前两年，每年税前收益为200万美元，最近一年税前收益为250万美元；或三年必须全部盈利，税前收益总计为650万美元，最近一年最低税前收益为 450 万美元；或上市前一个会计年度市值总额不低于 5 亿美元且收入达到 2 亿美元，三年调整后净收益合计 2500 万美元（每年报告中必须是正数）。

（4）采用会计准则：美国一般公认会计原则。

五、纳斯达克证券交易所

纳斯达克，全称为全美证券商协会自动报价系统（national association of securities dealers automated quotations，NASDAQ），是美国的一个电子证券交易机构，由纳斯达克股票市场公司拥有与操作。纳斯达克创立于 1971 年，迄今已成为世界最大的股票市场之一。2018 年 12 月，世界品牌实验室发布"2018 世界品牌 500 强"，纳斯达克排名第 176 位。2020 年 2 月 20 日，纳斯达克入选福布斯区块链 50 强。

纳斯达克股票市场是世界上主要的股票市场中成长速度最快的市场，而且它是首家电子化的股票市场，首创电子交易和现代 IPO，第一个向硅谷抛出橄榄枝，最早提供线上交易平台……由最初的单纯报价系统不断自我更新成为今天交易清算一体化、提供全球化信息数据服务的世界第二大证券交易所，纳斯达克见证了一系列财富神话，也创造了自己的辉煌。

纳斯达克指数是反映纳斯达克证券市场行情变化的股票价格平均指数，基本指数为 100。纳斯达克的上市公司涵盖所有高新技术行业，包括软件、计算机、电信、生物技术等。

（一）纳斯达克业务板块

纳斯达克主营业务分为四个板块：市场服务、企业服务、信息服务和市场技术。市场服务板块包括各门类的金融产品交易与清算以及经纪人服务，为市场参与者提供交易平台，保证交易的正常进行；企业服务板块包括企业解决方案和上市服务两大块，前者为企业提供公共关系、投资者关系、媒介运营、公司治理等方面的咨询服务，后者为企业融资提供平台，主体即为大家所熟知的纳斯达克股票市场，涵盖医疗保健、消费品、信息科技、金融服务、能源等众多行业；信息服务板块包含数据产品、指数授权与服务；市场技术板块为全球范围内的交易所、清算组织、托管系统、监管机构、银行、经纪商和各大公司提供技术咨询与服务，服务范围遍及 50 个国家，覆盖超过 85 个市场。

(二) 纳斯达克股票市场分层

纳斯达克股票市场分为纳斯达克全球精选市场 (the NASDAQ global select market)、纳斯达克全球市场 (the NASDAQ global market)、纳斯达克资本市场 (the NASDAQ capital market) 三个层次。

纳斯达克全球精选市场的标准在财务和流通性方面的要求高于世界上任何其他市场,列入纳斯达克全球精选市场是优质公司成就与身份的体现。纳斯达克全球精选市场在高门槛筛选之后聚集了众多高市值全球知名优质企业,如亚马逊、苹果、谷歌、微软,中国也有一些互联网巨头如百度、搜狐、京东等在这个市场占据一席之地。

纳斯达克全球市场是交易最活跃的股票市场,纳斯达克全球市场有近4400只股票挂牌,要求公司必须满足严格的财务、资本额和共同管理等指标。这个市场上也出现了如途牛网、万国数据、中国鑫达等中国企业的身影。

纳斯达克资本市场是专为成长期的公司提供的市场,作为小型资本额等级的纳斯达克上市标准中,财务指标要求没有全球市场上市标准那样严格,但它们共同管理的标准是一样的。当小资本额公司发展稳定后,它们通常会提升至纳斯达克全球市场。

纳斯达克资本市场前身为纳斯达克小型资本市场,门槛最低,是纳斯达克股票市场的最低层级,主要为中小企业提供融资平台,中国企业如中国汉广厦房地产公司、九洲大药房、中国信息技术有限公司等就在这一平台登陆。

(三) 纳斯达克上市标准

标准1:

(1) 股东权益达1500万美元。

(2) 最近1个财政年度或者最近3年中的2年中拥有100万美元的税前收入。

(3) 110万股公众持股。

(4) 公众持股的市场价值达800万美元。

(5) 每股买价至少为5美元。

(6) 至少有400个持100股以上的股东。

(7) 3个做市商。

(8) 须满足公司治理要求。

标准2：

（1）股东权益达3000万美元。

（2）110万股公众持股。

（3）公众持股的市场价值达1800万美元。

（4）每股买价至少为5美元。

（5）至少有400个持100股以上的股东。

（6）3个做市商。

（7）两年的营运历史。

（8）须满足公司治理要求。

标准3：

（1）市场总值为7500万美元，或者资产总额及收益总额分别达7500万美元。

（2）110万股公众持股。

（3）公众持股的市场价值至少达到2000万美元。

（4）每股买价至少为5美元。

（5）至少有400个持100股以上的股东。

（6）4个做市商。

（7）须满足公司治理要求。

（四）纳斯达克上市条件

在纳斯达克上市需符合以下三个条件及一个原则。

（1）先决条件：生物化学、生物科技、医药、科技（硬件、软件、半导体、网络及通信设备）、加盟、制造等领域及零售连锁服务等公司，经济活跃期满1年以上，且具有高成长性、高发展潜力者。

（2）消极条件：有形资产净值在500万美元以上，或最近1年税前净利在75万美元以上，或最近3年其中2年税前收入在75万美元以上，或公司资本市值在5000万美元以上。

（3）积极条件：经美国证券交易监督委员会及NASDR（纳斯达克内部的一个非营利性监管机构）审查通过后，需有300人以上的公众持股（NON-IPO须在国外设立控股公司，原始股东必须超过300人）才能挂牌，公众持股人持有的股数必须在整股以上，美国的整股即基本流通单位100股。

（4）诚信原则。纳斯达克流行一句俚语："Any company can be listed, but time will tell the tale."（任何公司都能上市，但时间会证明一切。）意思是说，只要申请的公司秉持诚信原则，挂牌上市是迟早的事，但时间与诚信将会决定一切。

六、伦敦证券交易所

伦敦证券交易所（London stock exchange，LSE）的前身为17世纪末伦敦交易街的露天市场，是当时买卖政府债券的"皇家交易所"。1773年由露天市场迁入司威丁街的室内，并正式改名为"伦敦证券交易所"。1802年，交易所获得英国政府正式批准。1967年，英国各地交易所组成了7个区域性的证券交易所。1973年，伦敦证券交易所与设在英国格拉斯哥、利物浦、曼彻斯特、伯明翰和都柏林等地的交易所合并成大不列颠及爱尔兰证券交易所，各地证券交易所于20世纪80年代后期停止运作。1995年12月，该交易所分为两个独立的部分，一部分归属爱尔兰共和国，另一部分归属英国，即现在的伦敦证券交易所。

伦敦证券交易所曾为当时英国经济的兴旺立下汗马功劳，但随着英国国内和世界经济形势的变化，其浓重的保守色彩，特别是沿袭的陈规陋习严重阻碍了英国证券市场的发展，影响其竞争力。在这一形势下，伦敦证券交易所于1986年10月进行了重大改革，包括：改革固定佣金制；允许大公司直接进入交易所进行交易；放宽对会员的资格审查；允许批发商与经纪人兼营；证券交易全部实现电脑化；与纽约、东京交易所联机，实现24小时全球交易。这些改革措施使英国证券市场发生了根本性的变化，巩固了其在国际证券市场中的地位。

伦敦证券交易所是世界上历史最悠久的证券交易所，也是世界四大证券交易所之一。作为世界上最国际化的金融中心，伦敦不仅是欧洲债券及外汇交易领域的全球领先者，还受理超过2/3的国际股票承销业务。伦敦的规模与位置，意味着它为世界各地的公司及投资者提供了一个通往欧洲的理想门户。在保持伦敦的领先地位方面，伦敦证券交易所扮演着中心角色，它运作着世界上国际性最强的股票市场，其外国股票的交易超过其他任何证交所。

截至2019年8月，伦敦证券交易所共有2090家上市公司，总市值3.93万亿英镑，其中主板上市公司1154家，总市值3.83万亿英镑。

加入伦敦证券交易所交易的途径如下。

1. 挂牌上市

挂牌市场是英国股票市场中最主要的市场，也叫主市场或官方市场（main market or official list），其上市条件要求比较严格：①公司一般须有3年的经营记录，并须呈报最近3年的总审计账目。如果没有3年经营记录，某些科技产业公司、投资实体、矿产公司以及承担重大基建项目的公司，只要能满足伦敦证券交易所《上市细则》中的有关标准，亦可上市。②公司的经营管理层应能以独特的商业模式、难以超越的技术优势、严格的风控体系和漂亮的经营管理数据等，充分显示出为其公司经营所承担的责任。③公司呈报的财务报告一般须按国际或英美现行的会计及审计标准编制，并按上述标准独立审计。④公司在本国交易所的注册资本应超过70万英镑，已至少有25%的股份为社会公众持有。实际上，通过伦敦证券交易所进行国际募股，其总股本一般要求不少于2500万英镑。⑤公司须按伦敦证券交易所规范的要求编制上市说明书，发起人必须使用英语发布有关信息。

2. 发行债券

发行债券一般指通过伦敦证券交易所发行欧洲债券，其要求明显低于股票发行要求。因为债券的市场行情变化一般不取决于发行人的经营表现，而更多受利率和通货变动的影响。

3. 加入SEAQ（证券电子自报价）系统国际板

SEAQ系统国际板是指针对国际股票市场的电子实时屏幕报价系统。有两条途径可以取得在SEAQ系统国际板上报价的资格：一是已获准在伦敦证券交易所挂牌上市的证券，二是属于发展中市场区的证券。所谓发展中市场区是指那些尚未符合伦敦证券交易所关于加入SEAQ系统国际板标准的交易所或交易场所，主要涉及拉丁美洲、俄罗斯、印度和我国台湾地区的证券。

证券要在发展中市场区获得报价资格以便进入SEAQ系统国际板，还须满足以下条件：①该证券必须在属于国际证券交易所联合会的成员或通信成员的证券交易所挂牌上市；②该证券必须有伦敦证券交易所成员行号或经认可的人士同意为伦敦证券交易所就其挂牌担当联络人；③伦敦证券交易所的成员行号必须让伦敦证券交易所确信，该发行证券的公司已至少对其在当地的证券交易所及时披露信息的工作有妥善安排；④对每一种发展中市场证券，必须至少有两个双价（确定性报价和指导性报价）制定人接受登记。

SEAQ 报价系统的股价行情由双价制定人直接输入伦敦证券交易所的中央计算机系统，再随即发送给各大行情传播机构，由这些传播机构将信息传遍世界。收视 SEAQ 的报价不受限制，任何人都可通过某个行情传播机构掌握行情。

第五节　阿里巴巴创业—上市—退市—再上市融资全景案例解析

随着中国融入国际市场的进程加快，中国市场本身开始成为国际性市场。马云在为了做一番事业而创建阿里巴巴的基础上，心里有了更长远的打算：创建中国的世界级公司，这个目标会一直激励阿里巴巴不断发展。阿里巴巴之所以能有今天卓越的成就，虽然与目标定位、战略规划、商业模式、生态系统构建等有着非常重要的关联，但出色的资本运作也为其发展立下了汗马功劳。

阿里巴巴从 1999 年创业到 2014 年的 15 年间经历了创业—上市—退市—再上市的持续资本运作历程。马云曾经说过，一家公司如果没有合理的资本规划与运作，再好的商业模式也难实现。

一、网商巨擘，阿里巴巴

阿里巴巴网络技术有限公司（以下简称"阿里巴巴"）是以曾担任英语教师的马云为首的 18 人于 1999 年在浙江杭州创立的公司。阿里巴巴集团经营多项业务，也从关联公司的业务和服务中取得经营商业生态系统上的支援。它的业务和关联公司的业务包括淘宝网、天猫、聚划算、全球速卖通、阿里巴巴国际交易市场、1688、阿里妈妈、阿里云、蚂蚁金服、菜鸟网络等。

"让天下没有难做的生意"是阿里巴巴集团永恒的使命，"培育开放、协同、繁荣的电子商务生态圈"是阿里巴巴集团的战略目标。良好的定位、稳固的结构、优质的服务使阿里巴巴成为中国最大的电子商务网站，成为全球商人网络推广的首选网站，被商人们评为"最受欢迎的 B2B 网站"。杰出的成绩使阿里巴巴受到各界人士的关注，连续多次被美国权威财经杂志《福布斯》选为全球最佳 B2B 站点之一；多次被相关机构评为全球最受欢迎的 B2B 网站、中国商务类优秀网站、中国百家优秀网站、中国最佳贸易网。

2014 年 9 月 19 日，阿里巴巴集团在纽约证券交易所正式挂牌上市，股票代码为"BABA"，在 2019《财富》世界 500 强榜单上位列第 182 位。

2020年2月13日晚，阿里巴巴集团公布截至2019年12月31日的2020财年第三财季业绩。财报显示：阿里巴巴集团收入同比增长38%至1614.56亿元，超出市场预期的1592.09亿元；归属于上市公司股东的净利润为523.09亿元，市场预期为303.35亿元，上年同期为330.52亿元。可以说，阿里巴巴连续多年的高速增长，源自其多方面的不懈努力，其中一点就是管理团队出色的资本运营能力。

二、初创业，天使垂青

创始人马云，1988年于杭州师范学院（现杭州师范大学）英语专业毕业，此后在杭州电子工业学院（现杭州电子科技大学）任教。1995年，在出访美国时首次接触到因特网，回国后创办了网站"中国黄页"。1997年加盟外经贸部中国国际电子商务中心，开发外经贸部官方站点及网上中国商品交易市场。

1999年年初，马云决定在杭州创办一家能为全世界中小企业服务的电子商务站点。回到杭州后，马云和最初的创业团队开始谋划一次轰轰烈烈的创业。大家集资了50万元，在马云位于杭州湖畔花园的100多平方米的家里，阿里巴巴诞生了。

这个创业团队里除了马云之外，还有他的妻子、他当老师时的同事、学生以及被他吸引来的精英。蔡崇信是阿里巴巴的第18位合伙人，祖籍台湾，美国耶鲁大学法学硕士，毕业以后在华尔街当了4年律师，然后被银瑞达公司派往亚洲负责整个亚洲的风险投资。1999年在同马云接触之后，决定加入阿里巴巴——为此他放弃了当时已经高达75万美元的年薪，来到阿里巴巴和马云一起创业。

阿里巴巴成立初期，公司是小到不能再小，18个创业者往往是身兼数职。好在网站的建立让阿里巴巴开始逐渐被很多人知道。美国的《商业周刊》以及英文版的《南华早报》最早主动报道了阿里巴巴，并且令这个名不见经传的小网站开始在海外有了一定的名气。

有了一定名气的阿里巴巴很快也面临资金的瓶颈：公司账上没钱了。当时马云开始去见一些投资者，但是他并不是有钱就要，而是精挑细选。即使囊中羞涩，他还是拒绝了38家投资商。马云后来表示，他希望阿里巴巴的第一笔风险投资除了带来钱以外，还能带来更多的非资金要素，例如进一步的风险投资和其他的海外资源，而被拒绝的这些投资者并不能给他带来这些。

就在这个时候，以高盛为主的一批投资银行向阿里巴巴投资了500万美元。这一笔"天使基金"让马云喘了口气。

三、再融资，挺立寒冬

更让马云意料不到的是，更大的投资者也注意到了他和阿里巴巴。1999年秋，日本软银总裁孙正义约见了马云。孙正义当时是亚洲首富。孙正义直截了当地问马云想要多少钱，而马云的回答却是他不需要钱。孙正义反问道："不缺钱，你来找我干什么？"马云的回答是："又不是我要找你，是人家叫我来见你的。"

这个经典的回答并没有触怒孙正义。第一次见面之后，马云和蔡崇信很快就在东京又见到了孙正义。孙正义表示将给阿里巴巴投资3000万美元，占30%的股份。但是马云认为，失去的股份太多了，经过思考最终确定了2000万美元的软银投资，这样阿里巴巴管理团队仍绝对控股。

从2000年4月起，纳斯达克指数开始暴跌，长达2年的熊市寒冬开始了，很多互联网公司陷入困境，甚至关门大吉。但是阿里巴巴却安然无恙，很重要的一个原因是阿里巴巴获得了2500万美元的融资。

四、谋上市，风投相随

2004年2月，阿里巴巴完成第三轮融资，再次从软银等风险投资公司手中募集到8200万美元，其中软银出资6000万美元。马云及其创业团队仍然是阿里巴巴的第一大股东，占47%的股份；第二大股东为软银，约占20%；富达约占18%；其他几家股东合计约15%。此次8200万美元的投资来自四家风险投资公司，包括软银、富达创业投资部、寰慧投资和TDF。除了总部位于美国硅谷的风险投资基金寰慧投资是新进入的投资人，其他三家均是阿里巴巴二轮融资时进入的老股东。

2005年8月，雅虎、软银再向阿里巴巴投资数亿美元。这笔投资是当时国内互联网公司金额最大的一笔私募投资。之后，阿里巴巴创办淘宝网，创办支付宝，收购雅虎中国，创办阿里软件，一直到阿里巴巴上市。

2007年11月6日，全球最大的B2B公司阿里巴巴在香港联交所正式挂牌上市，正式登上全球资本市场舞台。随着这家B2B航母登陆香港资本市场，此前一直受外界争论的"B2B能不能成为一种商务模式"也有了结果。11月6日10时，港交所开盘，阿里巴巴以30港元，较发行价13.5港元涨122%的高价拉开上市序幕。小幅震荡企稳后，一路单边上冲。最后以39.5港元收盘，较发行价涨了192.59%，成为香港上市公司上市首日涨幅最高的"新股王"，创下香港7年以来科技网络股神话。当日，阿里巴巴交易笔数达到 14.4 万多宗，输入交易系统的买卖盘为 24.7 万宗，两项数据都打破了中国工商银行 2006 年 10 月创造的纪录。按当时的收盘价估算，阿里巴巴市值约 260 亿美元，超过百度、腾讯，成为中国市值最高的互联网公司。

孙正义的确很有投资眼光，软银当初投资阿里巴巴集团的 8000 万美元到此时回报率已高达 71 倍。

在此次全球发售过程中，阿里巴巴共发行了 8.59 亿股，占已发行 50.5 亿总股数的 17%。按每股 13.5 港元计算，共计融资 116 亿港元（约 15 亿美元）。加上当天 1.13 亿股超额配股权获全部行使，融资额将达 131 亿港元（约 16.95 亿美元），接近谷歌纪录（2003 年 8 月，谷歌上市融资 19 亿美元）。

阿里巴巴的上市，成为全球互联网业第二大规模融资。在此次路演过程中，许多投资者表示，错过了谷歌，不想再错过阿里巴巴。

五、慧眼识珠，矢志不移

软银不是阿里巴巴的第一个风险投资商，却是坚持到最后的那一个。在阿里巴巴的第二轮融资中，软银开始出现。2000 年，马云为阿里巴巴引进第二笔融资，2500 万美元的投资来自软银、富达、汇亚资金、TDF、瑞典投资等 6 家风险投资商，其中软银为 2000 万美元，阿里巴巴管理团队仍绝对控股。2004 年 2 月，阿里巴巴第三次融资，再从软银等风险投资商手中募集到 8200 万美元，其中软银出资 6000 万美元。软银不仅给阿里巴巴投入了资金，在后来的发展中还给了阿里巴巴足够的支持。尤其是 2001 年到 2003 年的互联网低谷时期，投资人伴随阿里巴巴整个团队一路挺了过来。

薛村禾（当时软银投资阿里巴巴的一位项目负责人）在接受国外媒体采访时回忆，当时中国 B2B 领域共有四大公司，除阿里巴巴，还有 8848、MeetChina 和 Sparkice，而选择阿里巴巴的重要原因是马云及其团队的坚定信念，尤其是 18 个创业合伙人的精神。薛村禾说："当年我们放弃别的机会，集中精力投资马云这个团队。我们并不是神仙，一眼就能看到阿里巴巴的未来，也只能看到电子商务这个大方向，但为什么最后选择马云这个团队呢？了解他多一点的人就知道，他能把很多人聚在周围，团队非常厉害。VC（风险投资商）很重要的是判断团队。"

六、各行其道，各司其职

马云认为，跟风险投资商谈判，腰要挺起来，但眼睛里要充满尊重。从第一天就要理直气壮，腰板挺直。当然，也不能空说，而是要用自己的行动证明，创业者比资本家更会挣钱。

马云认为："创业者和风险投资商（VC）是平等的，VC问你100个问题的时候，你也要问他99个。在你面对VC的时候，你要问他投资你的理念是什么。我作为一个创业者，在企业最倒霉的时候，你会怎么办？如果你是好公司，当七八个VC围着你转的时候，你让他们把你的计划和方法写下来，同时你的承诺是什么，也要写下来，这是互相的约束，是'婚姻合同'。跟VC之间的合作是点点滴滴，你告诉他我这个月会亏、下个月会亏，但是只要局势可控，VC就不怕，最可怕的是局面不可控。所以跟VC之间的沟通交流非常重要，不一定要找大牌。"

七、阿里退市，众说纷纭

阿里巴巴于2012年2月21日晚间宣布，计划对在香港上市的阿里巴巴网络有限公司实施私有化，这是继盛大网络后，又一家宣布退市的互联网巨头。

马云在当晚写给员工的邮件中表示："在阳光灿烂的日子里修缮屋顶，只有敢于放弃今天的成功，我们才有可能更上一层楼！"

退市消息引发网民热议：在上市热潮下，互联网巨头为何纷纷撤退？"上市圈钱"难道不再受捧？网友"任臻"表示："上市如围城，外面的想进去，里面的想出来。"网友"zhc8862"则表示："阿里终究还是私有化了，前者陈天桥，后者马云！虽然无法理解，也无从理解，但我相信马云正在下一盘无法估量的棋，棋盘已摆好，棋面一露，惊涛骇浪。"

中国移动互联网产业联盟秘书长李易认为："盛大、阿里巴巴私有化的一个大背景就是它们在海外的股价长期低迷，市值一直低于投资人预期。另外，对这些早期上市的中概股来说，IPO作用已经完成，该圈的钱也早已经圈完，所以现在可以说是胜利大逃亡。"

清科研究中心分析师张亚认为："私有化也有助于扫清阿里体系业务的重组障碍，将B2B、网上零售、支付等业务体系重新构架，未来重新在美国等地上市可能会有比较好的市场表现。此外，阿里巴巴在业务重组的过程中，业绩表现可能会受到影响。私有化之后，阿里集团受资本压力稍微小一些，也有利于业务全方位整合。"

阿里巴巴的私有化也与转型密不可分。马云在2012年2月21日表态称，随着国际国内经济环境的进一步严峻，特别是中小企业在面临原材料、汇率、劳动力成本等巨大压力下，B2B的业务模式面临着巨大挑战，需要加快转型和升级。将阿里巴巴私有化，可让企业减轻压力，制定对客户最有利的长远规划。

所谓"退市"实则为利益更大的"重新上市"留后手。"上市后又私有化，前有盛大，今有阿里巴巴。对那些以上市为成功标志的创业者来说是一个很好的案例，是否能清醒不知道，但是上市绝不是成功的标志，也不会是风光独好。"针对两大互联网企业的退市冲击波，有网友如是表示。

互联网实验室董事长方兴东更是一语道破天机：阿里巴巴B2B业务私有化堪称马云高招，以发行价完成B2B私有化，相当于五年使用十几亿美元无息贷款。随后解决雅虎问题再也不需发布公告。清掉雅虎再上市，阿里巴巴可以再融天文数字的资金。

"上市—退市—再上市"的模式其实早有先例。2005年，南都电源在新加坡退市，并于2010年年初登陆我国A股创业板。自2011年以来，海外上市的中概股及港股私有化风起云涌。

截至2020年12月底，已有数十家中国公司从美国三大市场退市。上市公司私有化其实是很正常的一种决策，越来越多的公司如此操作，多数是因为当前国际资本市场本身环境不好，同时也是为了提高公司的效率。

八、重新上市，震撼全球

2014年9月6日，阿里巴巴集团终于向美国证券交易委员会（SEC）提交更新后的招股文件，集团将以每股美国存托凭证60美元到66美元的价格挂牌上市，这将创下美国市场上有史以来按市值计算的最大IPO交易。

招股文件显示，阿里巴巴集团将通过IPO交易筹集243亿美元资金。按定价区间的中值计算，其市值将为1550亿美元左右。数据提供商Dealogic统计的数据显示，这将令其成为按估值计算的最大规模IPO交易，令维萨、通用汽车、Facebook以及多家大型中国上市公司相形见绌。

2014年9月18日，阿里巴巴集团将其IPO价格确定为每股68美元，这项交易将成为全球范围内规模最大的 IPO 交易之一。阿里巴巴集团 19 日晚正式在纽交所挂牌交易，股票代码为"BABA"，首日报收于 93.89 美元，较发行价上涨 38.07%。以收盘价计算，其市值破 2300 亿美元，市值达 2314.39 亿美元，超越 Facebook 成为仅次于谷歌的第二大互联网公司。同时，这一数字也超过葡萄牙 GDP。世界银行网站数据显示，按照现价美元计算，2013 年葡萄牙 GDP 为 2200 亿美元。

九、案例分析

（一）巨型航母的梦想，起源于草根与风投的博弈

在传统行业中，创业企业大多通过自有资金和原始资本的积累在逐步发展的过程中进行融资，实现企业发展的稳健和连贯。而不断掀起产业浪潮的高新技术领域的新创企业却遵循着与传统产业发展不太相同的路径，高新技术领域的新创企业凭借其自身在技术研发与应用上的优势资源往往能够吸引风险资金的进入，从而依靠技术获取企业新创时期急需的发展资金，帮助企业迅速将技术导向应用，推动企业的快速发展。

风险投资是一种权益资本，而不是借贷资本。对于高新技术领域的新创企业来说，初创阶段很少存在原始资本的积累，自有资金很难实现技术向应用的转化并推动企业的发展，加之高新技术新创企业公司架构、管制机制、业务发展都很不明朗，因此很难获得信贷资本的青睐。风险投资就成了其唯一可行的资金来源，这将对新创企业的快速发展起到极大的推动作用，从阿里巴巴一路引进风投、一路发展壮大直至上市的过程便可见一斑。

阿里巴巴是互联网行业当之无愧的巨型航母，在短短 21 年的时间内从一个名不见经传的小公司成长为世界第二大市值规模的互联网企业，这其中马云带领下的号称"18 罗汉"的创业团队劳苦功高，但是风险投资基金也功不可没。在创业之初，由于自有资金有限，阿里巴巴的运营资金很快便捉襟见肘，及时为其注入资金使其脱困的便是以高盛为主的投行，从此马云带领下的阿里巴巴拉开了长期同风投机构纵横联合的游戏大幕。接下来在 2000 年，阿里巴巴同其他互联网企业一样迎来了互联网行业的寒冬，此时又是风投对阿里巴巴施以援手，软银领投加其他跟投者一共为阿里巴巴注资 2500 万美元。度过艰难寒冬之后的阿里巴巴迅

速发展,业务拓展和酝酿上市都已经进入了日程,这当中依旧闪现着风投的身影。2004年2月,阿里巴巴完成第三轮融资,再次从软银等风投手中募集到8200万美元。2005年8月,雅虎、软银再向阿里巴巴投资数亿美元。这笔投资是当时国内互联网公司金额最大的一笔私募投资,为阿里巴巴创办淘宝网,创办支付宝,收购雅虎中国,创办阿里软件,一直到阿里巴巴上市提供了充沛的资金。阿里巴巴自创业以来一路高歌猛进做市场,一路携手风投运作、资本不断。

风投资金与银行贷款最为重要的区别是风投进行权益性投资,因此在引进风投的过程中,企业初创团队同风投机构之间对于公司控制权的争夺是最引人注目的。马云从与风投第一回合的交手就能紧紧护住自身的命门,即便阿里巴巴每一次大的发展都离不开风投的资金支持,阿里巴巴的初创团队也始终对企业拥有绝对的控股权,这是阿里巴巴能够很好地贯彻初创团队的意志,执行初创团队预定的企业发展战略、市场定位以及价值理念的有力保障。创业者在引进风投助力企业发展时又能不丧失对企业的控制权,这是一种平衡,更是一种博弈。

要想在博弈中占据上风,首先要能够成功引进风投资金,这不仅在于企业对核心技术的掌握,需要企业有清晰的发展战略和市场定位,有有效的管理体制和治理机制,有娴熟的财务管理能力和资本运作能力,而且在于企业有一个决策力和执行力超群的创业团队。继而,在引进风投资金的过程中能够掌控主动权,应对自如,在风投资金引进的时间阶段、规模大小、资金结构安排、资金使用期限和退出渠道设计上,遵循既满足企业发展的资金需求又能够合理控制创业团队股权的稀释比例,始终把创业团队对企业控制权的掌握、对企业发展方向的掌控作为引进风投资金谈判中不可退让的防线,让企业合理使用风投资金,而不受制于风投资金。

2012年2月,阿里巴巴宣布退市,这不仅仅是经营战略调整,也是一次重大的资本运作。阿里巴巴退市,不仅回购了占阿里巴巴总股份26.55%的流通股,也回购了雅虎持有阿里巴巴股份的一半,进一步增大了阿里巴巴的话语权。阿里巴巴的退市和战略的调整,为其2014年9月重新上市奠定了良好的基础。

(二) 投资人看多阿里巴巴

这场史上规模最大的IPO,受到了全球投资人的热烈追捧。阿里巴巴在2014年9月8日启动全球路演,路演第二场时即已完成超额认购。

美国 Wedgewood Partners 基金的首席投资官 David Rolfe 说，这样热门的 IPO，他们已经等了很久。阿里巴巴是一个伟大的成长故事，在接下来的 10～15 年，将有足够多的时间来更多了解阿里巴巴。

投资银行 JG Capital 的分析师 Henry Guo 在接受媒体采访时也表示，68 美元的定价对于阿里巴巴而言过于保守了。他认为，阿里巴巴的估值应该在 2300 亿～2400 亿美元，因为阿里巴巴在中国及国际市场仍有很大的增长潜力，并能长久地保持领先优势。

阿里巴巴业务成熟，且仍处于高速增长之中。在投资人看来，阿里巴巴正处于中国消费与互联网经济这两大趋势的交汇点上。

国际会计咨询公司安永美洲 IPO 主管合伙人 Jackie Kelley 认为，阿里巴巴在中国已经取得了巨大的繁荣，并且在众多人口的消费环境和中国经济高速增长的带动下，商业、运输、物流等方面仍然有巨大的增长空间，阿里巴巴主导的电子商务市场，未来还会有非常大的增长潜力。

在中国之外，阿里巴巴也早已瞄准了国际市场。跟踪全球贸易和采购信息的 Panjiva 公司的创始人 Josh Green 说："如果你看到阿里巴巴最近的一些投资举动就会发现，其实这个公司已经投资了不少中国以外的市场。"

Josh Green 表示，其实阿里巴巴已经开始了它的全球战略，他们最开始的关注点就是全球市场的交易，后来又发现了在中国的巨大的市场机会。所以从某些方面来说，当马云谈到全球市场的时候，这个故事开始成为一个完整的生态链。

回想 2014 年阿里巴巴刚在美国上市时，并不是多数投资者都了解阿里巴巴、看好阿里巴巴，阿里巴巴股价一度徘徊在发行价以下。但是当年果断地选择阿里巴巴的投资人究竟是因为什么？投资回报率吗？良好的投资环境吗？还是管理团队的管理能力？

其实，对于投资者而言，一家公司的好坏取决于其投资回报率，而投资回报率的高低不仅取决于市场经济环境，而且在很大程度上与企业的管理团队相关。无论是阿里巴巴的股价飙涨，还是其让人信心满满的未来发展预期，背后依托的又是什么？毫无疑问，是创造阿里巴巴高回报率的管理团队。

感叹当年选择阿里巴巴的投资人，正是投资精英中的精英！

2020 年 11 月 19 日，阿里巴巴的股价达到 259.89 美元，总市值达到 7032 亿美元。根据阿里巴巴飞速发展的 20 多年历程来判断，预计未来 2～3 年，其总市值将突破万亿美元大关。

(三) 生态模式难以超越

阿里巴巴有一个很好的盈利模式，且难以复制。它有淘宝、天猫，还搭建了支付体系、云计算和智能物流体系，这些体系相互配合，非常强大，阿里巴巴称之为"生态系统"。马云在致投资人的信中 24 次提到了"生态系统"。他说，阿里巴巴坚信，只有打造一个开放、协调、繁荣的商业生态系统，使其成员充分参与，才能真正帮助到客户——小微企业和个人用户。作为这一生态系统的管理者，阿里巴巴的工作重点、心血、时间和精力都花在能让这个生态系统和其参与者更加蓬勃发展的事情和主张上。

与那些依赖出售某一项产品或技术获得收入的高科技公司不同，阿里巴巴依靠运营这个庞大且复杂无比的商业生态系统来产生收入。复杂的生态系统也让商业模式更加复杂，同时，生态系统的复杂性也让阿里巴巴的竞争对手难以复制或模仿。

马云说，阿里巴巴成功的唯一途径，是让阿里巴巴生态系统的参与者、客户和合作伙伴获得成功。

第十章
CHAPTER10

商业计划书

孙子曰:"兵马未动,粮草先行。"中小企业融资亦是如此。有一次,北京大学总裁班里的一个学员问我:"吴教授,有什么好的股权融资方法吗?"他又说:"两年来,我几乎放弃了经营和管理上的事情,一门心思搞融资,可是效果并不好。"后来经过深入沟通才知道,他在融资路上走了很多弯路,除了融资渠道选择、融资运作方法不当外,更主要的是融资的第一步融资准备工作就没做好,导致徒劳了两年。那么融资前要做哪些准备工作呢?一般来说,主要准备商业计划书和融资路演材料。本章将重点介绍融资企业如何写好商业计划书,希望广大中小企业管理者能在融资的路上一帆风顺。

基础知识

(一) 资本结构

资本结构是指企业各种资本的价值构成及其比例关系,是企业一定时期筹资组合的结果。资本结构反映的是企业债务与股权的比例关系,它在很大程度上决定着企业的偿债和再融资能力,决定着企业未来的盈利能力,是反映企业财务状况的一项重要指标。合理的融资结构可以降低融资成本,发挥财务杠杆的调节作用,使企业获得更高的自有资金收益率。最佳资本结构便是使股东财富最大或股价最高的资本结构,亦即使公司资金成本最小的资本结构。

（二）股本成本

股本成本又称最低年度收益率，用以表明一个公司对于普通股东的权益和投资风险所给予的补偿，即公司权益方要求的最低年度收益率。

（三）投资回报率

投资回报率是指经营期内年度利润或年均利润占投资总额的百分比。

$$投资回报率 = 年度利润或年均利润 / 投资总额 \times 100\%$$

（四）财务杠杆

财务杠杆是指在筹资中适当举债，调整资本结构给企业带来额外收益的杠杆效应。如果负债经营使得企业每股利润上升，便称为正财务杠杆；如果使得企业每股利润下降，通常称为负财务杠杆。

第一节　简述商业计划书

很多创业者都是在某种机缘巧合、"形势所迫"或者"初心不改"的情况下开始自己的创业的，有的人是做技术出身，有的人擅长产品销售，有的人善于整合资源，有的人善于管理。对于很多创业者来说，即便不写一份书面的商业计划书，心里也应该有一个完整的逻辑，商业计划书的作用无非是把这个"完整的逻辑"表达出来。

在辅导企业融资的过程中，我也看了很多商业计划书，深感一些创业者在阐述自己的创业计划时有些"隔靴搔痒"，出现这种情况的原因不外乎两个：要么是对项目本身的发展逻辑没有想通透，要么是没能将清晰的战略通过简洁的书面材料有效地传达。

还有一些创业者不愿意向投资人提供商业计划书，他们更希望直接与投资人见面聊。殊不知，投资人是一个异常繁忙的群体，每天要开很多会，看很多商业计划书，如果项目的海选也要以见面聊的方式进行，那么投资人这个群体的工作效率也实在是太低了。所以，投资人在见一个创业者之前，通常希望先看一下他的商业计划书，待有了兴趣后才有可能给创业者发邮件询问一些问题，只有需要深度了解时才可能约见。

一、商业计划书的含义

商业计划书（business plan），也称商业策划书，是指为了一个商业发展计划而做的书面文件。一般商业计划书都是以投资人或相关利益载体为目标阅读者。商业计划书也是企业战略规划与执行等一切经营活动的蓝图，是企业的行动纲领和执行方案。商业计划书为投资人提供一份创业的项目策划，向他们展现创业的潜力和价值，并说服他们对项目进行投资或合作。

商业计划书是融资企业或项目单位在经过前期对项目科学地调研、分析、搜集与整理有关资料的基础上，根据一定格式和内容的具体要求而编辑整理的一种向投资人全面展示公司和项目目前状况、未来发展潜力的书面材料，它有别于项目建议书和项目可行性研究报告。商业计划书考虑问题更全面，更注重操作性，更强调经济效益，也有不同格式和内容的具体要求。另外，它们所针对的对象也有所不同，项目建议书和项目可行性研究报告是针对我国各级政府和其他有关部门的要求而整理的书面材料，而商业计划书是针对各类潜在的投资人并在一开始就需要准备的一项最重要的书面材料。如果国际融资是你融资计划的一个范畴，那么你一定要再准备一份英文版的商业计划书。

首先，在商业计划书中要说明创办新企业的思路，新思想的形成过程以及企业的目标、发展战略和投资收益预测等。其次，要交代企业现状、过去的背景和企业的经营范围。在这一部分，要对企业以往的情况做客观的评述，不回避失误。中肯的分析往往更能赢得信任，从而使人容易认同企业的商业计划书。最后，还要介绍一下企业家自己的背景、经历、经验和特长等。企业家的素质对企业的成绩往往起关键性的作用。在这里，企业家应尽量突出自己的优点并展示自己强烈的进取精神，以给投资人留下一个好印象。

二、商业计划书的作用

商业计划书的主要意图是递交给投资人，以便他们能对企业或项目做出评判，从而使企业获得融资。商业计划书有相对固定的格式，它几乎包括所有投资人感兴趣的内容，从企业成长经历、产品服务、市场、营销、管理团队、股权结构、组织人事、财务、运营到融资方案。只有内容翔实、数据丰富、体系完整、装订精致的商业计划书才能吸引投资人。只有让投资人看懂你的项目商业运作计划，才有可能实现你的融资愿望，所以商业计划书的质量对你的项目融资至关重要。

要想让你的融资项目获得投资人的青睐，良好的融资策划和财务包装是融资过程中必不可少的环节，其中最重要的是应做好符合国际惯例的高质量的商业计划书。目前，中国企业在国际上融资的成功率不高，不是因为项目本身不好，也不是因为项目投资回报不高，而是因为项目方商业计划书编写得草率或创业者的能力得不到体现从而让投资人感到失望。

另外，对于成长中的企业来说，一份高质量的商业计划书既是寻找投资人的必备材料，也体现了企业对自身的现状及未来发展战略全面思索和重新定位的过程，是企业战略的重要组成部分，是企业行动的纲领性文件。

商业计划书是内部员工的行动指南。建立一个新公司，或者对公司进行业务重组，最重要的是有一份客观、完整的商业计划书。商业计划书必须解决以下几个关键问题，特别是在目前有些中小企业不太景气的情况下，关键性的问题不解决好，势必会影响全体员工的士气，进而影响公司的发展。

例如，有些时候企业的员工很关心如下问题：

（1）现在所做的工作是不是对公司发展最有价值和最重要的工作？

（2）公司下一步的发展目标是什么？

（3）公司现在和将来靠什么赚钱？

（4）公司管理层对于这些问题有没有统一和坚定的答案？

如果这几个问题解决好了，我们的工作就会更有生气（主动性和创造性），我们就会对公司前途更有信心，也能更好地抓住工作重点。事实上，如果一个公司现在不赚钱，也不清楚将来靠什么赚钱，那么这个公司又以什么准则来安排工作并保证重点呢？

现在有些公司就处于这样一个阶段，对于这些问题没有清晰和统一的答案，大家凭感觉来安排工作，抓不住重点，看不清公司的前景，有一部分员工甚至对公司的未来失去了信心。如果不能正视和解决这些问题就必然导致两种结果：一种是搞不清这些问题，止步不前，保护和坚守现有的成绩；另一种是不管前面是地雷还是陷阱，抱着一种自欺欺人的假象贸然挺进，不成功即成仁。显然这两种结果都不是投资人和经营者希望看到的。为什么会产生这样的结果，就是因为没有解决上述几个问题。也许有人要说，就算你解决了上述几个问题，有了明确和清晰的答案，谁又知道你的答案是对还是错呢？对于这个问题，我觉得还是要用辩证的眼光来看。首先，我们没有逃避问题，而是正视它并尽力去解决它。其次，如果我们的答案得到股东、董事、专家顾问、公司管理层以及绝大部分员工的认可的话，那么我们就应该坚信我们的答案是正确的，虽然不排除我们的答案在行动的过程中要不断地修正和改进，但是，我们毕竟有了目标和方向，也有了行动的指南。

所有公司到最后都要靠利润和效益来说话，我们把规模做大也是为了获取更多的利益。所以，即使现在不赚钱，我们也应该清楚地知道我们将来靠什么赚钱，能赚到多少钱，什么时候开始赚钱。公司就算不准备引入风险投资，也应该搞清楚以上问题的答案，做出一个好的商业计划，并且让我们的计划得到股东、董事、专家顾问、公司管理层以及绝大部分员工的认可。

商业计划书是公司的一个重要文件，股东和投资人会根据计划书来决定投资，董事会会根据计划书来判定经营者的业绩。所以一份好的商业计划书一般要求公司管理层、投资顾问、法律顾问、专家顾问（市场和技术）共同参与完成。

三、巧用融资工具

商业计划书是企业提供给投资人的第一手资料，是企业与投资人交流的文字工具。你的项目能否打动投资人与商业计划书的编写质量有很大关系。

（一）商业计划书可以拉近与投资人的距离

工商界人士大都很忙，有潜力的投资人更忙，你想直接见到有决策能力的投资人都很难。如果你有幸在某种场合见到投资人，要向投资人解释投资构想，在较短的时间内仅能做的就是通过摘要报告，引起他的注意。提前准备好详细的商业计划书并把它交给投资人，或发电子版材料给他让他带回去给同事评估，待对方有了正面的评估意见后，才能做出投资决策。在一些大的甚至国际性的投融资对接会上，有80%以上的中小企业缺乏规范的商业计划书，尽管它们的项目很有投资价值，但错过了投资人了解它们的项目的机会。

（二）商业计划书是节省时间的利器

创业投资构想通常相当复杂，要口头解释到让投资人完全清楚，可能要花很多时间，投资者也很少有这个耐性，但在不完全清楚整个投资构想时，投资人又不敢轻举妄动。将已写好的商业计划书交给投资人，让投资人有机会看到你的项目，更有足够的时间了解你的好项目。经过一段时间相互了解后，如果你的项目符合投资人的期望，双方就自然而然地进入了深入沟通阶段，省时又省力。

（三）商业计划书是沟通协调的利器

如果商业计划书中的项目需要较多的资金，需要接触的投资人的数目势必会达到数个或数十个，因并非百发百中，所以要将众多投资人召集在一起，这样不但时间不容易协调，且与会人数众多，他们在会前没有达成共识，会中讨论就容易失控，从而无法达成决议。让众多投资人于短时间内达成共识的方法，便是准备一份清楚易懂的商业计划书同时发给他们，再个别稍加解释。让有共识的人聚集在一起开会，才能很快达成决议。创业者应了解商业计划书是沟通协调的利器，如不用此工具面对众多的投资人，可能无法有效应对，深感疲累，这也是许多创业计划踏不出第一步的原因。

第二节　商业计划书的撰写方法

首先，企业整理、撰写商业计划书的过程，就是把该项目推销给创业者自己和管理团队的过程。作为创业者或企业管理团队，应反复研究企业市场定位、发展目标、销售渠道、技术研发和管理手段等战略层面的规划内容及可行性，经过论证后再以众多投资者认可的文字、图表、演示文稿等方式充分展示出来，反复修正，直到满意后形成企业的一份重要的纲领性文件。其次，商业计划书能帮助把计划中的企业推销给风险投资家，它的主要目的之一就是招商融资，谋求更大发展。最后，对已设立的企业来说，商业计划书还可以为企业的发展定下较具体的重点和方向，从而使员工了解企业的经营目标，并激励他们为共同的目标而努力。

风险项目融资企业与传统项目企业相比，两者之间最大的差别就在于前者没有任何绩效记录或只有较短时间的经营经历。对于迫切需要风险资金投入的企业或创业者而言，只能通过商业计划书，向风险投资人描绘未来的企业或处于种子状态下的企业，这种描绘并非华丽词汇堆砌，而是有一定的格式，让投资人通过它充分了解创业者想要做一个什么样的企业；风险投资者面对大量潜在可行的创意时，也只能通过对创业投资方案的评估来做出自己的选择。从国内外风险投资发展的经验来看，企业是否有很好的商业计划，对于能否成功吸引风险投资是极为关键的。因而，良好的商业计划书往往被称为企业吸引风险投资的"敲门砖"或"金钥匙"。

商业计划书的重要性不言而喻。现代招商融资没有商业计划书几乎是不可能成功的，同样，没有一份正规、完整的商业计划书也是希望渺茫。一个很简单的原因是，所有投资人首先看到的是你的商业计划书而不是你的项目。项目本身不会说话，只有通过文字、演示文稿、视频资料等充分把项目展示给投资人，让投资人看了深受鼓舞，投资人才有可能想要进一步了解该项目。

基于上述理由，商业计划书将是创业者所写的商业文件中最重要的一个。那么，如何撰写商业计划书呢？

一、商业计划书的主要内容

那些既不能给投资人以充分的信息也不能使投资人激动起来的商业计划书，其最终结果只能是被扔进垃圾箱里。为了确保商业计划书能"击中目标"，企业应该准备至少两个不同版本的商业计划书：一个是演讲版（PPT）商业计划书，供登台演讲时使用（这部分内容将在第十一章第一节详细论述）；另一个是文字版商业计划书，供投资者详细了解项目企业时使用。文字版商业计划书的主要内容如下。

（一）计划摘要

计划摘要列在商业计划书的最前面，它是商业计划书的精华。计划摘要涵盖了计划的要点，以求一目了然，以便读者能在最短的时间内评审计划并做出判断。计划摘要相当于公司商业计划书的封面，投资人会首先看到它。为了激发投资人的兴趣，计划摘要应写得引人入胜。计划摘要要有完整的创业构思，其主要内容如下。

（1）公司概述。简要介绍公司的历史和现状及背景，突出优势所在。

（2）研究与开发。简要说明公司研发领域和队伍情况以及计划每年投入的研发经费等。

（3）产品或服务。说明主要的经营范围即可。

（4）管理团队和组织情况。管理人员最好列出2~3名主要人员做大概介绍，真实反映其成就就好。

（5）行业市场及竞争情况。要说明投资项目在行业中的重要地位以及行业竞争对手的大致情况。

（6）营销策略。简要说明营销策略，包括产品市场定位、推广方案、营销团队建设、分销体系、渠道建设等。

（7）融资说明。说明要筹集多少资金及其用途，另外还要说明资金的形式是权益性投资还是贷款。

（8）财务计划与分析。要保证数据的真实可靠性，不要去修饰什么，风险投资人一般不是技术专家，但大多数是财务专家。

（9）风险因素。要让投资人清楚对该项目投资后可能产生的风险因素及规避措施。

（10）退出机制。投资人不会做你的永久股东，所以你要说明在若干年后投资的出路是实现股票上市还是由企业股东或管理者赎回，让投资人明白退路在哪儿，以解除他们的后顾之忧。

（二）产品介绍

在进行投资项目评估时，投资人最关心的问题之一就是，企业的产品、技术或服务能否以及在多大程度上解决现实生活中的问题，或者企业的产品能否帮助顾客节约开支，增加收入。因此，产品介绍是商业计划书中必不可少的一项内容。产品介绍通常应包括以下内容：产品的概念、性能及特性；主要产品介绍；产品的市场竞争力；产品的研究和开发过程；发展新产品的计划和成本分析；产品的市场前景预测；产品的品牌和专利。

在产品介绍部分，要对产品做出详细的说明，要描述准确、通俗易懂，让投资人在最短的时间内了解明白。一般产品介绍都要附上产品原型、照片或其他介绍。产品介绍必须回答以下问题：①顾客希望产品能解决什么问题，顾客能从产品中获得什么好处？②企业的产品与竞争对手的产品相比有哪些优缺点，顾客为什么会选择本企业的产品？③企业为自己的产品采取了何种保护措施，企业拥有哪些专利、许可证，或与已申请专利的厂家达成了哪些协议？④为什么企业的产品定价可以使企业产生足够的利润，为什么用户会大批量地购买企业的产品？⑤企业采用何种方式去改进产品的质量、性能，企业对发展新产品有哪些计划……

产品介绍的内容比较具体，因而读起来相对容易。虽然夸赞自己的产品是推销所必需的，但应该注意，企业所做的每一项承诺都是"一笔债"，都要努力去兑现，否则就是"忽悠"。企业家和投资人所建立的是一种长期合作的伙伴关系，投资人在考察项目时也同时考察和评估企业的信用。

（三）人员及组织结构

有了产品之后，创业者第二步要做的就是组成一支有战斗力的管理队伍。企业管理的好坏，直接决定了企业经营风险的大小。而高素质的管理人员和良好的组织结构则是管理好企业的重要保证。因此，风险投资人会特别注重对管理队伍的评估。

企业的管理人员应该是互补型的，而且要具有团队精神。一个企业需要具备负责产品设计与开发、市场营销、生产作业管理、企业理财等方面的专门人才。在商业计划书中，必须对主要管理人员加以介绍，介绍他们所具有的能力，他们在本企业中的职务和责任，他们过去的详细经历及背景。不难理解"投资就是投人"这句话，投资人考察项目时为什么要看企业的创业者或管理团队？因为好项目没有好的经营者也不可能取得特别好的效果。例如，阿里巴巴创业之初就能在国际资本市场上融到资金，投资人看到的不仅仅是好项目，也看到了一个朝气蓬勃、踏实做事的好团队。雷军在创办小米科技公司时，他本身的经历就很丰富，业绩也很显赫，他找来的创业合伙人大部分是曾经在国际一流公司工作过的高管或技术开发人员，这样的团队是很吸引眼球的。

在这一部分，还应对公司结构做一个简要介绍，包括：公司的组织架构图；各部门的功能与责任；各部门的负责人及主要成员；公司的报酬体系；公司的股东名单，包括认股权、比例和特权；公司的董事会成员；各位董事的背景资料。

（四）市场预测

当要开发一种新产品或向新的市场扩展时，企业首先要进行市场预测。如果预测的结果并不乐观，或者预测的可信度让人怀疑，那么投资人就要承担更大的风险，这对多数风险投资人来说是不可接受的。首先，市场预测要对需求进行预测：市场是否存在对这种产品的需求？需求程度是否可以给企业带来所期望的利益？新的市场规模有多大？需求发展的未来趋向及其状态如何？影响需求的因素都有哪些？其次，市场预测要对企业所面对的竞争格局进行分析：市场中主要的竞争者有哪些？是否存在有利于本企业产品的市场空当？本企业预计的市场占有率是多少？本企业进入市场会引起竞争者怎样的反应以及这些反应对企业会有什么影响……在商业计划书中，市场预测应包括以下内容：市场现状综述，竞争厂商概览，目标顾客和目标市场，本企业产品的市场地位，市场区域和特征，等等。企业对市场的预测应建立在严密、科学的市场调查基础上。企业所面对的市场本来就有变幻不定、难以捉摸的特点。因此，企业应尽量扩大收集信息的范围，重视对环境的预测，采用科学的预测手段和方法。企业家应牢记的是，市场预测不是凭空想象出来的，对市场错误的认识是企业经营失败的最主要原因之一。

（五）营销策略

营销是企业经营中最富挑战性的环节，影响营销策略的主要因素有：①消费者的特点；②产品的特性；③企业自身的状况；④市场环境方面的因素。最终影响营销策略的则是营销成本和营销效益因素。

在商业计划书中，营销策略应包括以下内容：①市场机构和营销渠道的选择；②营销队伍和管理；③促销计划和广告策略；④价格决策。对创业企业来说，由于产品和企业的知名度低，因此很难进入其他企业已经稳定的销售渠道中去，企业可能采取高成本低效益的营销战略，如上门推销，大打商品广告，向批发商和零售商让利，或交给任何愿意经销的企业销售。对成熟企业来说，它一方面可以利用原来的销售渠道，另一方面也可以开发新的销售渠道以适应企业的发展。

有一家做保健品的企业，它的主要营销渠道是外包给直销公司（未取得直销牌照），该企业产品原本定价为每盒188元。经与直销公司协商后，该企业美化产品包装，将产品售价提高为988元，直销公司按销售额的50%提取销售费用等。当这家企业找到投资人谈融资时，投资人对该企业的经营理念不认可，更不能容忍未取得直销牌照的公司的做法。所以，投资人考察企业是全方位的。

（六）生产制造计划

商业计划书中的生产制造计划应包括以下内容：产品制造和技术设备现状，新产品投产计划，技术提升和设备更新的要求，质量控制和质量改进计划。

在寻求资金的过程中，为了增大企业在投资前的评估价值，企业家应尽量使生产制造计划更加详细、可靠。一般地，生产制造计划应回答以下问题：企业生产制造所需的厂房、设备情况如何；怎样保证新产品在进入规模生产时的稳定性和可靠性；设备的引进和安装情况如何，谁是供应商；生产线的设计与产品组装是怎样的；供货者的前置期和资源的需求量；生产周期标准的制定以及生产作业计划的编制；物料需求计划及其保证措施；质量控制的方法是怎样的；相关的其他问题。

（七）财务规划

财务规划中需要花费较多的精力来做具体模块分析，并且从财务管理专业的角度着手会比较具有逻辑性，其中包括现金流量表、资产负债表以及利润表的编制。流动资金是企业的生命线，因此企业在初创或扩张时，对流动资金需要有预先周详的计划和进行过程中的严格控制；资产负债表则反映企业在某一时刻的资产结构、负债结构和所有者权益的状况，投资者可以用资产负债表中的数据得到的比率指标来衡量企业的经营状况以及可能的投资回报率；利润表反映的是企业的收入、成本费用和最终利润形成的状况，它是企业在一段时间运作后的经营结果。

财务规划一般要包括以下内容：商业计划书的条件假设，预计的资产负债表，预计的利润表，现金收支分析，资金的来源和使用。

确切地说，一份商业计划书概括地提出了在筹资过程中企业需要做的事情，而财务规划则是对商业计划书的支持和说明。因此，一份好的财务规划对评估企业所需的资金数量，提高企业取得资金的可能性是十分关键的。如果财务规划准备得不好，会给投资人以企业管理人员缺乏经验或不太重视财务管理和分析工作的印象，这会降低企业的评估价值，同时也会增加企业的经营风险。

那么，如何制定财务规划呢？这首先要取决于企业的远景规划是为一个新市场创造一个新产品，还是进入一个财务信息较多的已有市场。

如果是着眼于一项新技术或创新产品的创业企业，它不可能参考现有市场的数据、价格和营销方式。例如，1999年阿里巴巴进入互联网电商行业时，该种商业模式在中国属史无前例，它只能参考国外电商的相关数据和我国人口数量、人均消费能力、潜在的商家数量等进行预测与分析。因此，创业者要自己预测所进入市场的成长速度和经营收益，并把自己的设想、管理队伍和财务模型推销给投资人。而如果是准备进入一个已有市场的企业，那么它可以很容易地说明整个市场的规模和改进方式。企业可以在获得目标市场信息的基础上，对企业下一年的销售规模进行规划。

企业的财务规划应保证和商业计划书的假设相一致。事实上，财务规划和企业的生产计划、人力资源计划、营销计划等都是密不可分的。要想完成财务规划，必须明确下列问题：产品在每一个期间的发出量有多大，什么时候开始产品线扩张，每件产品的生产费用是多少，每件产品的定价是多少，使用什么分销渠道，所预期的成本和利润是多少，需要雇用哪几种类型的人，雇用何时开始，工资预算是多少，等等。

二、站在投资人的角度审阅你的商业计划书

在商业计划书写完之后，企业负责人最好站在投资人的角度检查一下计划书，看一下该计划书是否能准确回答投资人的疑问，争取投资人对本企业的信心。通常，可以从以下几个方面对计划书加以检查。

（1）你的商业计划书是否显示出你具有管理公司的经验或能力。如果你自己缺乏管理公司的能力，那么一定要明确地说明，你已经或即将招聘一位职业经理人和你一起管理你的公司。

曾经有一位海归在北京中关村创业，他带着国外先进的蔬菜水果保鲜技术，准备在国内研发与推广。该项目引起了中关村管委会的重视，管委会一次性奖励该公司 10 万元创业基金、免租 2 年 150 平方米的办公场地，同时在大小招商活动中积极推广。该公司首先吸引了一位美籍华侨 100 万美元的天使投资，在接下来的 2 年时间里先后有 20 多家国内外投资机构到访考察，但接触 1～2 次，谈过一些最基本的公司目标与发展等话题后，投资人都委婉地拒绝了。其主要原因是投资人对该创业者失去了信心，认为他既不懂经营管理，又不善于合作，更不注重人才选用⋯⋯

（2）你的商业计划书是否显示了你有能力偿还借款。要保证给预期的投资者提供一份完整的包含资产负债率、流动比率、速动比率等体现偿还能力的分析指标的财务规划。

（3）你的商业计划书是否显示出你已站在一定高度进行过认真而完整的市场分析。要让投资者坚信你在计划书中阐明的产品需求量是确实的。

有些创业者在进行市场分析时过于笼统地估计，比如"中国有 14 亿人口，每个人每年消费一盒我们公司的产品（单价 100 元），一年的销售额就是 1000 多亿

元";也有的创业者视角有限,过于保守,比如"我们县某某公司经营了30多年,去年销售额是2000万元,我们计划在未来3年内销售额达到1000万元,5年内赶超某某公司"。在这里我们暂时不考虑它们的行业、区域、产品技术与类别等因素,单从市场分析的角度看问题,如果你是投资人,面对这样两位创业者你会有什么样的感觉呢?

(4)你的商业计划书是否容易被投资人所领会。商业计划书应该备有索引和目录,以便投资者可以较容易地查阅各个章节。此外,还应保证目录中的信息流是有逻辑的和现实的。

(5)你的商业计划书中是否有计划摘要并放在了最前面。一篇文章的开头部分很重要,商业计划书也不例外。商业计划书摘要就是商业计划书的开头部分,是商业计划书的精华,反映商业活动的全貌,是全部计划书的核心之所在,是风险投资人首先要看到的内容。看完商业计划书的开头部分必须让投资人能够对当前的项目有一个大致的了解,并能够引起他们足够的兴趣,使他们渴望得到更多的信息。篇幅一般控制在2000字左右。

(6)你的商业计划书是否在文法上全部正确。如果你不能保证,那么最好请人帮你检查一下。计划书的拼写错误和排印错误会很快使创业者丧失机会。

(7)你的商业计划书能否打消投资人对产品或服务的疑虑。如果需要,你可以准备一件产品模型。

商业计划书中的各个方面都会对筹资的成功与否有影响。因此,如果你对你的商业计划书缺乏信心,那么最好去查阅一下计划书编写指南或向专门的顾问请教。

三、商业计划书的写作技巧

(1)不依赖模板。很多人写商业计划书都是从网上搜一个标准的模板,然后改几个数据就将其发给投资人了,其实这种行为对自己很不负责任。因为你必须相信你的项目,一个好的故事必须有它自己独特的叙述思路和呈现方法,所以一味地套用模板并不可取。但是如果你从未见过商业计划书,确实不知道从何下笔,可以借助商业计划书的模板带给你一些启发。

(2)呈现要点。一般初创企业的商业计划书需要包括用户需求、产品功能、市场空间、竞争分析、发展策略、团队、业务增长和财务预测等。

（3）突出团队。对于早期公司来说，最可推销的是公司的团队。好的团队对于早期创业公司来说一定是最加分的项。这里的"好"包括你之前的从业经历，带过多少人的团队，做过什么样的产品，整体团队的基因以及整个团队的士气与活力如何。

（4）不花言巧语。投资人因为时间有限，所以需要花时间挑重点的商业计划书。一份好的商业计划书一定要少用描述性语言，多提要点和关键词。

（5）用好数字。投资人最喜欢看的就是数字和图表，如果你的数字和图表全都处在良好的上升通道上，那很可能在短时间内吸引投资人。

（6）寻找对标企业。中国的创业者如果能用一些国外企业来对比，阐述自己的项目，往往会更容易获得投资人的注意，因为国外有很多可供参考的商业模式已经被验证。比如百度被称为中国的 Google，人人网被称为中国的 Facebook，微博被称为中国的 Twitter，美团被称为中国的 Groupon，等等。如果你有更进一步的探索，可以不是简单的对标，以 A+B 的模式，也能吸引投资人。比如大众点评被称为 Tripadviser+Groupon+×××，类似的案例可以参考。这样讲故事会比较易懂，投资人也会更加信服。

（7）实事求是。很多商业计划书上会写"目前市场有多少用户，如果每人都装我们的 App，我们就有多少用户……"，或者"预计明年收入 100 万元，后年收入 1000 万元，第三年上市"等不切实际的幻想，这些对于投资人来讲毫无意义，而且他们很讨厌这些荒唐的数据。

四、撰写商业计划书应注意的问题

（1）商业计划书开篇应有一定篇幅提纲挈领式的说明，说明企业的业务风格并对企业主要管理者进行详细介绍。对投资人来说，企业团队的选择非常重要，因此，在计划书中一定要把他们吸引人的地方写出来，内容要全面。这些内容具体包括管理者的年龄结构、学历层次、业务能力、处事风格、业绩简历等。总之，要把一个有效率、有能力、值得信赖的管理者团队呈现在投资人面前。

（2）商业计划书中应专门用一章的篇幅做目标市场分析，向投资人说明企业要向特定市场提供什么样的产品或者服务。分析应该具体，易于理解。在做完这些介绍后，企业还应该说明两点：一是跟同一市场里其他竞争对手相比，你的竞争优势在哪里；二是市场的营销策略，即你准备怎么去销售你的产品或服务。

（3）企业财务分析要精确。比如，企业要融100万美元，那么这些资金企业准备用多长时间，怎么分配，企业什么时候会有收入，收入在一两年之内将是什么样，都要写清楚。另外，在商业计划书中还要向投资人介绍企业的投资需求和股权结构。

（4）避免过度包装商业计划书。商业计划书的作用固然重要，但它仍然只是一块敲门砖，并不能保证你最终获得投资。因此过度地对项目包装是无益的，企业仍应该在盈利模式打造、现场管理、企业市场开拓、技术研发等方面下硬功夫，否则将错失良机。

（5）商业计划书格式趋于灵活。商业计划书固然有很多约定俗成的格式，但很多投资人在实际运作中直接关注几个关键点，因此企业在组织撰写商业计划书的过程中，不要过分拘泥于固定的格式，应该把企业的优势和劣势都明确告知投资人。

第三节　商业计划书纲要

考虑到一些刚刚创业或以前从未接触过商业计划书的中小企业的实际困难，本节内容提供一份参考资料，这是商业计划书的常规范本，企业一定要安排适宜人员，认真撰写。

第一部分　摘要（整个计划的概况，文字在2000字左右）
（一）公司简介
（二）公司的宗旨和目标（市场目标和财务目标）
（三）公司目前的股权结构
（四）已投入的资金及用途
（五）公司目前主要产品或服务介绍
（六）生产概况和营销策略
（七）主营业务部门及业绩简介
（八）核心经营团队
（九）公司优势说明
（十）目前公司为实现目标的增资需求（原因、数量、方式、用途、

偿还方式)

(十一) 融资方案 (资金筹措及投资方式)

(十二) 财务分析

1. 财务历史数据 (前3~5年销售汇总、利润、成长)

2. 财务预测 (后3~5年)

3. 资产负债情况

第二部分　综述 (核心内容)

第一章　公司介绍

一、公司的宗旨 (公司使命的描述)

二、公司介绍资料

三、各部门职能和经营目标

四、公司管理

1. 董事会

2. 经营团队

3. 外部支持 (外聘人士、会计师事务所、顾问事务所、技术支持、行业协会等)

第二章　产品与技术

一、技术描述

二、产品状况

1. 主要产品目录 (分类、名称、规格、型号、价格等)

2. 产品特性

3. 正在开发、待开发产品简介

4. 研发计划及时间表

5. 知识产权策略

6. 无形资产 (商标、知识产权、专利等)

三、产品生产

1. 资源及原材料供应

2. 现有生产条件和生产能力

3. 扩建设施、要求及成本，扩建后的生产能力

4. 原有主要设备及添置设备

5. 产品标准、质检和生产成本控制

6. 包装与储运

第三章　市场分析

一、市场规模、市场结构与划分

二、目标市场的设定

三、产品消费群体、消费方式、消费习惯及影响市场的主要因素分析

四、目前公司产品市场状况、产品所处市场发展阶段（空白、新开发、高成长、成熟、饱和）、产品排名及品牌

五、市场趋势预测和市场机会

六、行业政策

第四章　竞争分析

一、有无行业垄断

二、从市场细分看竞争者市场份额

三、主要竞争对手情况：公司实力、产品情况（种类、价位、特点、包装、营销、市场占有率等）

四、潜在竞争对手情况和市场变化分析

五、公司产品竞争优势

第五章　市场营销

一、概述营销计划（区域、方式、渠道、预估目标、份额）

二、销售政策的制定（以往、现行、计划）

三、销售渠道、方式、行销环节和售后服务

四、主要业务关系状况（代销商、经销商、直销商、零售商、加盟者），各级资格认定标准政策（销售量、回款期限、付款方式、应收账款、货运方式、折扣政策等）

五、销售队伍情况及销售福利分配政策

六、促销和市场渗透（方式及安排、预算）

1. 主要促销方式

2. 广告与公关策略、媒体评估

七、产品价格方案

1. 定价依据和价格结构

2. 预测价格变化因素和应对策略

八、销售资料统计和销售记录方式，销售周期计算

九、市场开发规划，销售目标（近期、中期），销售预估（3～5年销售额），占有率及计算依据

第六章　投资说明

一、资金需求说明（用量、期限）

二、资金使用计划及进度

三、投资形式

四、资本结构

五、回报或偿还计划

六、资本原负债结构说明（每笔债务的时间、条件、抵押、利息等）

七、投资抵押（是否有抵押、抵押品价值及定价依据、定价凭证）

八、投资担保（是否有担保、担保者财务报告）

九、吸纳投资后股权结构

十、股权成本

十一、投资者介入公司管理之相关说明

十二、报告（定期向投资者提供的报告和资金支出预算）

十三、杂费支付（是否支付中介人手续费）

第七章　投资报酬与退出

一、股权上市

二、股权转让

三、股权回购

四、股利

第八章　风险分析

一、资源（原材料、供应商）

二、市场及营销风险

三、技术及研发风险

四、生产不确定性风险

五、成本控制风险

六、竞争对手风险

七、政策风险

八、财务风险（应收账款、坏账）

九、管理风险（含人事、人员流动、关键雇员依赖）

十、破产风险

第九章　管理

一、公司组织结构

二、管理制度及劳动合同

三、人事计划（配备、招聘、培训、考核）

四、筹资、福利方案

五、股权分配和认股计划

第十章　经营预测

增资后3～5年公司销售数量、销售额、毛利率、成长率、投资报酬率预估及计算依据

第十一章　财务分析

一、财务分析说明

二、财务数据预测

1. 销售收入明细表

2. 成本费用明细表

3. 薪金水平明细表

4. 固定资产明细表

5. 资产负债表

6. 利润及利润分配明细表

7. 现金流量表

8. 财务指标分析

（1）反映财务盈利能力的指标

A. 财务内部收益表

B. 投资回收表

C. 财务净现值

D. 投资利润表

E. 投资利税表

F. 资本金利税表

G. 不确定性分析：盈亏平衡分析、敏感性分析、概率分析

（2）反映项目清偿能力的指标

A. 资产负债率

B. 流动比率

C. 速动比率

D. 固定资产投资借款偿还期

第三部分　附录（资料）

一、附件

1. 营业执照复印件
2. 董事会名单及简历
3. 主要经营团队名单及简历
4. 专业术语说明
5. 专利证书、生产许可证、鉴定证书等
6. 注册商标
7. 企业形象设计、宣传资料（标识设计、说明书、出版物、包装说明等）
8. 简报及报道
9. 场地租用证明
10. 工艺流程图
11. 产品市场成长预测图

二、附表

1. 主要产品目录
2. 主要客户名单
3. 主要供货商及经销商名单
4. 主要设备清单
5. 市场调查表
6. 预估分析表
7. 各种财务报表及财务估计表

第十一章
CHAPTER 11

融资路演

随着中国经济的迅猛发展，中小企业的融资活动也越来越活跃，融资路演活动在全国各地普遍开展。企业通过融资路演，充分展示产品性能、工艺技术及科技成果、企业竞争优势、未来发展规划、运营团队实力等，促进投资者与企业之间的沟通与交流。融资路演的目的在于，可以同时让多个投资人很认真地倾听企业的讲解和说明，引起投资人的关注，并就其所关心的问题及时给予解答，以便达到快速融资的效果。

有些企业高管向我倾诉："我们企业整体运营情况很不错，可在融资路演上却不能引起投资人的足够关注。"分析其原因，无外乎融资路演准备不到位，包括路演内容、形式、演讲技巧等方面。本章将重点介绍路演准备工作、融资路演技巧、路演分类，以及如何降低投融资对接中的阻力等实操方法。

基础知识

（一）盈利预测

盈利预测是指预测主体在合理的预测假设和预测基准的前提下，对未来会计期间的利润总额、净利润、每股收益、市盈率等重要财务事项做出的预计和测算。

（二）会计期间

会计期间是指在会计工作中，为核算经营活动或预算执行情况所规定的起讫期间。会计期间主要是确定会计年度，会计年度也称财政年度、预算年度。《中华人民共和国会计法》第八条规定：会计年度自公历1月1日起至12月31日止。会计年度根据各国的不同情况而定：可以采用历年制，即日历年制，从每年1月1日起至12月31日止为一个会计年度；也可以采用7月制，从每年7月1日起至下年6月30日止为一个会计年度；还有采用4月制的，从每年4月1日起至下年3月31日止为一个会计年度。会计年度确定之后，一般还要确定会计月度和季度。

（三）私募股权基金

私募股权基金是指专业从事股权投资的基金，主要投资非上市公司股权或上市公司非公开交易股权两种。它追求的不是股权收益，而是通过上市、管理层收购和并购等股权转让路径出售股权而获利。国内私募股权基金退出，一般而言有如下四种方式：境内外资本市场公开上市，股权转让，将目标企业分拆出售，清算。

第一节　路演目的及其技巧

企业的路演活动往往具有不同的目的，有的是为了销售，有的是为了招商，有的是为了融资。路演目的不同，路演方式、路演技巧等也不同。

一、路演目的

（一）路演概述

路演是指企业在公共场所向目标人群进行演说、产品演示、理念推介，向他人推广自己的公司、团体、产品、商业模式等，最终达到招商、融资或品牌推广等目的。

路演最初是国际上广泛采用的证券发行推广方式，指证券发行商通过投资银行家或者证券承销商帮助，在初级市场上发行证券前针对机构投资者进行的推介活动。它是在投资、融资双方充分交流的条件下促进股票成功发行的重要推介、宣传手段，能促进投资者与股票发行人之间的沟通和交流，以保证股票的顺利发行，并有助于提高股票潜在的价值。

路演的主要形式是举行推介会，在推介会上，公司向投资者就公司的业绩、产品、发展方向等做详细介绍,充分阐述公司的投资价值,让准投资者们深入了解具体情况,并回答机构投资者关心的问题。随着网络技术的发展,这种传统的路演同时被搬到了互联网上,出现了网上路演,即借助互联网的力量来推广。网上路演现已成为拟上市公司展示自我的重要平台、推广股票的重要方式。

路演这一新型宣传推广模式在中国刚一出现不仅得到了拟上市公司、券商、投资者的青睐,也引起了其他企业的广泛关注和浓厚兴趣。这些企业效仿证券业的路演方式来宣传推广自己的产品,形成时下盛行的企业"路演"。路演不仅被企业成功地移用,其概念和内涵也已被改变和延伸,成为包括新闻发布会、产品发布会、产品展示、产品试用、优惠热卖等多项内容的现场活动。现在很多企业的产品或服务都开始积极采用路演的形式,通过和消费者面对面的交流来宣传推广。因此,路演逐渐演变为一种招商行为,即在路演的过程中,除了要进行宣传、现场销售(主要面对消费者),还增加了一个新目的,那就是要引起目标商家(目标经销商)的注意,企业通过对自己产品和销售方法的展示,引起目标商家的兴趣,并最终认可。此时的路演不仅是为了宣传和销售,而且要达到招到经销商的目的。

融资路演是指企业为了寻找资本,在投融资对接专场活动中,向投资者介绍公司的团队、产品、技术、发展目标等,并回答机构投资者关心的问题,以实现融资目的。

通常情况下,投资人每天看到的商业计划书和接触的项目很多,甚至有的投资人一天要阅读几十份项目计划书,初筛选项目往往只能凭借一些市场份额、盈利水平等硬性指标,很难了解项目的精彩之处,因此很多优质的企业与投资人擦肩而过。融资路演可以让投资人在舒适的环境里,在企业家声情并茂的展示下,真正读懂企业的项目,从而做出更为准确的判断。特别对于一些技术性强的项目,更能减少出现投资人看不懂和不理解项目的情况。企业可以通过自己的精辟讲解和与投资人之间的交流,使自己的项目与投资人快速对接,减少融资路上走的弯路。

(二)路演的目的

作为融资企业,路演的目的无非促进投资者与项目企业之间的沟通和交流,以保证企业顺利融资。

在海外股票市场,股票发行人和承销商要根据路演的情况实现以下目的。

(1)查明策略投资者的需求情况,由此决定发行量、发行价和发行时机,保证重点销售。

（2）使策略投资者了解发行人的情况，做出价格判断；利用销售计划，形成投资者之间的竞争，最大限度地提高评估价格。

（3）为发行人与策略投资者保持关系打下基础。

那么，广大中小企业应如何成功参与融资路演活动，又该如何准备路演材料、充分展示企业实力并高效获得投资人的青睐呢？下面将介绍融资路演的一些方法和技巧。

二、融资路演方法与技巧

我国改革开放至今已经40多年了，企业的经营与管理水平大幅提升，甚至有些中小企业已经逐渐成长为国际化的大型企业。就路演而言，它已经不仅仅是为了销售产品、业务招商、发行新股而进行的推介活动，资本市场也日渐盛行企业和项目路演。在中小企业融资过程中，路演已经成为一种必要的宣传、推介手段。企业可以通过这种方式很好地展现自己，跟投资人直接交流。然而，路演是一个系统工程，这个过程中需要企业做好充足的准备，比如商业计划书的制作、演讲人的挑选、路演场合的匹配选择，等等。本节总结了中小企业融资路演的8个技巧，供大家参考。

（一）认真准备路演材料

商业计划书是对企业商业活动的规划，内容比较充实完整，从头到尾展示企业的商业逻辑。路演材料是根据商业计划书的内容高度提炼和浓缩的15～20页的PPT演讲稿。

路演一般有时间限制，不同类型的路演给每个企业5～20分钟不等的展示时间。企业一定要注意，要根据路演的不同类型来制作自己的路演材料。

有些企业老板，在一些商务活动中似乎对自己的公司很清楚，夸夸其谈，但在一些投融资对接会上面对投资人提出的问题时却语无伦次，甚至答非所问。为什么呢？一方面是一时紧张，更主要的是没有做好充分准备，特别是没有按照商业计划书的内容准备路演材料，甚至在投资人提到一些常用的财务、金融和投资专业术语时企业老板也感觉难以应答。所以，应提前准备好路演材料，并完全熟悉和理解其内容，对有些专业术语不必精通，能理解其意思就好，可以用通俗易懂的语言回答。条理清晰、思维缜密、富有逻辑性的路演材料都会得到投资人的肯定。

一份适当的融资路演 PPT 不只是给投资人看的,还是给企业家自己看的,通过一份商业计划书梳理企业的过去、现在、未来是非常有必要的。融资路演 PPT 是演讲人的一个辅助工具,不需要把所有内容都放上去,选择每一部分具有代表性的关键词句、直观的图片、统计数据等放到 PPT 上,越简洁明了越好。如果演讲时间允许,还可以加入短视频来配合展示。

一份优质的路演 PPT 应该图文并茂,篇幅控制在 15～20 页,内容上突出以下亮点。

1. 独特的产品优势

在 PPT 中,应指出产品的独特性、与同类产品比较的优势、适用领域或用户范围、谁会使用本企业的产品、为什么。演讲者应尽量用简单的词语来描述每件事,产品及其属性的定义应该非常明确。对产品的阐述,要让投资人感到:"噢,这种产品是多么神奇、多么令人鼓舞啊!"

2. 强大的竞争优势

PPT 演讲稿中,应简要分析竞争对手的情况,并从产品性能、技术领先性、商业运营模式、营销策略等方面充分展示本企业的竞争优势,要向投资者展示,顾客偏爱本企业产品的原因是本企业的产品质量好、送货迅速、定位适中和价格合适等。PPT 演讲稿的内容要让投资人相信,本企业不但是行业中的有力竞争者,将来还会是确定行业标准的领先者。PPT 演讲稿还应阐明竞争者给本企业带来的风险以及本企业所采取的对策。

3. 清晰的市场营销策略

主要的营销计划中应列出本企业打算开展广告、促销以及公共关系活动的地区,明确每一项活动的预算和收益。商业计划书中还应简述一下企业的销售策略是使用外面的销售代表还是使用内部职员,是使用专卖商、分销商还是使用特许商,以及企业将提供何种类型的销售培训等。

4. 周密的成本运营方案

要告诉投资者,企业的行动计划是无懈可击的。简要介绍:企业如何把产品推向市场;如何设计生产线;如何组装产品;企业生产需要哪些原料;企业拥有哪些生产资源，还需要什么生产资源；生产和设备的成本是多少；企业是买设备还是租赁设备。解释与产品组装、储存以及发送有关的固定成本和变动成本的情况。

5. 优秀的管理团队

把一种思想转化为一个成功的企业，其关键因素是一支强有力的管理队伍。要向投资者展示一支具有较高的专业技能、管理才能和多年工作经验的管理团队。管理者的职能是计划、组织、控制和指导公司实现目标的行动。"当投资新的行业时，你必须确保你找到了合适的创业团队。团队领袖是否具有带领团队的特质？他有没有商业头脑、判断力、人格魅力、担当、耐力、同理心、正直，以及乐观主义精神？"⊖

6. 财务情况与预测（历史财务数据、盈利预测、投资回报率），发展规划；融资计划（融资用途及资金需求）

（二）PPT上图表数据并茂，文字说明简单精准

路演的PPT一般以简单明了的图表、数据表达，辅助配以一些简短的总结性、强调性文字。切记不要附大段密密麻麻的文字，照本宣科。路演时，更多东西需要演讲人自己讲出来，而不是写在PPT上让投资人费劲地去看。例如，现在市场上经常会有各种互联网企业产品的发布会，这些发布会用的PPT的内容往往以图片或简短文字的形式展现，给人的感觉比较直观、有冲击力。用详细的数据，明确告诉投资人你所在行业的发展趋势、你和竞争对手的对比优势、你的历史财务情况和未来几年盈利预测，等等。在讲故事中融入数据说明，会更直接，效果更好。如果你的企业过去几年有很高的增长，那直接放上分析图表，这个增长趋势就能立刻引起投资人的兴趣。

（三）讲一个有逻辑、带感情的故事

路演更多的是表达、传递，像讲故事一样，把企业过去的、现在的、未来的成长故事讲给投资人听。故事能不能让人听懂、好不好听取决于演讲人能否把握好逻辑和感情。路演时，往往需要企业家亲自上阵，因为他对自己的企业最了解。但是大多数中小企业的创业者属于业务实干型，在融资演讲方面没有太多的经历

⊖ 威廉·德雷珀三世.创投帝国[M].任莉，张建宇，译.北京：人民邮电出版社，2018.

和经验，突然在一个正式的场合面对众多投资人难免会紧张，逻辑很容易就混乱了。讲故事不能只是讲，它是一个沟通、传递信息的过程，可能比你想象中要难，有专业人士提前指导、模拟演练多次后再参加路演会更好。

所处行业不同，逻辑的表达方式也不同。比如互联网企业，一般习惯先讲用户的痛点，就是我们通常所说的你为什么做，即你的产品或服务能解决用户的什么需求；然后是做什么，即你的产品或服务怎么解决这些痛点；再然后是你如何做，即你的产品或服务的商业模式、盈利模式；最后是谁来做，即团队配置。

一般传统企业，可能习惯先讲我们做的是什么，行业情况如何，这个市场空间有多大，我们的商业模式、战略规划是怎样的；最后再讲我们如何去实现盈利。

不管是新兴产业还是传统行业，只要能从某个角度把项目像一个有趣的故事讲出来去吸引投资人关注就达到效果了。

所谓带感情，是指演讲人一定要精神饱满，将企业精神、创业激情展现出来。演讲人不是从头到尾平铺直叙一件事情，而是一定要把故事讲得生动有趣。当然，所谓带感情演讲并不是上台举着拳头喊口号、发誓言之类的表演。讲故事除了直白的语言表达，还可以加入一些富有激情的肢体语言，甚至与投资者的简短互动。比如将你的产品在现场直接呈现给投资人，做一个小展示，投资人能现场体验最好，这样他们就会有切身的体会。例如，2008 年在苹果公司 MacBook Air 发布会上，乔布斯在台上从信封里把轻薄的笔记本电脑拿了出来，这一个简单的动作比千言万语更令人印象深刻。

有一次记者采访投资大咖孙正义，问他当年为什么会投资马云，孙正义的回答是"马云和他的 18 罗汉的创业激情打动了我"。

（四）选择最恰当的开头语

大家都很清楚，几乎在所有场合的发言，开头语都非常重要。能否吸引听众往往就看你开头三句话怎么讲。如果一开头就成功地吸引了听众，这时听众就很期待接下来的内容。如果你能一直牵引听众的思路跟着你走，你的演讲就成功了一半。

那么，在融资路演中如何开头呢？投资者对什么话题感兴趣呢？如果换位思考一下，这些问题就很容易找到答案了。

假如你作为投资人准备拿出 1000 万元投资一个创业项目，你是否期待寻找到一个好项目？那好项目的标准是什么样的呢？你一定希望：产品是消费者急需的，并且市场容量很大；技术是世界领先高新科技，研发团队也是独一无二的；创业团队成员都是勤劳智慧、富有激情、充满正能量的青年人；种子期培育时间短，创业当年产品大量上市；资本结构合理，资金周转速度快；投资效益显著，增长潜力惊人，未来5年内股票上市，获得80倍的投资回报……如果是这样的话，就不难想象融资路演的开头语应该怎样讲。下面举几个开头语的例子。

（1）在开始之前，首先允许我简单介绍一下我们的创始团队。（这样说的前提是，你的团队确实比较优秀，值得介绍。）

（2）我们公司目前的业务增长速度非常快，每个月能够赚到1万美元。（这样说的前提是这是真实情况，你的公司拥有足够强劲的发展牵引力。）

（3）我想直接向各位介绍我们的产品，它非常值得了解。（你的产品必须真的新颖，能够引起大家的兴趣。）

（五）说出痛点，讲出亮点

讲故事要有亮点，观众才喜欢听。如果企业的产品是切实解决用户的某些痛点、需求的，最好强调一下以引起投资者的关注。企业可以结合所在行业的特点来突出企业优势，可以从产品技术、核心团队、市场渠道、商业模式等来讲。比如在高科技行业，你的技术领先，比竞争对手强大，这就是最大的亮点。比如互联网企业，你的产品解决了用户的哪些痛点，是如何解决的，演讲人可以基于这两点尽情展示产品细节和独特价值，这就是你最大的亮点。

投资人对路演已经司空见惯，看过的项目不计其数，如果企业家能在路演最开始3～5分钟把自己企业的亮点提炼出来，吸引投资人眼球，那投资人对你整个项目的兴趣会大大提升。所以，路演中应留出时间集中讲解本项目可以解决的某个领域内一直以来解决不了的痛点问题，或突出强调本产品与同类产品相比存在哪些亮点。

（六）成为行业专家

作为企业家的你需要对行业有更多了解才足以打动投资人，投资人通常对各自关注的行业有比较全面的了解，但对于有些行业未必了解得那么透彻。一般路演时间比较短，所以不要一上来就谈产业概念、产业宏观形势等话题，要从行业发展的现状开始，比如整个供应链系统是否顺畅，你处于供应链的哪个位置，你的上下游企业有哪些，竞争的壁垒是什么，市场上有哪些竞争对手，你和他们的区别是什么，行业的利润率怎样。要让听的人感觉你就是行家，看得很明白，知道自己在做什么，也知道企业下一步该怎么做。

前面提到要对行业有所了解，如果身处行业数年，甚至数十年，路演者对行业应该有自己的理解和想法，这时展现一下你作为企业家的战略眼光，对你的路演绝对是加分项。你对行业了解得越多，就会越有底气，投资人问任何行业相关的问题，都不至于让你尴尬得答不上来。

（七）呈现出一个有实力的团队

投资人不只关注你的企业，还关注做企业的人。一般的投资，投企业其实就是投人。

一个融资案例中，投资人在跟企业交流时说："技术问题我们不太懂，相信你们的技术研发能力是很强大的，更相信创始人和他的团队在行业内踏踏实实专注了20年的经历。非常认同你们的商业计划书和公司的长远发展规划，这也是最后促成投资的关键因素。"所以呈现出一个有实力的团队对企业融资是至关重要的。在路演时，演讲人要尽可能突出团队的优势，可能没有太多时间去细讲每一个团队成员的背景、从业经历，那么就把最核心的与企业竞争力紧密相连的2～3个人物介绍一下，再列举几件突出事迹，这足以打动投资人了。不要简单罗列公司人员构成或者直接把简历粘上去，然后对着PPT念，要将简单的图、词句呈现到PPT中，更多靠演讲去给投资人讲故事。

（八）要实事求是，不狂妄自大

路演是展示你的企业，但上台演讲的人也代表了企业形象。路演过程中要始终保持谦虚谨慎，不骄不躁，言辞适当，行为得体。

关于技术：有些演讲人喜欢说"第一""全球领先"，即使你真是全球第一，也别这么说，最好谦虚点儿说能达到目前全球领先水平。千万别小看投资人的能力，既然他会关注你，一定是了解你的行业的，甚至有可能曾经调研过同行业的其他项目。

关于竞争对手：不要轻易说没有对手，有可能你的视野不够宽，其实你的竞争对手作为隐形冠军已经很多年了。即使有相关资料或权威机构发布的资讯能够证明你所做的产品史无前例,你也要严谨地说据某某权威机构发布,到目前为止还没有同样产品的生产企业。

关于资金:最好别说你万事俱备,只欠东风。如果东风来了,同时也下起了暴雨,火烧曹公的计划不也就破灭了吗?你要告诉投资人,市场形势瞬息万变,你们做好了所有准备,包括应对突发事件。但是也要委婉地、留有余地地说项目风险还是有的,只不过失败的概率很低。这样,投资人会觉得那是正常的,而你严谨且理性的态度也给对方留下了极好的印象。你要让投资人感觉到如果本轮融资成功,公司将会在发展中登上新的台阶,为未来跨入行业前列奠定良好基础。所以,在路演中要把你的融资计划讲清楚,你可以说目前公司发展中的困难,需要链接哪些资源,需要总投入多少,公司自筹了多少资金,缺口资金是多少,资金的主要用途是什么,未来现金流计划等。

关于目标:千万别说你要成为下一个谁,你要成为行业第一这种不切实际的话。公司要有发展目标,但必须是客观的、理性的和通过努力基本可以实现的,而不是吹牛、喊口号。

关于情怀:投资人听过太多了,这一部分可以放在以后的尽调中去聊,毕竟投资人的目的是要通过投资获得回报,而不是来做慈善或友情赞助的。

第二节　路演类型

路演的分类方法有很多种。如果从形式上划分,路演可分为线下项目路演和线上项目路演。线下项目路演主要通过活动专场对投资人进行面对面的演讲以及与之交流;线上项目路演主要是通过在线视频、微信群或QQ群等互联网方式对项目进行演示和讲解。线上路演现已成为新三板挂牌企业或沪深上市公司展示自我的重要平台,推广股票发行的重要方式。如果从区域上划分,可分为国内路演与海外路演。如果从内容上划分,可分为融资路演、招商路演、业绩说明会、新产品发布会、调研沟通会、重大事件说明会、新三板挂牌路演等。

近年来,我国企业路演常见的分类为参观型路演、活动型路演和现场展示型路演。

一、参观型路演

参观型路演指邀请投资人到企业内部来参观,让投资人从参观企业的过程中感受到公司的文化、产品特点、市场状况、行业地位、技术领先程度等,从而产生投资的兴趣。参观型路演的最大特点是聚沙成塔,这是促进融资的最好路演方式。但是,这样的路演需要企业具备一定的特质,不是每个企业都能操控的。

参观型路演企业必须具备两大特质:一是具备领袖的特质。也就是说这个企业必须在行业内具备一定的名气和影响力,因为这样投资人才会愿意接受企业的邀请去企业内部参观。二是具有极强的创新能力。也就是企业要有可以被别人学习的东西。

有些中小企业产品质量好,技术领先,销售渠道畅通甚至部分产品销往东南亚或欧洲市场,但由于不善于宣传和推介自己,因此知名度不高,只是默默地在某个领域耕耘。当这类企业想要融资时,一开始肯定不被投资人重视,如果没有什么重量级人物引荐的话,恐怕都请不来投资人。所以,作为发展中的企业要经常发声,在一些报纸、杂志、行业活动中分享本企业的文化、理念或成长中的喜悦。

二、活动型路演

活动型路演指通过举办各种活动来吸引投资人,比如新产品发布会、战略合作签约仪式、业绩发布会、招商大会和周年庆典等。这种类型的路演需要企业花大量的时间和精力,但在短时间内却看不出什么收益。虽然这种路演的收益是滞后型的,但它的社会影响力会越来越大。企业通过各种活动向投资人展示企业的魅力,给投资人提供充分了解和考察企业的机会,也会大大增加企业获得投资的概率。

要做活动型路演,企业必须具备以下三种特质。

(1)教育能力。它是指企业的文化和精神能在多次的活动交流中对投资人起到潜移默化影响的能力,让投资人在无形中认可企业的文化。

(2)分享能力。有教育能力还不够,还需具备分享能力,因为企业只有把自己的优势分享出去,才能被更多的人看到。

(3)分享精神。具备了教育能力和分享能力,还需具备分享精神。企业只有主动分享出自己的优势,投资人才能主动投资你。

三、现场展示型路演

现场展示型路演是让企业和投资人直接对接,它往往是由政府部门或中介机构组织的投融资对接会,这种对接会的好处是便捷,而且成功率极高。

投资人有一种投资叫作"对接投资",对接投资的直接作用是让企业与投资人心交心,促使投资当场发生。如果企业无法与投资人面对面、心交心地谈论,而是通过他人转述,效果就会大打折扣,而现场展示型路演是对接资本最好的方式。

为了现场对接成功率高一些,融资企业应提前做好准备。要做现场展示型路演,企业需要具有三个条件。

1. 完善的路演系统和路演线路图

由于这种现场展示型路演很多时候不止一场,大多需要开展多场,因此一个完善的路演系统和线路图就变得非常重要。

2. 有好的平台作为支撑

这种大型、长时间的路演如果没有平台作为支撑是很容易出现错误的。有大平台支撑就能有一定的安全保障,同时,企业也可借助大平台的名气吸引更多的投资人。有些地方政府已经为当地企业提供了类似平台,如下面这篇新闻报道中的做法。

贵阳网(贵阳日报)2018年9月1日报道,贵阳高新区创业服务中心为进一步激发创新创业活力,促进科技型企业与资本深度对接,贵阳第四届创客嘉年华活动期间,特邀请贵州国全创业投资管理有限公司举办"一带一路"创投一对一携手中国好项目融资路演活动。此次路演从全国各地筛选了47个优秀创新创业项目,涉及互联网、大健康、大数据、人工智能等领域。项目团队面对线上和线下的数十家专业投资机构进行实战路演,现场有5个项目与投资机构签约。

贵阳高新区创业服务中心相关负责人介绍,今后将继续以"搭平台""设桥梁""牵纽带"等形式为企业创造直接融资的环境,掀起"双创"热潮。

3. 精准对接

现场展示型路演的听众席上坐的基本是投资人和评委,因此,企业要在很短的时间内最精准地阐述、展示出企业或产品最有优势的地方。可以借助PPT、影像工具帮助企业表达得更精准快速。一旦投资人找到了理想的项目就会当场签订意向协议。

一般情况下，现场展示型路演至少要通过三个环节来完成。

（1）阐述。路演企业代表上台图文并茂地向投资人阐述企业项目。

（2）问答。路演现场会有问答环节，投资人对所关注而不够清楚的问题进行提问，项目方就此解答。

（3）意向签约。现场有准备好的签约合同，如果投资人有投资意愿，现场就可以直接进行签约。

第三节　路演活动中的常见问题

一、选择什么人上台演讲

企业家自己上台是最好的选择，不管企业处于哪个发展阶段，都建议由企业家本人来进行路演展示。作为企业的核心人物，创始人是企业的灵魂，把握着企业的发展方向。大多数中小企业的企业家同时也是创始人，他们一手将企业创办起来，对于像孩子一样培育起来的企业，他们是最懂的，最有体会的，最有感情的。企业创立的渊源、发展的历程跟企业家紧密相关。有些企业家不善言谈表达，这就需要在路演前进行多轮演练，尤其是第一次路演。拟定的故事逻辑已经有了，演绎只是一种形式。最打动人的往往不是那些在台上夸夸其谈的人，而是那些懂专业又务实的人。

当然，如果企业家特别不善表达或普通话很差的话，那还是不要上台为好。可想而知当听众席上的人听不懂你的话语时，会是什么样的效果。

二、路演应做哪些准备工作

融资路演前，应充分做好如下准备工作。

（1）准备一份清晰简洁的路演材料，即PPT演讲稿。尽量用简单的图表代替文字，避免出现密密麻麻的文字。

（2）如果创始人不擅长演讲，可以让合伙人或部下做项目展示。

（3）熟悉公司的运营状况和财务指标。

（4）提前了解投资人的偏好和投资领域。

（5）按照商业计划书的内容选择重点，列出大纲，梳理观点，安排路演中每部分需要花费的时间。

（6）提前准备好投资人可能会问的问题的答案。

（7）提前演练，严控时间，在给定的时间内将项目介绍完整。

三、选择什么样的投资人

一个好项目成功地路演后，往往会在路演现场产生多个投资人蜂拥而至的效果。这个时候项目方就面临选择什么样的投资人的问题。

在投融资交易中，投资人往往千挑万选地找好项目、好的经营团队，以确保投资获得预期收益。但作为融资企业无论怎么急需资金，都要认真考察投资人，有选择地合作，因为一旦合作签约，就意味着投资人是企业的股东，要享受股东的权利和投资人事先讲好的特有权利。要特别谨慎与那些急着拿到收益的投资人合作。如果你从个人手中借到5万美元，这已经算是一笔巨款了。在这种情况下，如果你的公司出了问题，损失了这笔钱，那对方肯定会非常不高兴或对你产生不满，甚至希望你卖房子还款。而正规机构投资人的想法就不一样了，对于它们来说，你公司的各种资源和团队智慧用到公司的经营和管理上，它们的收益就有了来源。从长远角度出发，它们希望你最好调整经营策略、改善企业管理、提高经营收益，它们甚至会帮助推荐人才，牵线搭桥介绍一些有关联的企业参与合作等，以保证所投资金能够获得预期回报。所以，企业在经营过程中出现的一些小错误和小失败，它们也就能够接受了。

四、怎样接触投资人

千万不要毫无征兆地登门拜访投资人，他们非常讨厌这种行为。即使你提前发了邮件，但在未经沟通预约见面之前不要这么做。这不仅不会起到什么作用，还会给他们留下一个比较糟糕的印象。

那么，应该怎么做呢？最好的办法就是，充分利用政府中小企业服务机构、金融机构、投融资咨询机构、社交网络平台等，通过彼此都认识的中间人帮忙引荐。如果中间人不愿意帮你引荐，那可能就说明你的产品存在问题，或者至少说明它没那么有吸引力。在这种情况下，你一定要向他们问清楚究竟为什么对你的项目不感兴趣，为什么不能作为中间人帮你引荐，以便你今后提高企业管理水平，补充完善融资所需条件等。

另外，虽然融资路演活动的确能够产生作用，但在同一个城市或区域内也不能太过频繁地进行路演，因为投资人会想："如果某一团队及其创意足够优秀，那早就在之前的活动中被其他公司签走了。可如果在许多次活动之后，他们还是没能顺利找到感兴趣的人，那肯定是其团队或者产品存在一定的问题。"

五、投资人经常会问哪些问题

在接触投资人之前，要充分做好回答各种问题的准备，由于投资人所站的角度不同，可能所关注的内容也不同。大多数投资人普遍会问及如下问题。

（1）与你存在直接竞争关系的主要企业有哪些？
（2）请描述一下你的公司在行业中所处的地位。
（3）你的销售方式如何？通过什么途径来评估自己的业务表现？
（4）采用哪些措施来鼓励消费者购买你的产品和服务？
（5）如何进一步完善你的网站？
（6）为什么与你提供的产品和服务相比，消费者更加倾向于购买竞争对手的产品和服务？
（7）为什么你的定价模式与其他公司不同？
（8）通过哪些方法让自己的市场表现优于其他公司？
（9）现阶段市场的发展趋势如何？有没有什么机遇是可以先于其他公司直接把握并且加以利用的？
（10）你用哪种战术应对市场竞争？
（11）你考虑过投资人退出模式吗？

六、如何减少投融资对接中的阻力

大家都说，美国投资人在投资时喜欢冲在最前面，而欧洲投资人则因为厌恶风险，总是在别人先冲进去之后再参与进来。我们现在假设一种最为糟糕的情况，也就是说你所遇到的是第二种厌恶风险的欧洲投资人。那么，你如何才能够顺利说服他们，得到他们的支持呢？

首先，你需要认真思考投资人可能提出问题的答案，在自己心里打好草稿。用一份质量优良的融资演讲稿进行自我介绍，尽量争取到见面的机会，以便向投资人展示你对未来发展规划的诸多看法。

在会面过程中，你需要明确介绍自己的筹资目标金额，以及对于所筹资金如何进行分配的问题。等到会面快要结束时，再问他们是否愿意投资。如果他们不愿意投资，那你最好问清楚不愿意的原因。不仅如此，你还要搞清楚自己需要改进的地方，问问他们如果你可以对产品进行完善或者加强公司发展牵引力，是否还有机会再向他们进行介绍并且拿到投资。要知道，有的时候，投资人不是对你的产品和表现不满意，而可能是对团队中的某个人的能力不满意，所以把这个人换掉之后，你就能顺利拿到投资了。

而如果投资人当时就说，愿意给你提供全额投资，那就再好不过了。在与他们协商好所有的细节条款之后，你需要每个月向他们提交一次更新后的资金使用和业务发展报告。有些投资人的确是有投资的意愿，但是只想投资一部分，那也是好事。一般情况下，他们会根据参与同一轮融资的其他投资人，来决定自己到底拿出来多少钱给你投资。所以这个时候，你就必须开始新一次的融资演讲了，尽力去争取其他投资人。

融资是一件非常耗费时间的事情，万一你的融资方式出现了错误，那很可能会将公司推向深渊。如果你已经决定要进行融资，那最好以最正确的方式和最快的速度完成融资，之后将注意力重新放回到公司的管理和运营上。

七、路演的禁忌

（1）面面俱到。因为时间有限，所以要分清主次。非主要内容只需要用一两句话介绍，点到即止，但也不能省略，因为它们同样重要。

（2）根本性的错误。即对市场或方向判断错误。

（3）现场演示。现场演示耗费时间，但可以告诉听众在会场内什么位置有演示柜台。

（4）过多地使用专业术语。投资人也分传统企业出身和新兴的投资机构出身，每个投资人都有自己擅长和不擅长的领域，过多地使用专业术语会阻碍投资人快速理解项目和做出判断。

第十二章
CHAPTER12

融资风险控制

企业在筹资、投资和生产经营活动各环节中无不承担一定程度的风险。融资活动是企业生产经营活动的起点。一般企业筹集资金，主要是为了扩大产能或市场，提高生产效率和经济效益，推动企业在竞争中稳健发展。企业的筹资活动必然会增加资金使用成本，由于企业资金利润率和资金成本率都具有不确定性，因此企业资金利润率可能高于或低于融资成本率。如果企业决策正确，管理有效，就可以实现其经营目标，即资金利润率高于资金成本率。但在市场经济条件下，由于市场行情瞬息万变，企业之间的竞争日益激烈，有可能导致决策失误、管理措施不当，从而使得筹集资金的使用效益具有很大的不确定性，由此产生了融资风险。本章将结合一些企业融资案例，总结成功经验与失败教训，重点阐述融资风险分类、风险识别以及管控方法。我们要吸取前车之鉴，避免重蹈覆辙。

基础知识

（一）对赌协议

通过条款的设计，对赌协议可以有效保护投资人利益。在国外投行对国内企业的投资中，对赌协议已经应用。对赌协议是收购方（包括投资方）与出让方（包括融资方）在达成并购（或者融资）协议时，对于未来不确定情况进行的一种约定。如果约定的条件出现，融资方可以行使一种权利；如果约定的条件不出现，则投资方行使一种权利。所以，对赌协议实际上就是期权的一种形式。

(二) 毒丸计划

毒丸计划是美国著名的并购律师马丁·利普顿（Martin Lipton）1982年发明的经济策略，正式名称为"股权摊薄反收购措施"。一个公司一旦遇到恶意收购，尤其是当收购方占有的股份已经达到10%～20%的时候，公司为了保住自己的控股权，就会大量低价增发新股。目的是让收购方手中的股票占比下降，也就是摊薄股权，同时也增大了收购成本，从而让收购方无法达到控股的目标。

毒丸计划一经采用，至少会产生两个效果：①威慑恶意收购方；②减少收购方数量。这一反收购措施，于1985年在美国特拉华法院被判决合法化。2005年，新浪在面对盛大收购的时候，就采用了毒丸计划，最终盛大只能无奈放弃收购计划。

(三) 系统风险

系统风险（systemic risk）又称市场风险，也称不可分散风险，是指由于多种因素的影响和变化，导致投资者风险增大，从而给投资者带来损失的可能性。系统风险的诱因多发生在企业等经济实体外部，其带来的波动面一般比较大，有时也表现出一定的周期性。系统风险是不可分散的（cannot be diversified）。

(四) 战略投资者

战略投资者是指，具有同行业或相关行业较强大的重要战略性资源，与上市公司谋求双方协调互补的长期共同战略利益，愿意长期持有上市公司较大比例股份，愿意并且有能力认真履行相应职责，委派董事实际参与公司治理，提升上市公司治理水平，帮助上市公司显著提高公司质量和内在价值，具有良好诚信记录，最近三年未受到证监会行政处罚或被追究刑事责任的投资者。同时，战略投资者还需要符合两个条件之一：第一，能够给上市公司带来国际国内领先的核心技术资源，显著增强上市公司的核心竞争力和创新能力，带动上市公司的产业技术升级，显著提升上市公司的盈利能力。第二，能够给上市公司带来国际国内领先的市场、渠道、品牌等战略性资源，大幅促进上市公司市场拓展，推动实现上市公司销售业绩大幅提升。

(五) 财务投资者

财务投资者以获利为目的，通过投资行为取得经济上的回报，在适当的时候进行套现而退出企业。相对于战略投资者而言，财务投资者更注重直接的、短期的利益。财务投资者在投资前，往往会派项目组进入目标企业，深入一线调研，进行数据分析，对公司治理、发展战略等提出建议，并深入挖掘公司的价值等。财务投资者一般是单纯的资金投资，很少干涉公司日常经营决策，有利于维护企业的独立发展。但是，财务投资者逐利性较强，当企业发展不符合它们的投资预期时，往往会要求企业强行回购股份、重组等，这对企业发展是一个致命的潜在风险。

第一节 融资风险管控概述

近年来，随着人们对风险管理认识的提高，融资风险管理已逐渐深入企业。企业所面临的风险一般可分为经营风险、融资风险、投资风险和资金回收风险。

融资风险是企业因筹集资金，带来了资金使用效益的不确定，企业无力偿债以及每股收益或自有资金收益率变动性随之改变的可能性。

企业融资难一直是制约其发展的瓶颈。一些企业在融资时一味追求融资结果，忽略了对其进行风险管理，虽获得了融资却未能实现企业发展增值的目标，甚至以破产告终，得不偿失。对于蓬勃发展的中小企业来说，人们容易将重心放在如何融资上，而忽视融资风险管理，导致给企业带来巨大损失的事件经常发生。正确认识融资风险，将会帮助企业顺利和稳健地发展。本节内容主要包括融资风险分类及形成原因、融资风险识别和融资风险控制方法。

一、融资风险分类

了解融资风险的分类，是识别融资风险的前提。

从宏观层面考虑，融资风险可以分为政策风险（来自国家财政政策和金融货币政策变化的风险）、利率风险（来自国际汇率、利率变化的风险）、系统风险（来自国际金融市场的风险）、经营管理风险、诚信风险、评级风险等六类。

从微观层面考虑，有两大类风险。一是信用危机带来的风险，例如不能偿还到期的银行贷款，不能兑付到期的已发行债券本息，在预收货款结算方式下不能如期履行交付产品的承诺等。二是因股权融资带来的风险，即因融资企业在与投资机构签署投融资合作协议后，并未完成协议中约定的业绩目标或违背了协议中的约束条款，而对企业产生的不利影响。

常见的股权融资风险有以下几种：①失去经营权。比如协议中约定投资3年内融资企业未完成业绩目标，投资方有权收回经营权。②股份被稀释。有些对赌协议中约定了若融资企业未按预定目标完成业绩或违背了某些约束条件，将赔偿一定数量的股份给投资方。③被迫回购股份。关于业绩目标的约束条件还有协议中约定，融资企业在规定期限内未完成经营业绩目标的，将以几倍的代价回购投资方持有的股份。④失去话语权。投资方签署协议后几经增持股份，成为第一大股东，致使原创业大股东失去话语权。⑤失去专利权。有些情况是创业团队因违约而受到投资方制约，投资方以要求拥有专利技术为条件来交换违约过失。

另外，还有股票上市半途而废、蒙受融资欺诈等原因引起的融资风险。

二、融资风险识别方法

对于中小企业而言，多数企业未设立专门的风险管理中心，进行专业的财务风险管理。但是在债权融资模式下，现有许多简单的财会分析方法与指标同样可以反映相关融资风险水平，以便企业进行风险防范。

（一）比率分析法

比率分析法，是指通过利息保障倍数和偿债保障比率等财务指标的计算与分析，判断企业的债务偿还能力。

$$利息保障倍数 = 息税前利润 / 利息费用$$

$$偿债保障比率 = 负债总额 / 经营活动现金净流量$$

这两个指标可以反映企业的经营收益偿还债务利息和本金的可靠程度。

（二）财务指标分析法

财务指标分析法识别、估量融资风险的常用指标主要有三类。

（1）流动比率、速动比率和现金比率。三个比率分别是流动资产、速动资产和现金对流动负债的比率，用来衡量企业流动资产在短期债务到期以前，可以变为现金用于偿还负债的能力。

（2）存货周转率、应收账款周转率和总资产周转率配合存货占用期和应收账款账龄分析。周转率的高低可以反映企业使用资产的效率。

（3）资产负债率（或产权比率）能够大致反映与资金结构有关的筹资风险。筹资杠杆程度虽不是筹资风险的同义语，但在不需要精确计算筹资风险时，考察筹资杠杆程度便可大致判断筹资风险的高低。公司为生产经营进行筹资时提高资产中负债的比例，就是提高财务杠杆。对于负债筹资，除了应考虑资金使用效益与其成本的高低之外，还应当额外考虑负债本身给企业带来的风险。基于到期偿债和按期付息的要求，负债风险从资产负债率和利息保障倍数可以得知。结合影响财务杠杆的因素也能方便地进行融资风险的识别和防范。

在股权融资模式下，如何识别融资风险，如何识别投资人在协议条款背后的动机，如何识别真假投资人，都是中小企业应该深刻警醒的问题。

对融资企业来说，必须学会识别融资风险，否则你就看不到即将发生的事情中有哪些会给企业带来风险。所以，企业进行风险识别和控制意义非常重大。一是可以提高融资的效率和成功率。有时候，企业急于融资，对资金方在没有摸底、不进行辨别的情况下，到处撒网，最终无功而返。通过一定的方式对不同的资金方及其融资工具进行识别，就可以减少无用功，提高融资的效率和成功率。例如，2004年，美国某投资集团向江苏高康公司推荐一位所谓美国的投资商Scott先生，高康公司并没有选择马上与之洽谈合作，而是首先选择鉴别这个投资商的真伪，识别融资风险。高康公司通过美国调查公司识破了这个国际融资骗子后，给他写了一封信，其中写道："你就是一个修车行的人，而且修车行经营不善，1992年你买的一座房子还需要还贷款75 000美元。"二是能够节省融资费用和融资成本。企业在不恰当的融资过程中，除了造成时间的浪费，还会产生大量的融资过程费用，包括融资过程中的差旅费、招待费、项目受理费、违约金、各类融资服务费等。有的企业没有融到资金，招待费用已经开支了十几万到几十万元，这对于本来就缺少资金的中小企业来说，无疑是雪上加霜。三是避免企业陷入融资骗局。如果不小心陷入了融资骗局，企业的发展方向就有可能改变，甚至有的会给企业带来系统风险，造成"灭顶之灾"，对企业的生存和发展产生严重的威胁。

三、识别融资骗子

近几年来，曾发生过无数起投资公司或投融资服务机构以"美国世界银行集团"或"美国纳斯达克"等驻国内办事处的名号，打着为中小企业提供融资服务的幌子，以"提供巨额项目资金""先投资后上市""明投暗贷"等为诱饵的融资诈骗活动。这些公司骗取境内企业预付大量考察费、评估费、服务费或保证金，然后销声匿迹。融资诈骗活动日益猖獗，手法日益隐蔽，应当引起我们的警惕。

因此，我们应该了解融资骗子骗钱的一般方式和设置融资骗局的常用步骤，防患于未然。

（一）融资诈骗的一般方式

1. 考察费

融资骗子与企业联系业务时，在不了解企业情况的前提下要求到企业考察，且要求支付考察费。

2. 项目受理费

项目受理费是指融资骗子在收到企业的有关资料后要求融资企业缴纳的、对项目进行评估和预审而发生的费用，尤其是号称有外资背景的投资顾问机构往往把收取项目受理费，作为一种项目控制程序和费用转嫁方式。

3. 商业计划书撰写费用

融资骗子一般要求融资企业提供项目商业计划书。一般企业已经制作了商业计划书，但融资服务机构以各种理由不予认可，并宣称这是项目往下进行的必要环节，要求必须提供所谓"国际标准格式"的商业计划书。

4. 评估费

在融资过程中，融资骗子会要求对资产或对项目进行评估，并要求企业到指定的融资服务机构或评估机构进行评估。

5. 保证金

融资骗子要求融资企业必须严格按照自己预先设定的程序操作，否则不往下进行，其中设置了严格的违约条款（如有违约，则企业缴纳的保证金不予退还等）。

（二）设置融资骗局的常用步骤

1. 普遍撒网，海选"目标客户"

融资骗子通过正当程序注册国内代表处并提供融资的一套专业方案和步骤，专业设计一套目标针对中小企业的诈骗网络，在新闻媒体、网络上讲出头头是道的融资理论,并借助一些国家政府机构或社会团体组织为企业提供的培训、咨询洽谈会、论坛等活动,绘声绘色地做融资"演讲报告",甚至能提供融资成功案例,足以让人深信不疑,可信度极高。

2. 为"有价值的客户"洗脑

融资骗子通过第一阶段的海选后,再筛选出一些"有价值的客户"开始洗脑。它们夸耀你的企业很有发展前途,市场潜力非常大,项目如何如何好,通过它们的包装就能获得所需要的融资,且它们一再申明前期咨询不收取任何费用。最终融资骗子达到了让融资人心花怒放、神经麻痹的目的,降低了他们的判断力,为实施下一步诈骗打开了方便之门。

3. 派"专家"进行"实地考察"

所谓"派专家实地考察",实际上是为了骗取考察费,金额一般在 1 万 ~ 3 万元(目前,融资骗子们开始放长线钓大鱼,一般不在此项上获取太多收入)。融资骗子派去几个人到项目地进行所谓的考察,是为了表现它们是比较正规的公司,同时还会带一个律师一起去。它们还会做一份《律师资信调查报告》,过程中律师装模作样地查看企业的营业执照、银行开户许可证等资料,这份报告的费用为 10 万 ~ 15 万元。为了增加可信度,骗子们还会做一份《项目考察实地记录纲要》,它们会一起签字画押,表示大家一致同意,说这些文件要报送到所谓的总部批准等谎言,给融资企业负责人吃一颗定心丸,使对方感觉这钱花得值得,此项目有希望,这样它们才好实施下一步诈骗。

4. 初审通过后签订合资意向书

大约在两周后,融资骗子会电话告知企业:"贵企业的项目已经通过,总部决定投资,请你们来北京签署有关法律文书。"在签订《合资意向书》或者《投资协议书》时,骗子们才告诉融资人需要补充一些资料,装腔作势地说,"现在总部要求做一份符合国际惯例的中英文版《商业计划书》,必须由总部认可的具有权威性的机构编写,费用你们自己和北京××投资咨询管理有限公司商谈",还会假装"我们尽量帮你们打招呼,优惠一些,你们现在是投资期间,很多地方都需要花钱"。说得融资人感动不已,再加上已经签订了《投资协议书》,心存侥幸,骗子抓住融资人的心理展开攻势,这个所谓符合国际惯例的中英文版《商业计划书》的 15 万 ~ 20 万元的制作费用,就这样落入融资骗子同伙的账户了。

5. 进行资产评估

骗走了制作《商业计划书》的 15 万～20 万元之后，再开始骗资产评估报告费。融资骗子们的理由是"把你们企业的资产进行评估以后用项目本身作为抵押"。融资人听了这样"合情合理"的要求，似乎认为这是应该做的，不然投资人怎么可以放心"投资"呢？就在这样"合情合理"的情况下，高达 20 万～30 万元甚至更多的资产评估报告费，又落入融资骗子指定的资产评估机构的账户里（当然资产评估机构也是他们的同伙）。企业如果付了这些钱，就意味着陷入泥潭深渊，无法自拔。

6. 进行项目投资安全和增值潜力分析

等你付了资产评估报告费以后，骗子公司知道融资人此时的心理需要，所以会一直提醒你"第一批几千万元先打到你的账户上"这句话，为稳定你的情绪，打消你的顾虑，紧接着就是安排"财务部"的人过来和你谈有关财务的事情，需要你进一步做一份《项目投资安全和增值潜力分析报告》和《符合美国会计准则的三年财务审计报告》。理由说得很多，那么，这 2 份报告需要付出多少钱呢？答案是，《项目投资安全和增值潜力分析报告》15 万元以上，《符合美国会计准则的三年财务审计报告》10 万元左右。融资人付了这些钱，能得到什么呢？答案是，几张一文不值的纸。这帮骗子手法隐秘，理由"充分"，让你感觉他们没有直接拿钱，只是收取了做这些报告的费用。当融资做到这种地步时，企业虽然有些顾虑，提出放弃觉得不甘心，但继续进行又感觉这里有阴谋。

7. 设计担保骗局

骗走了以上大量的钱财以后，融资骗子还要实施更大的诈骗，设计担保陷阱，把你的融资项目移到所谓的担保公司（也是同伙），骗子的谎言是："由于是第一次合作，为了降低我们的投资风险，首批款需要担保公司担保。"如果你进入这个圈套，"担保公司"会和融资人签订一份《融资担保合同书》，其担保费按"融资"金额的 2.5%～3% 收取。骗子们早已读透融资人的心理活动，此时受害人感觉到只有最后这一步了，如果放弃，以上所花费的钱就全部泡汤，而继续下去很有可能会成功。但是，如果在你交了担保费以后，"担保公司"叫你继续玩以上的"考察"游戏，你继续吗？最后，骗子公司还有一个骗人招数，让融资方开户银行出具一张银行保证函，才能拿到第一批投资款项。你能做到吗？做不到就是你"违约"。

8. 客户违约自动退出

在此阶段，就是融资企业做选择的时候了，是继续进行还是自动退出？如果往下进行，就必须做更多的投入，而且还看不到结果。如果不往下进行，还有可能因为自身的原因导致违约，缴纳违约金。

部分融资企业认为，既然前期已经投入了不少，放弃可惜，那就继续往下走，结果往往是越陷越深。

了解了融资骗子骗钱的一般方式和设置融资骗局的常用步骤后，企业在融资时还需要保持高度的警惕，掌握区分真假融资服务机构、真假投资公司的方法，加强自我防范意识。

（三）区别真假融资服务机构的方法

区别真假融资服务机构应考虑以下几个方面。

（1）是否站在企业的角度考虑问题。

（2）是否具有融资的经验和专业度。

（3）收费与其提供的服务价值是否一致，质量价格比如何。

（4）提供的服务是否符合企业的实际情况。

（5）签订合同是否存在合同条款陷阱。

（6）与资金方的关系是什么，地位是否独立。

（7）服务机构的背景及融资服务人员的品质如何。

（8）盈利模式不同，真正的服务机构以提供智力服务或者风险代理为目的。

（四）区别真假投资公司的方法

正规的资金方在服务工作流程上与上述设置骗局的机构有很多相似之处，但仍有很多区别，主要包括：

（1）自己承担交通费。

（2）在融资过程中不要求企业进行资产或项目评估。

（3）在操作过程中需要中介机构介入时，自己不指定融资服务机构，如事务所、评估机构。

（4）自己承担全部或一部分运作过程费用。

（5）对拟投资项目或拟合作企业从一开始就非常细致，亲自和企业及其融资服务机构一起进行项目论证。

（6）有严格的投资方向、投资原则。

（7）不具备条件的企业不往下进行。

（8）在成功以前不收过程费用。

（9）不急于与企业签订合作协议。

（10）签订的合作协议非常公平，没有设置合同条款陷阱。

在我国企业国际化进程中，大量国际资本的涌入，为我国的经济发展带来了急需的资金，但也对我国经济和社会发展造成了许多弊端，我国企业在利用外资的利润分配格局中始终处于弱势地位，外资引进的总体质量不高，国外资本已开始影响我国的产业安全。为了避免各类融资风险的产生，控制风险的扩大和蔓延，就必须对企业的生产经营活动、融资活动、管理活动进行不断的自我完善与控制，即企业必须加强融资风险管控。

四、融资风险控制方法

如果企业管理团队能够对融资风险及其危害性给予足够的重视，那么通过事先学习和借鉴他人经验，调整和完善公司各项管理制度，提高企业整体管理水平是完全可以控制融资风险的。

1. 强化内控，提高企业信用

企业缺少融资内部控制的制度和工作流程，导致企业财务管理失控，甚至失信也是产生融资风险的根源。"如果信用崩溃引起支付手段的突然短缺，那么，信用危机便发展为货币危机。"通过制度建设和流程设计，企业可以收到非常好的风险防范效果，主要包括：

（1）强化资金管理制度原则。

（2）强化责任人制度。

（3）强化激励和约束机制。

（4）强化监督的主要责任。

（5）强化客户信用观念等。

2. 融资危机管理

对于融资风险像天气预报和海洋灾害预报那样进行事先、及时的识别和提示，以防患于未然，并在融资危机产生时，及时采取有效措施，把危机消除在萌芽状态，这是企业危机管理所追求的目标。

3. 中长期资金筹划

对企业的中长期（3年以上）资金需求及如何有效满足进行规划，是控制企业融资风险的有效途径之一。

4. 融资风险的回避方法

企业融资活动中的风险回避方法，主要是指在各种可供选择的筹资方案中进行风险分析，选择风险小的筹资方案，设法回避一些风险较大而且很难把握的融资活动。同时，通过实施必要的债务互换，采用利率互换、货币互换等方法来预防因利率、汇率变动给企业筹资造成的风险。

5. 融资风险的损失控制方法

就企业筹资来看，要合理进行融资风险的控制，需要采取多元化的融资策略，合理安排负债比例与结构，实现风险分散化，降低整体筹资方案的风险程度。企业为获得财务杠杆利益而盲目举债是不可取的，这无形中增大了融资风险。因此，企业必须合理安排资金结构，适度举债。同时，为防止因经营行为不当导致资不抵债，企业应设法实现投资多元化，多生产、多经营一些利润率独立或不完全相关的商品，使高利和低利项目、旺季和淡季、畅销商品和滞销商品在时间上、数量上能够互相补充或抵消，以降低因某一方面的损失给公司整体经营带来的风险。

6. 融资风险的风险转嫁方法

风险转嫁的目的是将可能由自己承担的风险损失转由其他人来承担。在企业融资活动中主要通过保险、寻找借款担保人等方法将部分债务风险转嫁给他人。也可考虑在企业因负债经营失败而陷入财务困境时，通过实施债务重组，将部分债务转化为股权，或通过其他企业优质资产的注入，挽救企业经营不利的局面，从而避免因资不抵债而导致的破产风险。

7. 选择正确的筹资时机、规模、价格与发行方式

为规避融资风险，应选择正确的筹资时机、合适的融资规模、恰当的发行价格与发行方式。企业在筹集资金时，首先要根据企业对资金的需要、企业自身的实际条件以及融资的难易程度和融资成本情况，量力而行来确定合理的融资规模。

其次是选择企业最佳融资机会。这要求企业筹资决策要有超前性。企业要在掌握国内和国际利率、汇率等金融市场的各种信息，了解宏观经济形势、经济政策以及国内外的政治环境等各种外部环境因素的基础上，合理分析和预测影响企业融资的各种有利和不利条件以及可能的各种变化趋势，寻求最佳筹资时机，果断决策。最后，企业要考虑当前金融市场的价格情况，并结合具体的融资方式所具有的特点和企业自身的实际情况，制定合理的发行价格。通过这些措施，企业既能保证融资目标的实现，又能以较低的成本进行融资，降低融资风险。

8.审慎对待投融资合作协议中的相关条款，对经营权、股权、投票权、董事会席位等要特别谨慎

第二节　机关算尽摩根逐利，对赌失败永乐谢幕

摩根士丹利（以下简称"摩根"）在中国的投资似乎被业界广泛称赞，总有妙手"点石成金"之说。在2005年以前的中国家电连锁行业中，排行老大的国美电器在香港上市，排行老二的苏宁电器在深圳上市，于是摩根决定投资当时排行老三的永乐，并大力促成永乐成功登陆香港资本市场，成为其又一投资经典个案。

作为财务投资者，摩根并未见好就收。从永乐上市，到其持有的股票锁定期结束前，摩根的研究部门现身，给予永乐"增持"的评级，并调高永乐目标价，成为永乐股价大幅上升的重要推动力量。而在其第一个股票锁定期到期的当天，摩根减持了一半的永乐股份（另一半股份还在锁定期），并几乎同时下调永乐的评级。而当永乐难以达到当初双方签订的"对赌协议"之时，摩根更是像一部庞大而精密的机器，积极运转，展开了一系列看似独立实则环环相扣的操作。一方面，摩根利用减持永乐的行动，引致其他投资者跟风抛售，使永乐股价走低，市值大幅缩水，并客观上使得永乐对大中的基于换股方式的合并基本告吹；另一方面，摩根调高永乐竞争对手国美的评级并增持国美，同时公开发表言论表示支持国美并购永乐。

可以说，在国内家电连锁业这起并购案中，永乐更大程度上像是舞台上的拉线木偶，一步步被动地走向被国美并购的结局，而操控的线就掌握在摩根手里。

一、家电连锁探花，上海永乐电器

永乐（中国）电器销售有限公司，简称永乐，创建于1996年，前身为上海永

乐家用电器有限公司，是一家净资产达数十亿元的股份制大型家电连锁零售企业，年销售额超过150亿元。产品类别囊括了日常生活电器的方方面面，种类逼近5万种。永乐的连锁经营区域辐射上海、江苏、浙江、广东、深圳、福建、河南、四川、陕西等地，是国内家电连锁业的领导企业之一。

永乐以其独特的"珍视消费、尊重权益"经营理念赢得了广大消费者的热爱，保持了年年递增的发展业绩，并荣获包括"中国商业名牌""消费者放心企业"等在内的多项殊荣，入选2004年、2005年中国企业500强。公司董事长兼总裁陈晓也荣获了多届"中国零售业十大风云人物""优秀企业家"等称号。

永乐于2004年年底成功引入美国摩根的战略投资，公司跻身中国商业零售业及中国连锁行业十强企业，并于2005年10月在香港主板实现成功上市，成为在香港上市的国内家电零售合资企业。

二、对赌永乐，胜负皆赢

2005年1月，摩根等投行斥资5000万美元收购永乐20%的股权，收购价格相当于每股约0.92港元。摩根入股永乐以后，与永乐达成协议：在未来某个约定的时间，以每股约1.38港元的价格行使价值约为1765万美元的认股权。这一认股权利实际上是一个股票看涨期权。为使看涨期权价值兑现，摩根等投行与永乐管理层签署了一份对赌协议。协议约定：如果永乐2007年（如遇不可抗力，可延至2008年或2009年）的净利润不低于7.5亿元人民币，外资股东将向永乐管理层转让4697.38万股永乐股份；如果净利润高于6.75亿元而低于7.5亿元，不需进行估值调整；如果净利润高于6亿元而不高于6.75亿元，永乐管理层将向外资股东转让4697.38万股永乐股份；如果净利润不高于6亿元，永乐管理层向外资股东转让的股份最多将达到9394.76万股，这相当于永乐上市后已发行股本总数（不计行使超额配股权）的约4.1%。并且规定，净利润计算不能含有水分，不包括上海永乐房地产投资及非核心业务的任何利润，同时不计任何非经常性收益。协议还设计了另一种变通方式，即若投资者达到回报目标，则永乐未达到净利润目标也可免于割让股份。这个回报目标是，摩根等投行初次投资的300%（2005年1月初次投资总额为5000万美元，其中摩根投资约4300万美元），再加上行使购股权代价的1.5倍（摩根在永乐上市前行使了约1.18亿港元的购股权），合计约11.7亿港元。依此计算，协议中的这一条款实际上是摩根为自己的投资设定了一个最低回报率，即约260%。2005年10月，永乐在香港成功上市。2006年6月底，永乐公开承认，当初与摩根签订协议时预测过于乐观，未来两年，永乐盈利能力面临着压力。同年7月，国美以52.68亿港元的代价收购了上市仅仅9个月的永乐。

尽管摩根与永乐间的"对赌协议"已广为人知，但由这份"对赌协议"引发的摩根对永乐发展路径的操控，乃至对整个家电连锁行业的影响都有必要做一个客观评估。

分析摩根和永乐签订的"对赌协议"，其实就是，以永乐未来年份（2007年）的净利润P为衡量指标，从高到低设置了3个临界点（A＞B＞C）：若P≥A，则摩根赌输"对赌协议"，要割让给永乐管理层一定数量的股份；若B＜P＜A，则无所谓输赢，对赌协议没有实质性意义；若P≤B，则摩根赌赢"对赌协议"，永乐管理层要割让一定数量的股份给摩根，其中又细分，若P≤C，则永乐要割让更多数量的股份给摩根。

假设2007年永乐净利润按照3个临界点（6亿元、6.75亿元、7.5亿元）分别计算。当摩根赌赢时：若P=6.75，其理论账面投资回报率最高可达639%；若P=6，则理论账面投资回报率可达623%。当摩根赌输时，即P=7.5，其理论账面投资回报率可达557%。也就是说无论摩根赌赢还是赌输，其投资回报率都能达到6倍左右，而赌赢比赌输时投资回报至少会高出10%（以2006年9月22日汇率1美元=7.926元人民币计算）。

通过上面粗略的估算可以看出，名为"对赌"，实际上只要永乐的净利润水平能够高于对赌协议框定的下限，那无论摩根赌赢赌输，其理论账面投资回报率都可达600%以上，换句话说，对赌的实质之一是保证摩根的投资收益水平，稳赚不赔。而对于永乐管理层来说，"对赌协议"对其压力要大得多。赢了"对赌"，永乐管理层自然可松一口气；输了"对赌"，就至少要割让总股本的4.1%给摩根，致使管理层控制的股权比例将低于50%，失去对公司的绝对控股权。

三、背水一战赢对赌，全力以赴为增长

从整个家电连锁行业的发展阶段以及永乐自身的扩张速度判断，仅靠内生资源进行扩张，永乐的净利润水平几乎不可能达到对赌协议的要求。为了不向摩根拨出股份而失去绝对控股权，永乐管理层一改"重利润轻扩张"的稳健策略。但是，过度扩张不但难以带来净利润水平的提高，反而因整合与管理等成本增加，

降低了自身的盈利能力。

事实上，在摩根投资永乐之前，从 2003 年到 2005 年，永乐的净利润年增长率逐年下滑，从 2003 年的 423% 下降到了 2005 年的 36%。

显然，在公司实体不发生重大改变的前提下，不要说达到摩根回拨股份的条件，永乐即使想保证在 2007 年净利润达到不向摩根送股的 6 亿元，其可能性都相当微小。

尽管在签署对赌协议的 2005 年，永乐管理层可能无法看到 2006 年业绩的巨变，但站在 2005 年的时点上看，很难说这个对赌协议对永乐而言是可轻易达到的目标。

在资金、经验、人才等内生资源无法满足企业快速扩张需求的情况下，为了在 2007 年业绩大限前达成目标，永乐只有一个选择——并购扩张。

可见，与摩根所签的对赌协议，成为左右永乐经营决策方向的主导力量。在资本意志的驱动下，永乐 2005 年以后的并购步伐可谓迅猛，先后并购了广东东泽、四川成百、厦门灿坤、厦门思文、河南通利等，把被并购企业的盈利注入永乐利润表中，以期达到对赌协议的净利润要求。但事与愿违，急剧的扩张显然超出了长期以来擅长"慢工出细活"的永乐管理层的能力范围。永乐在 2005 年将其门店数从 2004 年的 92 家增加至 193 家，开店的城市从 34 个扩张到 72 个。但付出的代价是：2005 年永乐每平方米收入从 2004 年的 40 472 元下降至 25 482 元，下降幅度高达 37%；毛利率方面，永乐也下降了 0.6%。而同时，2005 年永乐的销售额为 180 亿元，门店数为 193 家，与国美 2005 年 498 亿元销售额、570 余家门店和苏宁 2005 年 400 亿元销售额、360 余家门店相比，规模上仍然无法与之抗衡（这里的统计口径中，国美、苏宁部分门店是加盟店）。

于是，一家以"小而精致"著称的家电连锁企业在资本意志的驱动下，转型成了一家"大不够大，精不够精"的四不像，更重要的是，离 7.5 亿元净利润的对赌目标却越发遥远了。

就财务投资者投资前都要进行全面的调查审计而言，永乐与国美、苏宁相比的弱势，摩根在投资前没有合理评估几乎是不可能的，而永乐为满足资本的要求发力狂奔，但净利润大幅提高的目标却似乎越来越远，这显然没能得到财务投资者摩根的理解和支持。在永乐积极并购大中的过程中，摩根曾称希望永乐在经营方面"不靠规模扩张，把主要精力用来提高自身的经营能力"。

永乐与摩根的对赌，无论输赢对摩根而言都是盈利。因此，其投资的真正风险并不来自对赌协议本身，即使永乐 2007 年净利润只有对赌协议中的下限 6 亿元，也不会造成摩根收益的实质性减少。但问题是，永乐的经营出现了第三种情况，即永乐的经营业绩可能大幅度低于预期。这并非一个完全假设的情况，事实上，永乐 2006 年中报显示，公司 2006 年上半年净利润仅 1551.7 万元。分析显示，永乐盈利前景的不明朗，也并不是 2006 年上半年才暴露出来的。

2005 年 10 月，永乐招股说明书预测，其 2005 年的利润将"不少于人民币 2.88 亿元"。2006 年 4 月，永乐年报最终显示，其利润恰好为 2.89 亿元。这一对"巧合"的数字在当时便引起无数的猜测。

年报资料还显示，2005 年永乐"收取了上海直辖市政府授出税务补贴收入约人民币 6145 万元"，直接导致其"实际税率由 2004 年的 17.5% 下降至 8.2%"。2004 年永乐对存货做出大量拨备，2005 年永乐对存货拨备做出了约 6274 万元的回拨，而为了"更确切地反映本集团的销售成本以至盈利能力"，其 2006 年"可能无须为一般存货做出大额拨备"。

这一系列眼花缭乱的会计政策的应用，其实质就是，永乐 2005 年收益中存在部分合法的因会计政策而产生的利润。

很难想象，作为国际一流投行的摩根，还在永乐董事会占有一席，其经验丰富的投资及研究机构对永乐 2005 年业绩中的"水分"，以及随之而来的业绩风险事先会一无所知。

四、摩根机关算尽，永乐黯然谢幕

永乐上市后，包括摩根在内的国际投资机构对永乐给予了较高的投资评级。2006 年 2 月，即永乐与大中全面合作协议公告的两个月之前，摩根还发表研究报告，维持永乐的"增持"评级，认为"市场对于永乐 2006 年盈利预测过于保守"，调高永乐年度盈利预测 6%～7%，同时将永乐目标价由 3.15 港元调高至 4.20 港元，幅度达 33%。而与之相对应的，永乐股票的价格从发行便一路上扬，到永乐与大中合作公告的 2006 年 4 月 21 日，更创出 4.30 港元的年内最高价。

永乐在 2006 年 4 月 21 日公告并购大中，无疑是在向外界传递管理层要做大规模、提高盈利水平的信号。然而就在同年 4 月 24 日，摩根突然发布报告称，"由于成本升速超过预期，预计永乐当年收益将下降 25%～27%"，同时将永乐评级由"增持"降至"与大市同步",目标价由 4.20 港元下调至 3.95 港元。摩根大通也将永乐的评级由"增持"调低至"减持",目标价下调至 3.40 港元。

这份报告发布的时间颇耐人寻味,因为第二天,即 4 月 25 日,刚好是摩根与永乐签署的禁售期到期日。而在市场还没有对摩根突然大幅调低永乐评级的消息做出足够的反应时,永乐当天公告称,包括摩根、鼎晖及管理层在内的股东配售共计 3.69 亿股股份(占已发行总股本的 15.81%),配售价格为 3.225 港元,较 24 日收盘价 3.425 港元折让 5.84%。这次配售完成后,摩根的持股量由 19.22% 下降至 9.61%,管理层的持股量也从 54.27% 下降到 50.57%。

陈晓已经无路可走了,此时,只有国美还有钱有心要买永乐。根据事后的消息,在永乐公布年报、宣布收购大中之前的两个月,永乐和国美已经开始进行接触,只是还没有深入到收购谈判的层面。

按照对赌协议,摩根原始持股中另一半的禁售期结束时间是 4 月 25 日后的 90 天——7 月 25 日。从时间上来看,国美宣布收购永乐的时间也非常有利于摩根对这部分股份的处置。就在市场仍对永乐与大中合作而议论纷纷时,摩根已经开始增持国美。而 2006 年以来,摩根已连续多次增持国美,其持有的国美股份比例基本保持在 7% 以上。

按照国美收购永乐支付方式算,收购完成后,摩根将获得国美电器约 7286 万股股份,同时得到约 3895 万港元现金。按照 7 月 25 日国美复牌至 9 月 19 日的平均收市价约 6.3 港元计算,摩根持有国美股份市值为 4.59 亿港元,摩根投资总收益约达 12.22 亿港元(约 1.56 亿美元),投资回报率达 262%,与其投资永乐之时的预期回报率接近。国美与永乐的成功并购,避免了因永乐业绩下滑使摩根投资回报率大幅下降的可能。永乐谢幕。显然,国美是这次收购最大的赢家。

国美收购永乐后的第二天,国美报收 6.90 港元,涨幅超过 8%;永乐报收 2.28 港元,涨幅高达 11%。不过行业分析似乎对双方合并的前景并不看好。摩根分析指出,这次收购将巩固国美在行业中的领导地位,但是对国美的盈利能力促进有限。瑞信集团的研究报告说,国美收购后并不能提升盈利,短期内还将带来摊薄盈利效应,交易潜在的协同效应需要长时间才能体现,因此将评级定为"逊于大市"。只有美林估计,交易可以提升国美 2007 年的盈利,因此将评级从"中性"调高到"买入"。北京中洋新悦投资顾问有限公司总经理池洋也分析说,这个产业在这次收购发生之后究竟会走向好的方面,还是走向更加非理性的竞争行为,目前还很难说，后者的可能性似乎更大。

可以确信的是，摩根显然也从国美和永乐以及双方并购中获利。据永乐方面透露，摩根士丹利私募基金将持有新公司2.4%的股份，而在此之前的2005年5月，摩根士丹利私募基金已经将手中的永乐股份套现12亿港元。当然这是人们能看得到的，有分析师指出，此外还有两块收入也应该算在摩根名下，其中一部分来自对国美电器的投资，截至2006年6月摩根在国美的持股比例已经达到7.6%，另一部分则是其担任永乐上市和并购顾问的收入，更有消息指出，摩根一手促成了国美与永乐的并购。

从公开信息中，我们无法判断这些时间上的巧合是否是摩根的精心安排，然而从结果上看，摩根的市场化操作手法棋高一着，巧妙利用和把握了市场机会。

但无论如何，摩根对永乐的一番操作直接使永乐的股价进入了下降通道，4月24～25日连续两个交易日大幅下挫，跌到3港元以下（25日收盘价为2.98港元），累计跌幅超过30%。直至2006年7月17日公布国美收购永乐消息之前停牌，当日收盘于2.05港元，7月26日复牌公布收购消息，收盘于2.28港元，涨幅超过10%。但股价徘徊几日后继续下跌，于8月14日见历史低价1.79港元。多条利空导致永乐股价在短短3个月内暴跌59%，市值大幅缩水。

而对于宣布将以换股方式完成对大中合并的永乐来说，股票价格的下跌意味着换股代价的提高。而59%的下跌幅度，则意味着这次合作基本上告吹。

至此，我们可以看到摩根一系列操作的内在逻辑：摩根对永乐的后续盈利能力的信心已大打折扣，所以永乐无论是收购大中还是其他操作，已难以激起摩根更多的热情。摩根资本的本质决定其最关心的是如何保证自己的收益最大化。

深入分析摩根这些操作的背后，我们发现，像摩根这样的国际投行从投资到产出已形成了一套精密的操作流程，环环相扣，并利用国际大行的种种优势，实现自己的最大利益。其采取的手段、可动用的资本及国际投资者等资源远非一般的财务投资者可比。

作为第一家受外资投行对赌协议及操作手法推动而被并购的中国公司，永乐也给中国企业界上了生动的一课。它彻底打破了长期以来扎根于企业决策者脑海中的关于"财务投资者不会干涉企业运营和战略"的观念。像摩根这样的国际投行，若其投资的是蒙牛这样能够为其带来理想回报的企业，外界看到的摩根可能就是一个财务投资者的形象，否则的话，它完全有能力以一些市场化的手段，比如强大的研究导向、自身投资取向对国际投资者的影响力等，间接调控企业的股价表现，进而影响企业的运行轨迹，而这一系列操作的结果是，无论企业最终成败，其都能毫发无损，获利不菲。

五、案例分析

风险资金对于雄心勃勃急于扩张的企业来说就像一剂强心剂，能够为企业发展注入强劲的动力。风投机构更是被企业称为战略投资者或者策略投资者，企业都想借由风投机构在行业经验、战略思维、公司治理、运营管理和财务技巧等方面的卓越能力为企业提供除资金之外的更多的增值服务，帮助企业获得迅速成长的机会，最终实现企业的发展目标。在企业渴求风投机构与风险资金的时候却很少能够深刻认识风险资金的逐利本性和风投机构的贪婪无度，往往导致企业在与风投机构合作的过程中败走麦城。我国家电零售行业的探花上海永乐更是葬送在了其与投行摩根达成的对赌协议之下，依靠摩根等风投机构上市仅9个月便被国美收购，黯然谢幕，其中摩根的贪婪无度与永乐的过于乐观不免让人唏嘘，更是让人警醒。

摩根依靠其娴熟的资本运作技巧，在整个过程既不失其作为国际投行的声誉又在看似无心实则有意的运作中牢牢掌控着永乐的股票在市场上的表现，进而影响永乐实体运营的层面。永乐在发现只能通过疯狂的扩张计划才有可能赢得对赌之后便抛弃了一贯稳健的发展策略，显得轻率而盲目，导致永乐在店面扩张的同时财务状况不断恶化，对赌已经必败无疑，因此而引发的市场效应以及风投机构的推波助澜使得永乐股票每况愈下，永乐寻求并购也只能是无奈之选。然而无论如何，摩根都保证了其既定的投资回报，至于哪家企业成功哪家失败对其似乎并非最值得关注的问题。

对赌是一柄双刃剑，一方面它能够激励企业管理层及企业上下协力同心、奋勇前进，大跨步地实现既定目标，不仅能够实现企业的长远规划还能获得风投机构的股票奖励，从而逐步增持股份增加控制权；另一方面对赌使管理层背上了沉重的心理压力和负担，束手束脚，在对赌期内一切只是为了赢得对赌，在这种只讲求速度的发展中就有可能以牺牲质量为代价，为企业的失败埋下伏笔。更有甚者，风投机构设定的严苛的对赌协议无论其赌赢赌输都将获得不菲的投资回报，这对于企业发展极为不利。

为了有效规避对赌带来的融资风险，建议企业注意以下几点。

第一，仔细选择风投机构。企业不仅要熟知自身的融资动机，更要了解风投机构的投资动机，风投机构只有看好企业的发展前景、欣赏企业的发展战略和商业模式才可能成为战略投资者。

第二，审慎对待对赌协议。有时候对赌协议可以用别的激励机制替换，即便签订了对赌协议也一定要对对赌有一个客观的评估，对市场前景、对自身运营能力、对企业发展预期客观准确才能理直气壮地进行对赌，盲目乐观将会导致企业成为搏运气的赌徒而不是做实业的企业。

第三，对赌协议赔付要有清晰严格的界定，根本原则是维护企业所有者和原始股东的利益不受侵害。

第四，要有计划地回应对赌协议，对赌输的状况要有客观的评估和研判，确保企业能够经受最为糟糕的情况。只有合理使用风险资金，使用对赌协议，才能对企业的发展起到正向的推动作用，避免败北。

第三节　世行集团阴魂不散　巨骗易名卷土重来

我的邮箱经常收到一些读者来信，大部分是为了咨询关于企业融资实际操作中的一些难题，也有一些企业咨询融资受骗方面的问题。通过沟通与了解发现，一些企业的管理者非常注重企业的技术、市场、资金、生产工艺等发展方面的问题，但是在某种程度上忽略了企业管理，特别是财务管理的细节问题。一些企业家由于金融知识匮乏、金融信息封闭和急于成功的心理等因素，面对融资问题不够理智，曾经为此付出了昂贵的代价，既损失了钱财又耽误了宝贵时间。下面以一个真实的案例阐述融资骗局的套路，以引起企业界朋友的关注。其实，下面的案例发生在10多年前，并且被著名媒体《南方周末》连续报道，揭穿其骗人内幕。但是，时隔多年还是有一些中小企业上当受骗，故此，以本节内容再次呈现，希望给大家带来警示。

2004年，《南方周末》曾经揭露一个名叫王永君的人利用美国世界银行集团的名号进行融资诈骗。2007年，《南方周末》又发现一个名叫李崇瑞的人利用美国纳斯达克交易所的名号进行诈骗。《南方周末》的调查结果表明：昔日的王永君，摇身一变，就成了如今的李崇瑞。

这个骗子只是盘踞在北京市繁华商务区的上千个骗子中的一个典型。这些骗子开办的公司大多来头大、名号多、在黄金地点办公、内部装修豪华，还宣称拥有大量的战略合作伙伴。他们在国内中小企业融资困难的大背景下，利用中国企业家金融知识欠缺以及工商信息封闭等弱点进行诈骗，活动日益猖獗，手法日益隐蔽。

一、融资不成，反入陷阱

姚元（化名）是一家西部公司的董事长。2006年3月，他为开发一个新项目成立公司，并开始四处融资。2006年5月，姚元当时的助手在一个招商网站上看到美国纳斯达克上市融资服务公司的宣传后，主动发了一封自荐信。

没过几天，电话打来了。这家美国公司对姚元的项目表示了极大的兴趣，并承诺可以先投资然后帮助其海外上市。这套说辞深深地打动了姚元，因为未来在海外上市是他特别看重的。姚元回忆，在他们最初接触时，虽然他存有戒心，但这家公司承诺的近10亿元的投资，还是打动了他。

冲着这个美妙未来，姚元数次前往北京与该公司接洽。2006年7月，姚元终于决定在《中外合作意向书》上签字。意向书明确了投资金额，也提出了投资前提——完成律师调查和项目分析报告并获总部批准，这时就产生了各种名目的中介费。美国纳斯达克上市融资服务公司指定律师调查要委托给北京浩东律师事务所，费用4万元；制作《项目投资安全与增值潜力分析报告》指定给亚太创富投资顾问公司，费用20万元。姚元心有戒备，向业内朋友打听这个程序和价格是否合理。得知基本合理后，姚元便提出自己找律师事务所和评估公司，但是这个要求被拒绝了，争执不下间，对方提出先做律师调查，并承诺共同承担律师费。因此，姚元就做出了让步。

2006年9月，北京浩东律师事务所律师邢立民前往姚元的公司进行考察。邢立民详细考察了项目所在地，并查看了营业执照、公司章程等文件。在姚元看来，一切既规范又严谨。北京浩东律师事务所开具的《资信调查报告书》也充分肯定其公司"具有实施法律所规定的经营条件，且前期准备工作已基本完成"。美国纳斯达克上市融资服务公司收到律师报告后马上给姚元发去了《专案立项通知函》，称将予以专案立项。由于对律师公正性的信任，以及上述两份文件的出具，姚元仿佛吃了定心丸一般，一步步掉进了骗子公司设计好的圈套。

恰在此时，这家公司又告诉姚元，他们刚刚参与协办了北京市发展改革委主办的"中小企业境外上市融资培训",这使得姚元更加坚信不疑,"北京市发展改革委还能跟骗子合作?"一切顺理成章,双方于2006年11月签订了《中外合作合同书》,签合同的当天下午,根据合同约定,姚元又拿出了20万元制作分析报告的费用。这一次,他没有任何犹豫。

变故突如其来。分析报告刚刚递交,这家公司就发来一份商务公函,提出了4点意见,要求姚元在10个工作日内提供另外4份文件,否则终止合作。姚元惊觉不妙,因为在合作开始时他就已经强调,根据法律,中外合作企业的立项手续必须双方共同提供证件、共同申请。可是,怎么临到最后,却让姚元自己申请?

这家公司再次来函称,"双方对'合作'的理解有误,是在已有项目的基础上合作,而非建立新的合作企业。鉴于你方无法按时提供,决定终止合作"。这就等于给姚元的融资梦判了死刑。回想整个融资过程,姚元也后悔不已:"他们以合法的身份和程序,诱导我们支付了大量中介费用,最后却以不合法的、他们早知我们无法实现的要求为由而终止合作,这实质是诈骗。"

二、神秘公司,疑点重重

美国纳斯达克上市融资服务公司是否真如姚元所断定的,是一家精心伪装的骗子公司呢?

2007年4月18日,《南方周末》记者来到该公司的办公地点——外交公寓12号楼3层,"外交公寓"是几个容易让普通中国人浮想联翩的字眼。正是这个富有意味的办公地点,加上豪华大气的装修和似是而非的名号,让中小企业家们深信不疑,前赴后继地掏腰包。

但此时,这家公司大门紧闭,牌子也摘了下来。门内可见前台上方悬挂着中国国家领导人和布什的头像,两侧插着中美两国国旗,依稀可见当初的气派。一眼望去,其他房间空空如也,办公人员只剩下一位前台小姐和一位后勤工作人员。他们告诉记者,公司的商务代表平时不坐班。如今,这家公司的官方网站www.nasdaqbj.com已经无法打开,所幸在搜索引擎上还是留下了这家公司的丰富信息。看起来,这似乎是一家实力雄厚、业绩卓著、异常活跃的公司。这家公司的中方代表名叫李崇瑞,自称是美国国际WTO大学教授。

该公司在一些招商网站上这样介绍自己:"公司成立于1988年,注册于特拉华州,在纽约和洛杉矶都有办公室,员工有近200人,掌控18亿美元基金,2006

年进入中国。"同时该公司还发布了一系列如"在人民大会堂与华信软件集团举办赴美上市的签约仪式"之类的新闻来宣传自己的业绩。在很多推广网页上，这家公司都将纳斯达克交易所的网址和自己的网址列在一起。

但是，2006年年底，在获悉这家美国纳斯达克上市融资服务公司的一些做法后，美国纳斯达克交易所法律部曾要求对方不得以纳斯达克的名义开展融资活动。纳斯达克中国首席代表徐光勋强调他们与这家公司没有任何合作关系。

2007年4月18日，《南方周末》记者与华信软件公司联系发现，所谓华信软件集团与美国纳斯达克上市融资服务公司签约赴美上市完全是谎言。在华信软件发布会上，美国纳斯达克上市融资服务公司不请自来，并声称是纳斯达克交易所的代表处，但通过华信软件集团证券部总监宫兆英证实，纳斯达克当时根本没在中国设办事处，而且其介绍的上市程序与常规相悖，令人起疑，于是建议董事长终止与其洽谈。

2007年4月20日，《南方周末》记者在美国调查发现，美国纳斯达克上市融资服务公司的注册日期是2005年7月，并不是所谓的1988年。特拉华州也是美国最容易注册公司、优惠政策最多的一个州。他发现这家公司无论是唬人的名号，还是运作的手法都与他3年前报道的美国世行集团融资黑幕如出一辙——2004年9月，《南方周末》先后发表了《美国世行集团融资内幕调查》和《再揭美国世行集团融资黑幕》。

之后，记者在律师和行业人士的帮助下，又发现这家公司更多的疑点。

中咨律师事务所律师蒋红毅细读了相关文件后认为整个过程极为荒唐。他表示："这个《中外合作合同书》是为了签订正式合同而事先所做的约定，但对正式合同的一些基本要素，如注册资本、出资方式等却只字未提，所以无法对双方产生约束。一旦产生法律纠纷，双方都不需要承担任何义务。"显然，姚元并不清楚其中的奥妙。

嘉富诚是一家从事私募和海外上市财务顾问的公司。嘉富诚国际资本有限公司董事长郑锦桥也表示，一般情况下投资方只有在委托第三方做过律师尽职调查后，才能确定投资金额，随意确定投资金额非常荒谬。

对于双方共同负担律师费这一点，大成律师事务所高级合伙人于绪刚则指出，一般的做法是双方各自委聘律师，或者谁委派谁出钱，不可能我委派你出钱，或者共同出钱，因为律师永远只能代表一方的利益。

三、移花接木，败露马脚

2006年12月，www.nasdaqbj.com上的公司名字改成了"世界企业上市融资集团"。该公司商务代表王乐解释，由于业务扩大了，因此改名了，并声称现在美国纳斯达克上市融资服务公司是其子公司。

但2007年4月16日，记者采访世界企业上市融资集团董事王希庚时，对于王乐的说法，他坚决否认。2007年4月28日，记者在第二次采访中再次质疑时，王希庚一再强调"这两家公司绝对不是一家公司，有工商登记为证"。

无从查证的是，这两家公司在工商登记层面的关联，但它们之间千丝万缕的联系和共通之处，却是有迹可循的。

它们同在特拉华州，通过同一家公司注册，申请驻京代表处时，填写的母公司注册地址亦完全相同。

世界企业上市融资集团的网站www.welgl.com上，公司地址是北京朝阳门北大街6号首创大厦，但王希庚名片上留的网址www.ekonomic.com上的公司地址则与美国纳斯达克上市融资服务公司完全相同。该网站的域名注册信息也清晰地记录着：登记人Xigeng Wang，登记地址北京秀水西街1号外交公寓12号楼3层。

2007年4月29日，在记者向王希庚质疑地址问题的第二天，那个网站下的那行地址消失了。

即便如王希庚所言，两家公司在工商登记上不存在任何关系，世界企业上市融资集团仍然存在诸多可疑之处。

《南方周末》记者在美国调查发现，这家世界企业上市融资集团的注册日期是2006年11月24日，仅仅比其北京办事处的登记日期早了一个月。难以想象，一家美国公司成立仅一个月，就在华尔街和纽约设立了办事处，招聘了200名员工，又将业务拓展到了中国。

2007年4月28日，王希庚就此向记者表示，"我们公司已经开展相关业务十几年了，也参与过数个中国企业海外上市的案例，只是最近一两年才开始使用目前的名字"。至于之前曾经使用过的名字是什么，王希庚表示："不知道，即使知道，也不能什么都告诉你。"

四、谎言识破，真相大白

随着记者调查的深入，如抽丝剥茧般，谎言层层剥落。

奥瑞金公司，是王希庚宣称曾经参与的数个海外上市成功案例之一。可是，当记者联系到其上市总协调人和财务顾问公司——北京传隆投资有限公司时，该公司明确表示：奥瑞金的海外上市，可以确定世界企业上市融资集团及李崇瑞、王希庚均未参与其中。

上海上信实业也出现在世界企业上市融资集团的成功案例之中，作为其上市总协调人和财务顾问公司，商链投资咨询（上海）有限公司董事长林申同样明确表示，两者无关。

更为滑稽的是，世界企业上市融资集团的英文网站所留的地址是特拉华州州立大学，而联系电话竟然是华盛顿州的电话。而且，与美国世行集团类似，其母公司网站上依然充斥着"played a very imported role"这一类蹩脚的英文。

2007年4月21日，在认真阅读了世界企业上市融资集团的宣传册后，大成律师事务所高级合伙人于绪刚评价道："这是一份粗制滥造的材料。其中对海外上市的介绍是错误的，甚至具有教唆性。他们缺乏资本市场的常识，难以想象如何为企业提供上市融资服务。"

于绪刚随手点出几个例子：中外合资企业所能享受的税收优惠政策是"两免三减半"，宣传册上写的是"免三减二"；材料还这样介绍海外上市的优点——企业用国外上市的概念，可在国内产权交易市场大量买卖原始股或转让股权。

于绪刚对此非常愤慨，使用海外上市概念在国内买卖原始股是一种欺诈行为，这是在教唆企业从事违法犯罪活动，即便这不是个骗子公司，也将把企业带入歧途。

最大的秘密终于浮出水面，《南方周末》记者在见到美国纳斯达克上市融资服务公司中方代表李崇瑞的照片之后，竟然发现这个李崇瑞正是2004年美国世行集团诈骗案的主角王永君。随后，记者又将李崇瑞的照片寄给被美国世行集团所骗的江苏省高康冻干食品公司总经理陈平和其原生产部经理邵爱萍，他们也共同证实李崇瑞就是王永君本人。

世界银行、纳斯达克交易所，一个个中国中小企业耳熟能详的知名机构，成为不知应该称其为李崇瑞还是王永君的"摇钱树"，下一个被骗的，又会是谁呢？

五、融资骗局，有迹可循

从事资金诈骗的团伙往往租借一个比较豪华的办公室，取一个响亮的名字从事此类融资诈骗。

在互联网上,更是随处可见对此类骗局的揭露和控诉,大量的中小企业倾注了金钱和时间,最终却失望而返,有的甚至因此破产。结果是,企业一提到财务顾问、提到融资,就想到骗子。如果是投融资公司主动与企业联系业务,则经常会被质疑动机,长此以往,这个行业的公信力将荡然无存。

目前活跃在中国大陆的投融资公司,有一些是骗子公司。它们往往具有以下特点:一是骗子公司的名字一般大气磅礴,多冠以某国某某国际投资集团北京代表处的名义,也会在一个相对体面的办公地点设立自己的办事机构。二是骗子公司的业务人员多素质不高。三是骗子公司比较喜欢"干净"的项目,所谓"干净"就是其他投资公司没有染指的项目。一些中小企业没有经历过投资项目,不熟悉其中的程序,也就很容易被这些骗子公司利用所谓行业惯例、集团工作规范、国际惯例等说辞所摆布。四是骗子公司一般不喜欢公司所在地的项目,而是选择外地的项目进行合作。五是骗子公司往往指定中介服务机构,以便把向项目方收取的咨询费、评估费、律师费的一半回馈给骗子公司。六是骗子公司普遍要求项目方承担考察费用,还会要求项目方支付"保证金"或"手续费"等费用,这均是违背商业惯例的,若投资公司提出上述要求,则意味着这些低级骗子公司开始张开它们的贪婪大嘴了。

这些骗子投资公司,或水平低劣,或演技高超。特别是那些取得了工商注册登记、在高档写字楼内办公(例如北京的东二环和西二环两侧的高档写字楼),甚至有外国人参与的骗子公司,更具备极强的欺骗性,让一般人在短期内难以识别。因此,项目方在寻求投资公司时,要保持高度的警惕,不要被外国企业常驻代表机构登记证迷惑;不要被外国人迷惑;不要被高档办公场所迷惑;不要迷信熟人的介绍;充分了解投资公司的经营范围,并主动掌握近年来骗子投资公司的动态。

六、案例分析

伴随着资本市场的发展,资本对企业发展的推动作用和资本诈骗对企业的伤害就一直在进行着博弈,使得资本市场既成了企业梦寐以求的融资场所,又让它们不得不谨慎小心防范融资陷阱。

在经济一体化进程不断加快的今天,企业很难再单凭一己之力,借由自有的盈余资金实现迅速发展,为此通过融资的方式解决企业发展的资金紧缺问题便成了企业的不二之选。因而，名目繁多的企业咨询和融资服务公司在我国各地不断涌现，这些公司为企业提供管理咨询、融资咨询、上市咨询等同资本运作相关的服务，这当中不乏蓄意进行融资欺诈的骗子公司。姚元正是在这种骗子公司处心积虑的设计下掉落陷阱，融资不成反致损失。

自称美国纳斯达克上市融资服务公司的骗子公司在获悉姚元要为一个项目进行融资时便盯上了姚元的公司，这家骗子公司通过同意承接姚元的公司赴美上市的项目，对姚元的公司进行"合理化"的尽职调查和实施"严谨细致"的企业咨询并收取服务费用，进而在获得前期的各项服务费用之后，以一个众所周知的理由告知姚元其公司不符合相关的赴美上市规定，以此终止合作。表面上看，这家骗子公司进行的的确是"正规"的资信调查和企业咨询，收取的也是相应的费用，并且指派的律师事务所和会计师事务所均为正规的机构，但是骗子公司是醉翁之意不在酒，是在欺骗目标公司，获得非法收入。尽管姚元在整个事件的进展过程中也产生了质疑和忧虑，但是这都被骗子公司出具的相关"证明"文件和合理化的说辞所蒙混过关，骗子公司正是利用企业急于融资的心理，又不具备融资运作经验的不利条件实施欺诈。

由于我国经济发展的蓬勃态势，国有经济和民营经济都在不断发展壮大，这就使我国企业尤其是民营企业产生了巨大的融资需求。但由于我国资本市场的发展过于滞后经济的发展水平，体制机制不完善、法律法规不健全导致了我国市场体制的不成熟，从而使得企业的融资渠道不够丰富、融资手段不够多元、融资服务不能满足企业对资本融通的需求。作为我国国民经济重要组成部分的民营企业和广大中小企业，常常被排挤在正规的融资渠道之外，不得不寻求主流融资渠道之外的融资方式和寻求更多的融资咨询与服务，这就使在融资过程中如何避免类似姚元的上当受骗成了企业必修的课题。

第一，夯实企业发展基础，争取正规渠道融资。企业想融资成功，自身的有利条件是关键。企业只有具备清晰的发展战略、准确的市场定位、核心的业务能力、规范的公司治理机制和高效的运营管理体制，同时形成不断增长的盈利能力和较强的风险抵御能力，才能获得资本的关注，才有可能引资成功。

第二，了解融资程序，掌握融资运作技巧，知己知彼。企业进行融资，不仅要对企业本身的相关情况完全掌握，还要对融资的相关法律法规、程序、手段、技巧有一定程度的了解，只有这样企业才能在融资的过程中有效监控运作的合理合法性，同时增进自身的资本运作能力。

第三，谨慎挑选咨询机构，获得正向助动力。挑选咨询机构注意事项：首先，它要合法合规；其次，具备丰富的从业经验并且业务能力与客户需求相适应；最后，服务水平与劳动报酬相协调。

第四，企业要有良好的融资心态，不急不躁，松弛有度。在同咨询机构以及资本方商谈合作以及实际合作的过程中，以实现企业自身的融资目标、降低融资风险、获得较好的经济效益为目标，而不是其他。

企业只有在融资准备和融资运作的过程中做到周密准备、精心运作、准确把控、严格监管，才能有效防范融资诈骗以及其他各类融资风险，在资本市场上游刃有余。

参 考 文 献

[1] 吴瑕.融资有道：中国中小企业融资操作大全[M].精华版.北京：中国经济出版社，2011.

[2] 陈湛匀.国际融资学：理论·实务·案例[M].上海：立信会计出版社，2006.

[3] 何小峰.资本市场理论与运作[M].北京：中国发展出版社，2006.

[4] 李心愉，冯旭南.公司融资[M].北京：中国发展出版社，2007.

[5] 斯坦利 B 布洛克，杰弗里 A 赫特.财务管理基础（第11版）[M].王静，译.北京：中国人民大学出版社，2005.

[6] 爱德华·布莱克威尔.融资与创业：如何写好融资计划[M].詹强，译.成都：西南财经大学出版社，2004.

[7] 查尔斯 P 琼斯.投资学分析与管理（第10版）[M].李月平，陈宏伟，译.北京：机械工业出版社，2008.

[8] 斯蒂芬 A 罗斯，伦道夫 W 威斯特菲尔德，布拉德福德 D 乔丹.公司理财[M].方红星，译.北京：机械工业出版社，2007.

[9] 房西苑.资本的游戏[M].北京：机械工业出版社，2009.

[10] 王铁军，胡坚.中国中小企业融资28种模式成功案例[M].北京：中国金融出版社，2006.

[11] 许飞叶.股权融资偏好的动机分析[J].社会科学家，2005，增刊：359-360.

[12] 杨静.发展民间融资缓解中小企业融资难问题探讨[J].技术与市场，2007（9）：52.

[13] 张小峰，米军.中小企业发展的金融支持研究[J].财经问题研究，2008（6）.

[14] 程传海，王梅.金融市场的有效性理论述评[J].开放导报，2005（6）：78-84.

[15] 吴瑕.融资有道：中国中小企业融资风险案例解析与融资管理策略[M].精华版.北京：中国经济出版社，2012.

[16] 吴瑕.融资有道：中国中小企业融资财务运作与经典案例解析[M].精华版.北京：中国经济出版社，2013.

[17] 威廉·德雷珀三世.创投帝国[M].任莉，张建宇，译.北京：人民邮电出版社，2018.

[18] 杰瑞·马克汉姆.美国金融史：次贷危机前的美国金融[M].王胜邦，叶婷，译.北京：中国金融出版社，2018.

[19] 屈玲.供应链金融3大融资模式，你知道几个？[EB/OL].（2017-09-20）[2020-12-10]. https://www.sohu.com/a/193216547_408971.

[20] 云朵匠|数商云（微信ID：shushangyun_com）.新机遇！"B2B电商模式＋供应链金融"点亮传统行业新未来![EB/OL].（2018-09-25）[2020-12-10]. http://www.shushangyun.com/article-2373.html.

[21] 北京经和信信息咨询中心.融资租赁公司十二种主要业务模式及案例[EB/OL].（2016-05-25）[2020-12-10]. https://wenku.baidu.com/view/96fad0ac27284b73f34250a0.html.

[22] 亿助联诚.融资租赁项目评估[EB/OL].（2017-11-19）[2020-12-10]. https://wenku.baidu.com/view/b40402f5dc88d0d233d4b14e852458fb760b3801.html.

[23] 金兰.创新投融资模式，开创"PPP"先河[N/OL].经济参考报，2009-11-13 [2020-12-10]. http://www.prcfe.com/web/meyw/2009-11/13/content_1066557.htm.

[24] 18厘米阳光.国际保理融资[EB/OL].（2016-03-01）[2020-12-10]. https://wenku.baidu.com/view/fda8132df90f76c660371a5e.html.

[25] 鲁晗奕.CSI：2019年全球"中国股票"报告.（2020-02-18）[2020-12-10]. http://finance.sina.com.cn/stock/usstock/clues/hg/2020-02-18/doc-iimxxstf2486204.shtml.

[26] 纳斯达克百度词条. https://baike.baidu.com/item/%E7%BA%B3%E6%96%AF%E8%BE%BE%E5%85%8B/17437?fr=aladdin.